中国贸易成本测度研究

薛智韵　著

WUHAN UNIVERSITY PRESS
武汉大学出版社

图书在版编目(CIP)数据

中国贸易成本测度研究/薛智韵著.—武汉:武汉大学出版社,2019.11
ISBN 978-7-307-21070-7

Ⅰ.中…　Ⅱ.薛…　Ⅲ. 对外贸易—成本分析—研究—中国　Ⅳ.F752

中国版本图书馆 CIP 数据核字(2019)第 155781 号

责任编辑:宋丽娜　　责任校对:汪欣怡　　整体设计:马　佳

出版发行:**武汉大学出版社**　(430072　武昌　珞珈山)
(电子邮箱:cbs22@ whu.edu.cn 网址:www.wdp.com.cn)
印刷:北京虎彩文化传播有限公司
开本:787×1092　1/16　印张:9.5　字数:231 千字　插页:1
版次:2019 年 11 月第 1 版　　2019 年 11 月第 1 次印刷
ISBN 978-7-307-21070-7　　定价:35.00 元

目　录

1 导　论

1.1 研究背景与意义

传统贸易理论几乎将贸易成本完全排除在外。但是，随着国际贸易的不断发展和贸易理论的不断创新，贸易成本已成为“新贸易理论”(Krugman，1980)、“新经济地理理论”(Krugman，1991；Fujita 等，1999)、“新新贸易理论”(Melitz，2003)的核心概念。Hummels、Ishii 和 Yi(1999)特别突出了贸易成本在垂直专业化分工中的作用。Hummels(2001)认为，贸易成本在国际专业化和贸易模型中扮演核心角色，任何涉及国际专业化和贸易模型的经验评估最终都必须面临贸易成本。此外，贸易成本还有丰富的政策和福利含义。Obstfeld 和 Rogoff(2000)曾评价说：“贸易成本是打开所有其他开放宏观经济学之谜的钥匙。”贸易成本的研究是目前国内外理论界研究的热点之一。当前关于贸易成本的度量主要指狭义的经济成本，而没有考虑广义的生态环境成本，尚不能解释各国在国际贸易中的能源战略与资源使用战略的现象。本书的贸易成本是指广义的贸易成本，包括贸易的经济成本以及生态成本。贸易的经济成本，即指为了获得商品所必须支付的，除了生产商品的边际成本之外的所有成本。贸易的生态成本即为了获得商品所导致的一国生态污染物的排放。

改革开放以来，我国对外贸易快速增长，成为拉动我国经济增长的“三驾马车”之一。“入世(世界贸易组织)”后我国对外贸易规模上升势头更为强劲，进出口额已居全球第二位，我国成为公认的“世界工厂”。2004 年，我国的进出口总额超过日本，成为世界第三大贸易国，仅次于美国和德国。2009 年，我国超越德国，成为全球最大出口国，总出口量约占全球的 10%，进口额占世界总量的 8%，仅次于美国的 13%，居全球第二。但从贸易方式来看，我国的贸易出口以加工贸易为主，2009 年加工出口贸易占贸易出口总额的 50%以上；从贸易商品结构来看，以工业制成品为主，2009 年的工业制成品出口占比达 90%以上。

随着科学技术的进步，尤其是运输和通信技术的飞跃发展，以距离为基础的贸易经济成本大大减少了，以至于很多人惊呼“距离的死亡”(Death of Distance)(Cairncross，2001)。然而，即使是在全球化的今天，国际贸易仍然受到贸易的经济成本的困扰，不容忽视。作为一个处于高速发展的发展中国家，我国的开放程度是国内外长期关注的焦点。传统上往往采用贸易依存度和资本流动等间接指标来衡量我国的开放程度。这类指标虽然方便易行，但掩盖了具体因素的影响。如果能够测度我国贸易的经济成本，不仅给我国的日益开放提供直接的证据，而且对于理解我国参与国际分工和专业化模式也至关重要。

另一方面，伴随着贸易的快速增长，国内的环境恶化现象也有所增加。英国石油公司(BP)发布的《世界能源统计年鉴》显示，我国已于2008年超越美国，成为全球最大二氧化碳(CO_2)排放国。2009年我国由石油、煤炭等化石燃料燃烧排放的二氧化碳增至75亿吨，增加了9%，我国成为首个单年二氧化碳排放量超过70亿吨的国家，与世界第二大排放国——美国的差距进一步拉大。而全球因经济衰退，工业产出及燃料消耗减少，二氧化碳排放出现了自1998年以来的首次下降。我国的贸易结构是否会对我国的环境造成不利影响，贸易的快速增长是否是导致我国近年能源消耗增加和环境污染恶化的重要因素，这就需要就贸易与环境的关系展开分析。

在以往分析贸易成本的相关文献中，总是将贸易的经济成本与生态成本分开考虑，有的文献仅仅分析了贸易的经济成本，并未对贸易的生态成本进行分析，如钱学锋和梁琦(2008)、方虹等(2010)、许统生和涂远芬(2010)等；或是单就贸易对生态的影响进行分析，未将其纳入贸易成本的概念进行考虑，如沈利生(2008)、张友国(2009)、李小平(2010)等。事实上，一国贸易的经济成本高低是贸易行为发生与否的决定性因素(方虹，2010)，而贸易活动又会对生态环境造成一定的影响，因此有必要将贸易的生态影响纳入贸易成本的概念，在分析贸易经济成本的基础上，对贸易生态成本进行考量。故此，对贸易成本，包括经济成本及生态成本，进行全面度量，提出降低本国贸易成本的对策，对促进本国贸易的健康发展具有重要的理论意义和现实意义。

1.2 主要研究方法与框架

本书遵循现代经济学研究的一般逻辑“基本概念—理论—实证检验—对策”进行布局，具体而言，所采用的主要研究方法可归纳如下：

(1)规范分析与实证分析相结合。从经济学最基本的研究方法来看，经济分析分为规范分析和实证分析。规范分析是指，从一定的价值判断出发，说明某一具体经济现象或事物是否符合某种价值规范；实证主义强调“为了支持一个描述性的结论，重要的是提供可体验的证据，认为个人的判断和感觉是模糊不清的”，它回答了“事实是什么”的问题。规范分析与实证分析并不是相互对立的，规范分析需要以实证分析为基础，而实证分析也离不开规范分析的指导。本书尝试将这两种研究方法结合起来，在研究每一个问题时，按规范的要求说明是什么，同时凭借实际材料和数据进行实证分析，证明是什么。例如，在测度贸易的生态成本时，首先对中国能源消费及直接生态成本进行现实考察，作为规范分析的基础；而后，在前人研究的基础上，通过构建模型对贸易的生态成本测度机理进行规范分析；最后，就中国贸易的生态成本与经济增长的关系进行实证研究。努力做到理论分析与实证研究相辅相成，相互支持。

(2)静态分析与动态分析相结合。静态分析是考察既定条件下某一经济事物在经济变量的相互作用下所实现的均衡状态的特征。比较静态分析是考察当有的条件发生变化时，原有的均衡状态会发生什么变化，并分析比较新、旧均衡状态。动态分析是在引进时间变化序列的基础上，研究不同时点上变量的相互作用在均衡状态的形成和变化过程中所起的作用，考察在时间变化过程中的均衡状态的实际变化过程。本书在分析过程中既采用了基于比较静态分析背景的指数分解分析法，也采用了基于动态分析背景的面板数据回归分析法。

(3)历史综合分析法。本书在充分把握丰富的历史文献的基础上，对贸易经济成本及生态成本的测算方法进行归纳总结，并通过微观分析，构建更科学的贸易成本测度方法。

本书借鉴了目前最新的贸易成本估计方法，对我国贸易经济成本及生态成本进行估计，采用 Novy(2008)改进的引力模型估算我国贸易的经济成本，并就如何降低我国贸易的经济成本，优化贸易结构提出建议。而后，基于经济合作与发展组织(OECD)的投入产出表，以贸易隐含 CO_2排放量为生态成本指标，测度了我国贸易的生态成本，同时就贸易的生态成本与经济增长的关系进行了实证分析。继而对我国贸易的生态成本影响因素进行分解，并进一步从技术创新及技术引进两个角度，采用计量模型，就技术进步对贸易的生态成本影响进行实证分析。同时，提出了降低贸易生态成本，改善环境质量的建议。照此分析思路，本书的研究共分为 6 个章节，具体章节安排如下：

第 1 章，导论。首先交代了本书研究的背景及意义、研究方法。然后介绍了本书的基本研究思路与主要内容，及论文的创新之处。

第 2 章，国内外文献综述。着重从贸易的经济成本测度及其效应，以及贸易的生态成本及其影响因素的相关研究等方面，就与本书密切相关的中外文献进行回顾，并在此基础上进行评述。

第 3 章，贸易成本的理论基础。首先，就测度贸易经济成本的相关模型分别进行分析，即传统的引力模型、考虑运输成本的引力模型，及修正的贸易经济成本引力模型。而后，就贸易生态成本的相关理论，包括考虑环境要素的比较优势理论、环境库兹涅茨曲线的理论解释以及贸易的生态成本影响因素等方面进行探讨。

第 4 章，贸易的经济成本测度。首先，就我国对外贸易发展总体情况进行分析，包括对外贸易方式、商品结构、市场结构，以及我国的服务贸易。而后，就贸易的经济成本计算方法进行分析，探讨贸易经济成本测度模型，并以制造业为考察对象，度量我国贸易的经济成本，并就如何降低贸易的经济成本，嵌入高端产业价值链，进而对优化我国贸易结构提出相应的建议。

第 5 章，贸易的生态成本测度。贸易活动影响着我国经济的发展和生态环境的变化。首先，就我国能源消费现状进行分析，并对能源消耗过程中的直接生态成本进行估算。进而就贸易的生态成本计算方法进行分析，在此基础上探讨贸易的生态成本测度模型，并以贸易隐含 CO_2排放量为生态成本指标，基于经济合作与发展组织的投入产出表测算出 1995—2008 年我国贸易的生态成本。而后，以贸易生态成本为考察对象，构建其与经济增长关系的行业面板模型，在对数据进行单位根检验和协整分析的基础上，采用面板混合最小二乘估计方法(PLS)，对贸易的生态成本与经济增长的关系进行实证分析。

第 6 章，影响我国贸易的生态成本因素。根据第五章的计算结果，进一步探讨我国贸易生态条件。继而采用对数平均迪氏指数法(LMDI)将我国贸易生态成本的影响因素分解为规模效应、结构效应及技术效应。并进一步从技术创新及技术引进两个角度，采用计量模型，就技术进步对贸易生态成本的影响进行实证分析。

2 国内外文献综述

本章就贸易的经济成本及生态成本中关于成本测度、影响因素等与本研究密切相关的中外研究文献进行回顾，并在此基础上进行评述。

2.1 贸易的经济成本研究

2.1.1 贸易的经济成本测度

在传统贸易理论和模型中，贸易的经济成本几乎完全被排除在外。正如 Deardorff (1984)评价的那样："就像物理学中的摩擦力一样，贸易的经济成本在传统贸易模型中几乎完全被忽略了。传统贸易模型认为，即使将贸易的经济成本考虑进去，也不会对结果产生实质性的影响。" Behrens 等(2007)解释了传统贸易理论模型忽略贸易经济成本的原因。第一，传统贸易理论一直以来主要关注关税和类似关税壁垒这样的可见成本，而这些贸易经济成本由贸易政策决定，是一个内生决策过程，为研究提供了一个颇具吸引力的主题。而且关税数据对大多数国家而言是可获取的，这使经验研究变得容易进行。相反，获取运输成本的数据需要耗费大量的时间和精力，其他相关数据甚至可能根本无法获取。第二，传统贸易理论建立在完全竞争的基础上，但是贸易的经济成本往往会引起均衡的不确定性问题，因此很难被纳入完全竞争的范式。第三，当不完全竞争模型产生以后，人们普遍相信，贸易经济成本的不同组成部分可以不失一般性地简约为一个单一的参数①。

但是，贸易经济成本在测度和模型化方面的困难并不能掩盖贸易经济成本的重要性。越来越多的学者认识到贸易经济成本的重要性，并且探索了一系列测度贸易经济成本的方法。

目前，贸易经济成本的测算分为直接测算和间接测算两种。

1. 直接测算法

直接测算是比较简单、直观的"事前"(ex ante)测度。直接测算法主要可以测度两种类型的贸易经济成本：一种是由政策的实施带来的贸易经济成本，即所谓的政策壁垒，例如关税、配额等；另一种是由自然因素带来的贸易经济成本，主要是指运输成本。

政策壁垒有多大？这个问题看似简单，却难以回答，主要是因为数据的缺失或者不完整。有关政策壁垒的数据主要来自联合国贸易和发展会议(UNCTACD)的 TRAINS 数据库，

---

① Samuelson(1954)的冰山型贸易成本就是将一个单一的参数囊括了所有的贸易障碍，其隐含的假设条件是，贸易成本的所有构成对产业区位和贸易模式的影响是相同的。

该数据库记录了联合国成员国的关税和一些非关税措施。但是该数据库的数据非常不完整，特别是一些发展中国家和欠发达国家的数据，经济合作与发展组织(OECD)成员国的数据相对完整，但其数据的覆盖面也只有50%左右，同时TRAINS数据库并不是免费的。此外，世界贸易组织(WTO)以及一些国家的海关也能提供相关的数据。Messerlin(2001)研究了1999年欧盟(欧洲联盟)的政策壁垒。他将非关税壁垒(NTB)转化成关税当量，并且和关税壁垒组合，最后得出欧盟工业产品的政策壁垒的关税当量是7.7%。

目前最常用的度量非关税壁垒的直接测算法是以存量指标为基础的方法(刘红梅，2009)。该方法最初由美国贸易和发展委员会提出，可以直接量化非关税壁垒，估计贸易受到非关税壁垒影响的范围和程度，有三类信息资源可供利用：第一，法规本身的数据，例如，可以采用法规的数量、法规文本的页数作为统计变量或代理变量；第二，频率数据或者产品被阻碍的数据，包括限制的数量、发生频率的比率、进口覆盖率等；第三，企业就歧视性法规提出指控的数据，以及国际机构对这些案件的通报数据。

由于部门和产品间标准的重要性不同，不同标准产生的影响不同，用标准数或者国内法规页数作为非关税壁垒的代理变量是比较粗略的；国家报告的不稳定性和国家之间未有统一的覆盖率指标，基于有关频率数据的估计也是有漏洞的；基于在边境事实上被阻碍的数据的测度相对可靠，但除了美国，其他国家这方面的数据都难以获取：由于上述原因，以存量指标为基础的方法一般只用来测度非关税壁垒在某一部门(或产品)针对某一个或某一组国家发生的频率，以此来评估贸易受非关税壁垒影响的范围和程度，但不能衡量整体的非关税壁垒。

由运输成本造成的贸易保护，其成功率在很多情况下要高于关税造成的贸易保护。世界银行(2001)的一份研究显示，在美国的216个贸易伙伴中，有168个运输成本高于关税成本。不同地区及不同产品，其运输成本也存在差异。表2-1显示，发展中国家的货物运输成本平均比发达国家高70%，非洲的运输成本最高，大约是世界平均水平的两倍。

表2-1 2001年分地区的运输成本

地区	运输成本占进口额的比例
世界	6.1%
发达国家	5.1%
发展中国家	8.7%
非洲	12.7%
拉丁美洲	8.6%
亚洲	8.4%
太平洋	11.7%

资料来源：《世界贸易报告·2004年》。

运输成本的获取可以通过两个途径。最直接的途径是通过船公司或相关运输公司直接获取相关信息，如 Limao 和 Venables(2001)从运输公司获得了巴尔的摩到不同目的地的标箱报价，Hummels(2001)通过贸易杂志上的信息直接测度了运输成本，他的研究发现，至少自 20 世纪 70 年代早期以来，国际航空运输成本急剧下降，而 1985 年以来的海运成本并没有显著下降。但由于他们只是针对特定的运输成本和运输模式，因此，他们的方法并不能代表总体贸易的经济成本，而且很多数据根本无法获取。第二个途径是通过国际货币基金组织(IMF)提供的双边总体贸易的 c. i. f/f. o. b 价格比率来获得贸易的经济成本。

总而言之，直接测算法这种“事前”的测度非常直观，但是该方法存在一定的局限性。第一，直接测算法最大的问题在于，只能测度特定种类的贸易经济成本，例如运输成本、关税壁垒等，无法测度总体贸易经济成本。Pritchett(1996)指出，单一的政策指标只反映一国贸易政策的一方面，而不能代表全国整体的贸易经济成本。这就是说，如果采用政策指标，必须同时考虑若干指标的综合情况。第二，在经过多轮的双边以及多边磋商以后，名义关税，特别是制造业关税已经大大降低，非关税壁垒越来越成为各国实施贸易保护政策的主要手段，但非关税壁垒很难具体量化，并且随商品变化很大，不同形式的非关税壁垒的限制作用不一样①。贸易经济成本呈现多样化和复杂性，使直接测量的可靠性和准确性大打折扣。第三，直接测算法显然忽略了进出口双方国内存在的贸易经济成本。阻碍商品贸易的因素并没有因为商品的“到岸”而消失，进口国国内市场对进口商品的贸易同样有重要的影响，对于发展中国家，或正处于计划经济向市场经济过渡的转型国家而言，由于市场建设还不完善，这种因素尤为重要(李坤望、黄玖立、施炳展，2006)。所以，目前间接测算是度量贸易经济成本的主要方法。

2. 间接测算法

间接测算是从贸易经济成本的影响，即实际发生的贸易流量“事后”(ex post)间接推算出贸易的经济成本，其机理是，在其他条件保持不变的情况下，任何贸易经济成本均会通过影响商品的价格最终影响实际的进、出口贸易流量。具体而言，间接测算法主要根据理论模型剔除影响两国均衡贸易流量的供给和需求两方面的因素后，计算出包括双边距离在内的综合的贸易经济成本。尽管这种方法测算出来的结果并不能被完全“还原为”政策性贸易壁垒，但它的最大优点是可以测度出各国“实际上有的”(De Facto)贸易经济成本(包括国际的贸易经济成本和国内市场对进口商品的阻碍因素)。值得一提的是，通过该方法计算的贸易经济成本不仅包含距离成本这样的静态指标，还可以根据进、出口贸易流量的动态变化，考察双边贸易的经济成本动态变化。

间接测算贸易的经济成本一般采用传统的引力模型。McCallum(1995)用传统引力模型回归加拿大各省之间以及加拿大一省与美国一州的贸易量，发现在控制经济规模和距离的情况下，加拿大各省之间的贸易量是加拿大一省与美国一州之间贸易量的 22 倍。这就是所谓的“边境效应”(Border Effect)。Helliweii(1999)、Carolyn(2003)也利用传统的引力

① 非关税壁垒的对象往往是特定的，即专门对某个贸易伙伴有选择地设置。这时，如果仅仅考虑非关税贸易壁垒的覆盖范围(Coverage Ratio)，其结果就是有偏的。

模型发现，“边境效应”的确存在，只是在不同国家、不同地区之间大小有所不同。

但是，这类测度贸易的经济成本的方法也存在不少缺点。首先，Novy(2006)认为，这种方法通常在事前就决定了贸易经济成本的基本构成，然后再将其纳入引力模型进行回归分析，可能会遗漏某些变量而使结果存在一定偏差。例如，在许多相关文献中都用距离作为贸易经济成本的代理变量，但是鲜有证据表明用距离来代表贸易经济成本的正确性。事实上，已经有一些研究注意到只用距离代表贸易经济成本的问题。例如，Geraci 和 Prewo(1977)估计了经济合作与发展组织成员国之间的贸易经济成本，结果发现，仅用距离来表示贸易经济成本导致低估了双边贸易流量对贸易经济成本的敏感性。Limao 和 Venables(2001)发现，距离仅能够解释贸易经济成本 10%的变化，这比加入基础设施等其他相关变量后低了近 50%。Kuwamori(2006)利用菲律宾的进口数据进行实证分析，结果发现，虽然距离在贸易经济成本的决定因素中处于非常重要的地位，但是仅用距离来代替贸易经济成本是不充分的，这将会低估贸易经济成本对国际贸易的影响。除此之外，距离对不同的商品，其影响程度也不尽相同，很难确定其影响的大小和方向。所以，利用这类方法得到的结果确实难以令人信服。

由于传统引力模型存在缺陷，Anderson 和 Van Wincoop(2003)考虑多边阻力对传统引力模型进行了改进，用美国的数据重新估计 McCallum(1995)的回归方程。他们的研究结果发现，“边境系数”并不像 McCallum 所指出的“22”那么大，1993 年，加拿大的边境系数为 16.4，而相同的方法发现美国的边境系数仅为 1.5。很显然，传统引力模型方法对多边阻力的忽视使其估计结果大打折扣。此外，具有微观理论基础的引力模型可以将贸易经济成本的基本构成由事前决定变成事后决定；由于具备了微观基础，还可以进行比较静态分析。也有学者对此提出了不同的观点，Novy(2006)指出，在 Anderson 和 Van Wincoop(2003)模型中，生产和消费都是外生的，因此比较静态分析是无效的，因为贸易的经济成本动态变化不仅会影响贸易流量，而且会影响生活和消费。

但是，Anderson 和 Van Wincoop(2003)模型中假设双边的贸易的经济成本是对称的，在这种假设的前提下，“向外多边阻力”(Outward Multilateral Resistance)和“向内多边阻力”(Inward Multilateral Resistance)也是对称的。这种假设与现实世界不相符(Bergstrand, 2007)。Bergstrand 利用 GTAP(Global Trade Analysis Project)模型分析 2001 年 67 个国家的双边关税数据，发现仅有 42%的双边关税是对称的。同时，在模型中用价格指数代替多边阻力无法直接观测到，它只能表示为双边贸易经济成本和收入份额的一个隐函数，所以误差项的存在将会影响价格，进而影响收入份额，而这又会影响多边阻力项，因此，在 Anderson 和 Van Wincoop(2003)模型中用价格指数来代替多边阻力不是一个理想的办法。

国内文献关于测度我国贸易经济成本的文章偏少。钱学锋、梁琦(2008)测度了 1980—2006 年我国与 G7(七国集团)各国关税等价的双边贸易的经济成本。结果表明，我国与这些国家关税等价的贸易经济成本都已经低于 50%，与 1980 年相比，到 2006 年平均下降幅度高达 30%，并且在加入 WTO 以后呈现加速下降的趋势。许德友、梁琦(2010)测度了 1981—2007 年我国与主要贸易伙伴的双边贸易经济成本，以此来呈现我国对外贸易经济成本的大小和变化。测度结果表明，改革开放以来，我国的平均对外双边贸易经济成本已经下降到 0.4 以下，并且在加入 WTO 后呈更明显的下降趋势。同时，空间距离依然是影响我国对外贸易的一个重要因素，我国与东亚新兴国家和地区在贸易领域的相互开放程度高于发达国家。

方虹等(2010)运用改进的引力模型，测度1992—2007年我国与28国的双边贸易经济成本变化。结果表明，我国贸易经济成本呈现下降趋势，我国与发达国家的双边贸易经济成本低于发展中国家；汇率的变化带来了贸易经济成本的上升，贸易经济成本对地理距离的弹性呈逐渐减少的趋势，历史联系紧密的贸易双方信息成本等相对较低。由于我国与主要贸易伙伴国的双边贸易经济成本呈不断下降趋势，并且还有继续下降的空间，因此认为我国应继续挖掘贸易经济成本下降的途径，以继续提高出口竞争力。

刘洪铎(2011)基于Novy提出的具备微观基础的引力模型，综合测度了我国与亚洲主要贸易伙伴的双边贸易经济成本。结果表明，我国与这些国家(地区)的贸易经济成本自20世纪80年代以来出现了不同程度的下降趋势。同时，通过考察贸易经济成本的下降对我国与亚洲国家(地区)双边贸易的增长效应，指出对样本中的大多数国家(地区)而言，贸易经济成本下降对双边贸易增长的贡献率相对大于经济增长的贡献率。杨青龙(2011)针对传统贸易经济成本测度模型之不足，在Novy模型的基础上设计了一个可操作的研究方案，然后运用该研究方案，对1980—2006年我国与日本的双边贸易经济成本的变化趋势进行分析。结果显示，1980—2006年，我国与日本关税等价的双边贸易经济成本有很大程度的下降，尤其是我国加入WTO后，中日双边贸易经济成本呈现加速下降的趋势。

2.1.2 贸易的经济成本效应

1. 贸易的经济成本国际贸易效应

Krugman(1995)、Freenstra(1998)认为，贸易的经济成本下降是世界贸易快速增长的原因之一。Baier和Bergstrand(2001)研究了1958—1988年16个经济合作与发展组织成员国贸易增长的原因，实证分析的结果表明，67%来自收入的增长，25%来自关税的下降，8%来自运输成本的下降。David(2008)认为，1870—1913年贸易经济成本的下降对世界贸易增长的贡献达到50%以上，1950—2000年贸易经济成本的下降对世界贸易增长的贡献降为33%左右。

早在1982年，Dixit和Grossman将以往的两阶段生产模型扩展为多阶段生产(Multi-Stage Production)模型，考察要素结构变化和政策变化对一国比较优势的影响，他们认为，关税等政策变量的变动会对产品内国际分工产生影响。Deardorff(1998)提出“贸易壁垒说”来解释垂直专业化发展的原因。垂直专业化本来就是技术上可行的，由于某些贸易壁垒的存在阻碍了其进一步发展，随着国际贸易自由化和投资自由化的加深，降低了企业的交易成本，这些对垂直专业化的深化发展起了非常重要的推动作用。Arndt(2000)建立了一个“2×2”模型，对垂直专业化分工条件下自由贸易协定对贸易和投资的影响进行了分析。Ardnt认为，自由贸易协定消除了贸易壁垒，最终导致两国的产品内分工。

Hanson、Mataloni和Slaughter(2003)的研究发现，垂直专业化分工的程度(他们用来自美国母公司的中间品与其在国外子公司的销售总额之间的比例来衡量)与关税水平存在着高度的相关，高关税往往带来较低程度的垂直专业化分工，其弹性系数为2 ~4。Yi等(2003)建立了两国动态“李嘉图”模型，利用1963—1999年的世界贸易数据，论证了随着关税的逐步递减，垂直专业化贸易呈非线性增加。他们在论文中指出，由于国际垂直专业化分工与贸易涉及的中间产品多次跨越国境，因此关税与运输成本等因素的降低对贸易增长的影响呈放大效应。当平均关税水平较高时不存在垂直专业化分工与贸易，而当关税水平下降到低于某个临界值后，关税削减会产生更大的贸易增长效果。

卢峰(2004)认为，当代产品内分工的发展，主要有技术革命和制度创新两方面的原因：一方面，技术革命大幅降低了远距离运输成本和信息交流成本，为产品内分工提供了新的对象和机遇；另一方面，多边和区域贸易自由化进程的推进，不同国家经济发展战略和政策调整，通过不同渠道和方式显著降低了跨国境的经济活动交易成本。由 Jones 和 Kierzkowski 于 2001 年编著的论文集《零散化——世界经济的新生产形态》对垂直专业化贸易发展的原因做了系统总结：(1)生产技术的进步使价值链可以被分割成细小的、可转移的零部件；(2)通信、运输技术的创新使国与国之间的距离缩短，从而使速度、效率与协调成本大大改善；(3)各国采取贸易自由化政策大大减低了贸易和投资的壁垒。

对于贸易经济成本和垂直专业化贸易的关系，不少学者还进行了实证分析。Morawetz (1981)通过研究发现，当年哥伦比亚高度的垂直专业化，是凭借其大量廉价的熟练劳动力、相对较低的交通运输成本、便利的通信设施及靠近美国的地理优势。这也是墨西哥、巴西等中南美洲国家吸引美国和加拿大外包生产的主要原因。Arndt(2004)利用美国和墨西哥 1989—2002 年的季度数据从总体商品贸易、制造业贸易、乘用车和机动车零部件贸易三个层面进行了回归分析，实证分析了进出口国的国内生产总值(GDP)、真实汇率，以及贸易自由化政策变化对跨境生产分享环境下双边进出口的影响。Jones、Kierzkowski 和 Chen(2004、2005)利用 GDP 和商务电话收费(作为服务成本的代理变量)对零部件贸易以及零部件贸易占出口总额的比例分别进行了回归分析，验证了世界经济增长(市场规模扩大)会促进片断化和零部件贸易，以及服务价格下降也会导致外包和零部件贸易增长的假设。Athukorala 和 Yamashita(2006)在垂直专业化贸易的影响因素模型中，同时引入了制度因素和非制度因素进行分析，并对各个因素变量的影响进行了测量，发现 GDP、人均 GDP 以及基础设施与垂直专业化程度呈正相关关系，而两国之间的距离(Distance)、关税税率(Tariff)与垂直专业化程度呈负相关关系。

相对而言，有关我国参与垂直专业化贸易影响因素的研究还比较少。刘志彪、吴福象(2005)利用投入产出表测量了我国长江三角洲地区生产非一体化的程度，并使用行业层面数据对其影响因素做了实证分析。结果表明，生产非一体化与贸易一体化正相关，此外，生产非一体化还与行业的外向度及资本化程度等因素正相关，与交易费用负相关。史明珠、王建华(2006)的实证分析表明，我国垂直专业化贸易与国民生产总值、货物运转量、邮电业务总量以及开放度呈显著的正相关关系，而与关税税率呈负相关关系。胡昭玲、张蕊(2008)的研究表明，低成本劳动力的比较优势是我国制造业参与产品内国际分工的基础，而劳动力的素质与效率、制造业发展水平、国内经济状况与对外开放程度(贸易经济成本的代理变量)等宏观经济环境方面的因素对吸引和承接发达国家的跨国外包均有重要影响。

2. 贸易的经济成本本地市场效应

Ottaviano 等(2002)考察了贸易经济成本的变化对不同规模经济水平产业的区位选择的

影响。他们在“中心—外围”模型的基础上，对垄断竞争市场中效用函数和企业定价策略等基本假设进行了修改，结果证明，随着贸易经济成本的降低和产业规模经济程度的增高，两国间差异化产品贸易越来越多，企业更倾向于向具有较大国内市场规模的国家集聚。

Head 和 Mayer(2004)考察了不完全工资弹性时，贸易经济成本对本地市场效应的影响。他们在 Fujita 等(1999)模型的基础上，将其改写为：

$$d\lambda * /d\theta = M(1 + (1 + (M^2 - 1)/\sigma)/\eta) \tag{2.1}$$

当劳动工资弹性 $\eta \to \infty$ 时，$d\lambda * /d\theta = M = (1+\rho)/(1-\rho) > 1$，即经典的本地市场效应；但当劳动工资弹性较小时，将导致大国市场的高工资，从而弱化，甚至出现逆向本地市场效应。例如，当 $\rho \to 0$，只要 η 为不完全劳动工资弹性，总有 $d\lambda * /d\theta = 1/(1+1/\eta) < 1$。因此，本地市场效应与贸易经济成本之间的单调递减关系仅当完全劳动工资弹性时才成立(如图 2.1 所示)。

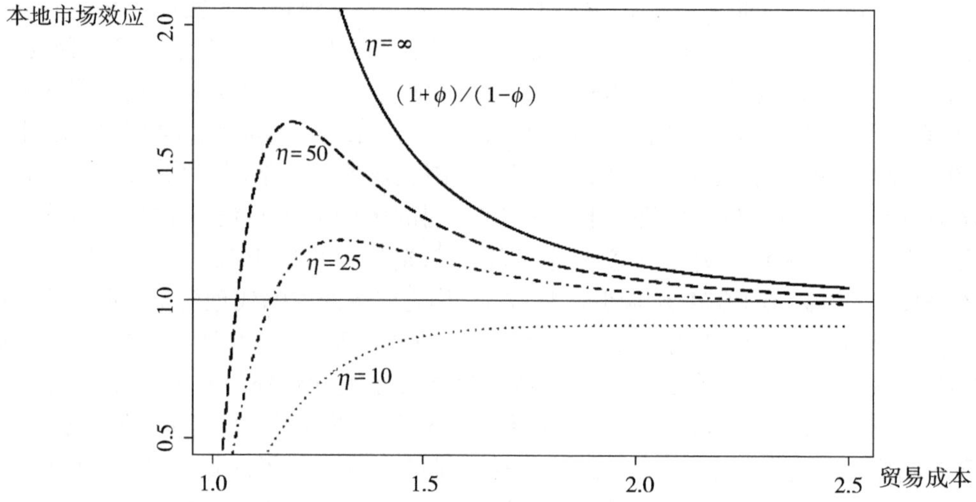

图 2.1 贸易的经济成本、劳动工资弹性与本地市场效应

资料来源：Head 和 Mayer(2004)。

Crozet 和 Trionfetti(2007)放弃了传统本地市场效应中规模收益不变的部门(CRS-PC)，重新构建了两部门模型：一个是规模报酬递增部门(IRS-MC)，另一个是国家产品差异化部门(CRS-PC-A)。他们从另外一个角度考察了贸易经济成本变化对本地市场效应的影响。研究结果表明，规模报酬递增部门存在本地市场效应，但国家产品差异化部门的本地市场效应消失了。更进一步，他们又发现：$\frac{d(dS_N/dS_L)}{d\phi_A} > 0$，这意味着国家产品差异化部门贸易的经济成本增加($\phi_A$ 下降)弱化了规模报酬递增部门的本地市场效应。另一方面，$\frac{d(dS_N/dS_L)}{d\phi} > 0$，$\frac{d(dS_A/dS_L)}{d\phi_A} > 0$，这说明，两个部门贸易的经济成本增加将弱化规模报酬递增部门的本地市场效应，但会增强国家产品差异化部门生产对需求的反应程度。事实上，Crozet 和 Trionfetti 关于贸易的经济成本对规模报酬递增部门本地市场效应的影响与经典本地市场效应情形下相同。

由于产出和需求之间可能存在多重共性，而利用引力模型时可能会丢失一些本可以在双边贸易中产生本地市场效应的变量，因此，Hanson 和 Xiang(2004)采用倍差引力模型方法(Difference-in-difference)检验本地市场效应，以克服上述两种方法的缺陷。首先，选择那些在出口市场上有同等贸易壁垒的国家对；随后，选择两组不同的产业，一组产业运输成本高且表现出较强的规模经济，另一组产业运输成本低且规模经济较弱；最后，考察是否像本地市场效应隐含的那样，在每一国家对中，大国倾向于出口相对运输成本高且规模经济较强的商品。他们的估计方程如下：

$$\text{In}\left(\frac{S_{mjk/}S_{mhk}}{S_{ojk/}S_{ohk}}\right) = \alpha + \beta\text{In}\left(\frac{Y_j}{Y_h}\right) + \phi(X_j - X_h) + \theta\text{In}\left(\frac{d_{jk}}{d_{hk}}\right) + \varepsilon_{mojkh} \tag{2. 2}$$

等式左边为用倍差法衡量的贸易流量：两国向共同的第三国市场出口运输成本高且规模经济强的产品与出口运输成本低且规模经济弱的产品的比率的差值。右边第二项代表的是两国相对市场规模，由两种不同的方法来进行衡量：一种是仅考虑两国的国内生产总值；另一种则采用两国的市场潜力，该方法主要考虑邻国市场的准入性。如果$\beta>0$，则本地市场效应存在。右边第三项表示两国的生产成本差异，它将本地市场效应与比较优势对贸易模式的影响分离开来。Hanson 和 Xiang(2004)的实证结果表明，本地市场效应存在且依赖产业的运输成本。对于运输成本高的产业，其出口主要由该国的市场规模决定；对于运输成本处于中等的产业，邻国的市场规模也非常重要，本国的市场规模和邻国的市场规模将共同决定国家出口。换句话说，对于运输成本处于中等的产业，产品也可集中在小国生产，前提条件是小国拥有较大的邻国，从而增大了其产品的有效需求。所以，Hanson 和 Xiang(2004)的结论也表明，贸易经济成本下降导致的小国去工业化效应要弱得多。

Crozet 和 Trionfetti(2007)则放弃了经典的规模报酬递增部门，根据他们的预期，所有部门产出和需求之间存在非线性关系，且贸易的经济成本增加会弱化本地市场效应，他们首先构造了以下估计方程，$S_{ikt}=\alpha \mid \Delta D_{ikt}+\alpha 2\Delta D_{ikt}+\Delta D_{ikt} \mid$ 证明本地市场效应的非线性关系。进而对 25 个国家的 25 个部门共 7 年的面板数据进行实证分析，结果表明，16 个部门强烈支持非线性的本地市场效应。从而证明贸易经济成本的增加弱化了本地市场效应。

3. 贸易的经济成本生产率效应

Meltiz(2003)模型是新新贸易理论下研究贸易自由化(贸易经济成本下降)与行业生产率问题的基础模型。该模型以 Hopenhayn(1992)的动态产业模型为基础，并扩展了 Krugman(1980)的贸易模型，引入企业的异质性(体现在企业生产率差异)和进入出口市场的沉没成本，来分析贸易自由化的生产率效应。模型的研究结果表明，贸易经济成本的下降导致生产率较高的企业进入出口市场，生产率较低的企业只能为国内市场进行生产，甚至退出该行业(或者关闭)；贸易经济成本的下降导致生产资源重新配置，流向生产率较高的企业，因此，整个行业的生产率都会因贸易自由化而得到提升。Melitz(2003)还指出，如果没有贸易经济成本，那么引入企业异质性对贸易自由化的增长效应的分析与传统理论的研究并没有差异。

在 Meltiz(2003)模型的基础上，一些学者从不同角度进行了拓展。Yeaple(2005)引入了异质性生产技术和异质性劳动者技能。Yeaple(2005)模型证明了贸易经济成本的下降将导致X部门(差异化产品)的低技能劳动力流向Y部门(同质产品)，由于这些劳动者的技能高于Y部门(同质产品)的平均劳动力技能，从而提高了Y部门的劳动生产率。此外，贸易经济成本的下降还将导致X部门的劳动力流向H技术(高技术)企业，从而使L技术(低技术)企业的数量缩减，因此X部门的劳动生产率将提高，即X部门的劳动生产率提高是通过H技术(高技术)企业的扩张和L技术(低技术)企业的缩减来实现的。Yeaple(2005)所揭示的贸易自由化的生产率效应，是通过异质性劳动技术的劳动力在不同部门、不同技术之间的流动实现资源重置，而资源重置提高了行业的劳动生产率。

在实证研究方面，Pavcnik(2002)利用1979—1986年智利制造业企业层面的数据，考察贸易经济成本变化对企业生产率以及行业生产率的影响，实证分析的结果表明，贸易经济成本(Pavcnik主要采用了智利的关税数据)与企业生产率之间存在着反向的关系。智利实现贸易自由化政策后(贸易的经济成本下降)，制造业行业生产率增长了19.3%，其中6.6%来自企业生产率的提高，12.7%来自生产资源的重新配置(从生产率低的企业转移到生产率高的企业)。研究结果还表明，行业总生产率、企业生产率以及行业内资源重置效应在进口竞争部门增长最快，在非贸易部门增长最慢。这充分说明，贸易经济成本的下降带来行业内资源的重置，并由此促进行业生产率的增长。

Bernard等(2003)在数理模型的基础上，通过反事实模拟(Counterfactual Simulation)的方法考察贸易经济成本的行业内生产率效应的微观机制。他们假设贸易经济成本降低5%进行模拟。模拟结果表明，贸易经济成本下降导致制造业总体生产率提高4.7%，3.3%的美国企业退出，由于退出企业的平均生产率只相当于存活企业的45%，企业退出对生产率的贡献是0.8%，而小规模、低生产率企业退出和高生产率出口企业的扩张对制造业生产率增长的贡献为1.0%。Bernard等(2003)认为，贸易经济成本促进行业生产率提高主要通过三个途径：第一，贸易经济成本对中间品价格的影响，导致进口中间品对劳动的替代；第二，生产率水平不同于行业平均水平的企业进入、退出行为；第三，不同生产率水平企业之间的生产资源重置。

Trefler(2004)的研究发现，加拿大关税削减对行业生产率的影响几乎是企业的两倍。Trefler认为，这意味着关税削减将导致行业内市场份额的再分配，即市场份额向生产率高的企业转移，从而提高整个行业的生产率。

Bernard等(2006)在Melitz(2003)模型的基础上提出了五个理论假说：第一，贸易经济成本的降低导致行业整体生产率提高；第二，贸易经济成本的降低迫使生产率最低的企业退出；第三，贸易经济成本的降低增加了出口企业的数量，新的出口商品来自生产率最高的非出口企业(新进入者)；第四，贸易经济成本的降低增加了出口企业的出口销售；第五，贸易经济成本的降低减少了存活企业的国内市场份额(和国内收入)。他们首先利用美国产品层面的进口数据，构建并测度了行业层面的贸易经济成本。他们定义t年i行业的贸易经济成本为从价税率、运费和保险费的从价率(ad-valorem freight and insurance rates)之和，计算公式为：

$$Cost_{it} = d_{it} + f_{it} = \frac{duties_{it}}{fob_{it}} + \frac{cif_{it}}{fob_{it}} - 1 \tag{2.3}$$

其中 $duties_{it}$ 表示 i 行业 t 年的关税收入。在此基础上结合美国制造业企业层面的数据进行实证检验。结果证明，贸易经济成本的下降带来行业生产率的提高，而行业生产率的提高有三个原因：第一，贸易经济成本的下降增加了企业关闭的可能性，特别是生产率低的非出口企业；第二，随着贸易经济成本的下降，存活的生产率高的企业中，非出口企业开始出口的可能性提高，进而扩大了销售；第三，随着贸易经济成本的下降，原有出口企业，即那些规模较大，生产率最高的企业，出口规模迅速扩张。

2.2　贸易的生态成本研究

2.2.1　贸易的生态成本测度

在进出口产品贸易的背后，还隐含着污染物的排放，该项指标可用于衡量贸易的生态成本。

1. 国外有关贸易的生态成本测度研究

20 世纪 70 年代，里昂惕夫建立了环境投入产出模型，将经济活动的副产品，即污染纳入了传统投入产出模型，用于衡量贸易进出口产品中直接或间接消耗的能源量及由此带来的污染排放量。1974 年，国际高级研究机构联合会(International Federation of Institutes for Advanced Studies，IFIAS)的一次会议上提出了"Embodied"这一概念，国内译为成"隐含的"或"内含的"，用于衡量某种产品或服务生产过程中直接和间接消耗的某种能源总量。基于投入产出分析的经济环境模型可用于分析由国内生产和国外生产带来的对环境的直接影响和间接影响，而投入产出技术中的直接消耗系数和完全需求系数亦可以用于衡量贸易带来的产品隐含能源消耗和污染排放。在此基础上，诸多学者展开了对国际贸易内含能源消耗和污染排放的研究，测算了一些国家贸易能源消耗和隐含污染排放(Embodied Pollution in Trade)的情况。

Schaeffer 和 Sa(1996)就巴西 1972—1992 年贸易进出口中的隐含碳排放进行了分析，指出发达国家通过国内消费产品的离岸制造和生产，将 CO_2 排放转移到发展中国家。Machado 等(2001)利用投入产出技术，评估了巴西的国际贸易对其能源消耗和 CO_2 排放量的影响程度。研究结果表明，1995 年巴西是隐含能和隐含碳的净出口国，其非能源单位价值出口产品中所含的隐含能消耗比单位价值进口产品中的隐含能消耗多约 40%；而每单位产值出口产品隐含碳比单位价值进口产品多约 56%。Glen P. Peters、Edgar G. Hertwich(2006)考虑不同国家的技术差异并利用投入产出分析法，估算了挪威贸易进出口产品中的隐含 CO_2。结果显示，挪威进口隐含 CO_2 排放量是挪威国内生产 CO_2 排放量的 67%，其中约 50%的进口隐含碳来自发展中国家，且非附件一国家①的碳漏损达 30%以上，故应该以消费层面为基础来制定国际碳排放清单。

① 《联合国气候变化框架公约》附件一(1998 年修订)所包括的国家集团，是经济合作发展组织中所有的发达国家和经济转型国家，其他不履行公约的国家即非附件一国家，附件一国家承诺 2000 年前单独或联合将温室气体排放控制在 1990 年的水平。

然而也有一些学者得出了不同的结论。Kakali Mukhopadhyay、Debesh 和 Chakraborty(2005)根据印度 1991—1992 年和 1996—1997 年的投入产出表，分析了印度贸易自由化进程中的商品贸易结构并估算了印度 20 世纪 90 年代进出口贸易隐含的 CO_2、SO_2(二氧化硫)及 NO_X(氮氧化合物)，结果发现，印度出口产品的隐含污染物少于进口产品的隐含污染物排放，可见贸易自由化和环境污染并没有必然联系，相对落后的国家通过贸易同样可以发展“清洁”产业。Kandera 和 Lindmark(2006)为了检验贸易和发达国家之间污染减少是否存在因果关系，考察了 1950—2000 年瑞典对外贸易中的隐含能和隐含碳排放，指出瑞典是隐含能和隐含碳的净出口国，分析得出一国的内部因素作用，譬如生产效率的提高、消费偏好的改变和能源消费的转型，对瑞典的环境进步很重要，而贸易并不是环境变化的主要因素。

除了对单一国家进出口贸易环境的分析之外，亦有学者就双边贸易对环境的影响进行分析。Muradian(2002)对 18 个工业化国家和世界其他发达国家与发展中国家贸易中的气体污染物进行了研究，结果显示，在与发展中国家的贸易中，日本和西欧国家获得了正面的环境效应，而美国却相反。这表明发达国家和发展中国家贸易中的能源及污染流比较复杂，并不存在固定的模式。Shui 和 Harriss(2006)研究了中美贸易中隐含的能源消费导致的 CO_2 排放，结果显示 1997—2003 年我国出口到美国的产品中隐含碳排放的增长率高于我国每年碳排放的增长率，我国目前 CO_2 排放量中的 7%~14%是由于向美国的出口贸易导致的；并指出，如果美国从我国进口的物品是由其国内生产，那么美国的 CO_2 排放将会增加 3%~6%。因此，中美贸易有利于美国减少能量消耗，但是由于我国工业部门中煤炭的大量使用和低效率的制造技术，使中美两国贸易增加了全球的 CO_2 排放，并不利于全球环境的改善。Ackermana 等(2007)研究了日美贸易中隐含碳的排放情况，结果显示美国和日本间的贸易减少了全球碳排放，这与两国技术水平均较高有关。同时，美国从日本进口的总量较大，但美国向日本出口的单位产品碳密度较高，两国双边的隐含碳排放接近平衡，因此总体上对各自国家的环境影响较小；而在与其他国家的贸易中，两国都是隐含碳的净进口国，从贸易中获得了环境利益，将部分环境负担转移到其他国家。

许多学者根据隐含能源消耗或隐含污染物的分析结果，进一步分析了贸易对环境的影响，并验证了污染产业转移等问题。Antweiler W.（1996)提出了贸易的环境条件指数(Environmental Term of Trade，ETT)的概念和计算公式，用于度量单位出口隐含污染与单位进口隐含污染的比例，如果该比例大于 1，则表明本国贸易不利于本国环境。并据此测算了世界 164 个国家包括 CO_2、SO_2、NO_2 等一系列污染指标的贸易环境条件。结果却表明，发达国家的贸易环境条件总体高于发展中国家，发达国家出口了更多的含污产品，相较进口产品而言，其出口的产品更不环境友好，而发展中国家则相反。造成这一结果的重要原因是，Antweiler 统一采用美国的生产技术，包括污染排放强度系数来计算各国的贸易环境条件；基于贸易隐含污染排放的贸易环境条件估计成为一个重要研究工具，得到广泛运用。

Mukhopadhyay(2006)研究发现，在泰国与经济合作与发展组织成员国的贸易中，泰国的出口隐含污染量明显高于进口隐含污染量，且泰国的贸易环境条件显示其单位出口的隐含污染量亦超过单位进口隐含污染量，表明泰国在对外贸易中付出了较大的环境成本。

Jean-Marie Grether 和 Nicole A. Mathyst(2008)以多个国家制造业的 SO_2 排放为考察指标，估算了多国进出口贸易 SO_2 排放的贸易环境条件指数，结果显示，低收入发展中国家的贸易环境条件指数高于高收入发达国家，即国际贸易中发达国家的出口隐含污染低于进口隐含污染，而发展中国家则相反，这意味着污染物通过自由贸易由发达国家转移到发展中国家。

通过上述研究可以发现，一般而言，发展中国家专门化生产并出口初级产品和污染密集型产品，隐含污染物由发达国家向发展中国家转移，发达国家的环境通过贸易能够得到改善；但总体而言，尤其是就单一国家贸易对环境的影响分析来看，贸易并不一定会给发展中国家的环境带来不利影响。因此，在开放经济条件下，分析一国的能源和环境变化时有必要考虑本国的贸易发展情况，否则会对分析结果造成扭曲。

2. 国内有关贸易的生态成本测度研究

我国有关贸易隐含污染物的研究起步较晚，但近年来发展较快，有部分文献集中于计算外贸产品的直接污染排放或能耗，进而分析对外贸易引致的贸易生态成本问题。但大多研究都是运用投入产出表估算我国贸易隐含能源消耗、CO_2和 SO_2等污染物的排放，并就伴随国际贸易而产生的生态成本转移进行研究。

马涛(2005)利用投入产出方法，计算了我国 1994—2001 年对外贸易中的隐含能，指出自由贸易促使我国从隐含能的净出口国转变为净进口国。此外，马涛和陈家宽(2005)通过分析我国工业产品对外贸易中的污染流指出，1994—2001 年我国工业产品出口的污染密度小于进口的污染密度。沈利生(2007)利用投入产出模型计算了 2002—2005 年我国货物出口、货物进口的能源消耗情况。并就贸易对能源消耗的影响进行了分析，指出我国进出口贸易在能源消耗方面对整体经济是正影响，进口产品的省能多于出口产品的耗能，这有利于降低国内的能耗。但从近年的发展趋势来看，这种有利影响正在逐渐减小，因此要有针对性地改变对外贸易产品的结构。

尹显萍和李茹君(2008)以工业“三废”作为衡量指标，测算了我国 11 个工业部门的贸易环境条件，结果显示，与 1991—1992 年相比，2004—2005 年的出口和进口的污染含量都有所降低，且出口贸易总含污量小于进口贸易总含污量，即贸易环境条件小于 1，故认为我国对外贸易引致的“环境逆差”已得到改善。从各行业分析，2004—2005 年“食品、饮料和烟草制造业”“皮革毛皮羽绒及其制品业”“纺织业”“非金属矿物制品业”及“金属冶炼制品业”的贸易环境条件大于 1，而其他行业的贸易环境条件小于 1。但该研究没有考虑“完全污染排放”，存在低估我国贸易环境条件的可能性。李坤望和孙玮(2008)通过编制混合型能源投入产出表，测算了我国进出口贸易中的能源消耗量，研究结果发现，我国非能源产品贸易中隐含的能源进出口量远高于能源产品的直接贸易量，如果考虑非能源品中的隐含能，则我国作为能源净进口国的时间比实际的能源品净进口时间提前了 10 年左右。

徐慧(2010)利用 2002 年我国投入产出表，以 CO_2、SO_2和 NO_x等为考察指标，计算了 42 个部门生产的完全排污系数和进出口贸易中隐含的污染物排放量，并探讨了我国进出口贸易中环境成本转移情况，结果显示，我国进口导致的环境成本转移略高于出口所引致的环境成本转移，因此贸易有利于本国环境的改善，但我国进出口贸易总量增加还是增加了全球环境的负担。李小平(2010)基于 OECD 投入产出表，计算出 1995 年、2000 年及

2005年三年对外贸易中隐含的 CO_2 排放，并指出在研究期间环境贸易条件有略微恶化的趋势，但是总的来看，出口隐含 CO_2 强度平均来说小于进口中隐含 CO_2 强度，认为贸易总体上有利于我国的节能减排。

也有些学者利用投入产出方法，得出了不同的结论。刘燕鹏(2001)使用投入产出模型，计算了我国进出口产品完全使用或完全消耗耕地资源的数量，结果显示，我国贸易顺差隐含着土地资源的逆差，可以说我国国际贸易的发展牺牲了本国的紧缺资源。王文中和程永明(2006)根据我国2002年投入产出表和日本2000年投入产出表，计算了2004年中日贸易隐含的 CO_2 排放，结果发现，2004年我国从日本进口隐含的 CO_2 排放量为0.01164亿吨碳，而我国向日本出口隐含的 CO_2 排放量为1.1179亿吨碳，约为从日本进口的6倍，表明中日贸易增加了我国的 CO_2 排放，不利于本国环境改善；分行业看，日本贸易隐含 CO_2 排放量较多的行业为电器产品、普通机械、化学产品等，而我国 CO_2 排放量较多的行业为机械机器、纤维产品、化学产品、农林水产等。

周志田和杨多贵(2006)通过对代表性商品加权平均的方法，计算了不同类别进出口产品的虚拟能耗系数，并以此为基础计算了2002年及2003年我国进出口贸易中的隐含能源消耗量，结果显示，我国2002年和2003年对外贸易中隐含能净出口量分别为1.88亿吨标准煤和2.47亿吨标准煤，认为近年来我国能源消费增长速度高于GDP增长速度的直接原因在于隐含能净出口量的快速增长。张宏等(2007)计算了我国2004年的工业能耗结构和我国工业品出口的隐含能源消耗量，并剔除了贸易中间品投入的出口隐含能，进而得出结论，2001—2005年工业出口隐含能为1.47亿~2.14亿吨标煤，占当年工业能耗总量的10%~15%。

齐晔等(2008)根据投入产出法，估算了1997—2006年我国进出口贸易中的隐含能消耗和隐含碳排放的情况。他们对进出口商品采用我国的碳耗水平所作的保守估计发现：1997—2006年通过产品出口的形式，我国为国外排放了大量的碳；按照日本的碳耗效率对进口产品重新估计后发现，1997—2006年我国进出口产品中的隐含碳在增加，出口产品中的隐含碳总量大于进口产品中的隐含碳总量，故认为我国外贸发展导致了“环境逆差”。周静，赖明勇(2008)选用工业 SO_2 排放为污染指标，亦采用投入产出法，分部门测算并分析了我国加入WTO后工业品贸易中 SO_2 排放的变化，得到的结论是2001—2004年，我国工业品进出口贸易的“污染流”为负，即我国工业品出口隐含 SO_2 排放低于进口的含量；但2005年后情况发生逆转——工业外贸中污染流转而为正，这意味着我国工业品出口贸易较进口而言隐含了更多的 SO_2 排放，不利于我国环境改善。

张友国(2009)编制了1987—2006年可比价格补充性投入产出表，在此基础上估算了贸易对我国能源消耗和 SO_2 排放的影响；进而对贸易增长带来的环境影响变化进行了分解。估算结果表明，1987年以来我国的贸易含污量增长迅速，各种出口含污量在全国生产部门能源消耗总量和相应污染物排放总量中的比重持续上升。故认为目前出口贸易加剧了我国的环境恶化，造成环境变动的原因主要是规模效应和技术效应，但前者的负面作用远大于后者的正面影响；相对而言，结构效应较小。

2.2.2 贸易的生态成本效应

关于贸易的生态成本效应分析归纳起来主要有三派研究观点：一是贸易有害论；二是

贸易有益论；三是贸易复杂论，即认为贸易对环境的影响是复杂多变的，是多种影响力共同作用而产生的综合效应。

1. 贸易有益于生态环境

自由贸易论者认为，贸易自由化的发展可以更有效配置包括环境在内的各种资源，促进环境政策的改革并加强国际在环境问题上的合作；贸易带来的收入可用于支付环境治理的费用，进而提高环境保护技术，并更有效地进行环境管理，更有甚者认为，贸易自由化是保持经济增长，实现可持续发展的重要保证之一，能够有效地保护环境，因此应努力消除一切贸易壁垒，使贸易更加自由化。Ares 和 Knesse(1969)指出，经济活动中的生产和消费是决定污染的主要因素，贸易活动只是通过改变生产和消费进而改变污染物构成，并不会对环境总体构成危害。Hettige、Lucas 和 Wheeler(1992)确定了一个毒性密度指标，利用 1960—1988 年 80 个国家共 37 个制造部门的毒性密度指标进行研究，发现低水平的贸易扭曲会减缓毒性密度指数的增长。Anderson(1992)通过对世界食品和煤炭行业的研究发现，煤炭和食品贸易的自由化减少了这些产品带来的全球污染。Anderson(1992)考察了自由贸易对农产品生产的影响，发现农产品的贸易自由化很可能会将产品生产从昂贵且化学品集中的欧盟和日本转移到发展中国家，那里会使用更少的对环境有害的杀虫剂和肥料。此外，由自由贸易合同引起的对农业补贴的降低，也会降低发展中国家耕种贫瘠土地的动机，从而降低土壤腐蚀并增加野生动物的栖息地。

Stevens(1993)认为，贸易活动不是环境问题的根源，相反贸易自由化可以为环境保护增加资金投入、提高技术水平，并促进资源的有效配置。Grossman 和 Krueger(1993)在关于北美自由贸易协定的环境评估中，通过对各国跨部门空气质量测度的研究，得到经济增长与排出物的“倒 U”形曲线关系。不过，Grossman 和 Krueger 也指出“倒 U”形曲线要慎用，因为它取决于污染物的类型。Barrett(1994)指出，如果假设两个垄断出口国在第三国市场上进行贝特兰竞争，而不是古诺竞争，那么相较于边际损害等于边际控制成本下的环境政策，最佳环境政策会更加严苛，出现“向上竞争”的结果，从而改善环境质量。Anderson 和 Blackhurst 应用了部分均衡分析方法分析了贸易自由化对小国和大国的环境质量的影响，指出自由贸易不但不与环境相冲突，恰当的环境政策将会增进各国福利和提高环境质量。Porter 和 Linde(1995)认为在静态模式下，环境保护与竞争力提升才会发生冲突，而在现实世界是以创新为基础的动态模式，企业国际竞争力的提升一方面源于生产规模的扩大，另一方面源于企业技术创新能力的提升。在动态模式下，短期内企业的治污行为会带来总成本的上升，降低企业的市场竞争力；但长期来看，环境管制将刺激企业技术改革，从而提高生产效率，并“差异化”获得市场竞争的“先动优势”(First-mover Advantages)，进一步降低环境污染，实现竞争力提升和环境保护的双赢(Win-Win)。

一些学者通过实证分析认为，自由贸易有利于环境保护。Grube(1975)通过应用改进的 Hechsher-Ohlin(H-O)模型研究并得出结论：如果环境成本没有被包括进一国的生产过程中，此国将增加生产并提高出口，降低进口。Koo(1979)放宽了 Grubel 的假设，采用三象限贸易模型进一步分析了降低污染的影响，指出贸易不仅将增加实际收入，而且其中一部分会以更清洁的环境形式来表现。Burniaux 等(1992)采用 CGE 模型分析，以经济合作与发展组织成员国煤炭市场为例，认为贸易自由化减少了能源市场中的扭曲，进而可能使

CO_2排放量规模减少。Lucas等(1992)计算了美国及其他56个国家不同行业单位美元有害物排放总量，即行业污染强度，并在美国各行业污染强度对56个国家保持不变的假设上，就美国与56个国家有害物质污染数据进行了比较分析，结果指出，在1970—1980年尽管发展中国家有害物污染排放增长较快，但这种快速增长的趋势在封闭经济下表现得更显著，故对外贸易并不会导致“污染避难所”①。Grossman和Krueger(1995)对决定美国从墨西哥进口的因素进行分析，以此检验美国工业污染治理成本与生产要素成本如何影响双边贸易和投资模式。他们采用美墨之间的贸易数据和相关污染数据的回归分析发现，墨西哥对美国的出口在很大程度上是由生产要素禀赋决定的，即密集使用非熟练劳动力的产业出口规模较大，而密集使用资本和熟练劳动力的产业出口规模较小。故认为墨西哥并未因为北美自由贸易协定成为美国、加拿大的“污染避难所”。

Dean(2000)建立了一个“2×2”模型，在这个模型中，作为生产要素的污染被环境质量的内在需求内生化。在此模型基础上，笔者使用我国1987—1995年各省份的相关数据，估计了一个包含两个方程的联立方程。估计结果表明：贸易自由化对污染排放的增长具有直接效应和间接效应，并且这两种效应在符号上是相反的。贸易自由化可以改善国内贸易条件，从而加重污染排放的增长；同时，贸易自由化能促进收入的增长，收入的增长对污染排放的增长具有明显的负向作用。笔者经过模拟表明，在样本期贸易自由化是对环境有益的。Clark和Marchese等(2000)通过考察美国进口的污染密集型产品是否适用“海外组装条款”(Offshore Assembly Production，OAP)②，认为污染密集度越高的产业越不可能转移到发展中国家。Wheeler(2001)通过对中国、墨西哥和巴西等吸纳世界对外投资较多的国家的城市空气污染水平进行分析，得出的结果并不支持“污染避难所”假说，发现这类国家的空气污染水平呈现下降态势。Smarzynska和Wei(2001)分析了24个转型经济体在1989—1994年534家跨国企业的投资情况，结果发现，东道国的环境标准几乎并未对跨国企业投资流向产生影响，故不支持“污染避难所”假说。Eskeland和Harrison(2003)考察了美国对墨西哥、委内瑞拉等4个发展中国家的直接投资，并对其进行面板实证分析，结果显示美国的投资并没有集中在污染密集度高的产业，且在同一产业内部，相较国内厂商，国外厂商使用的生产技术反而更加清洁且更有效率。

Judith M. Dean(2007)考虑了我国各省区环境规制强度，并在此基础上建立了一个FDI区位选择模型，运用条件和巢式对数模型估计法，对我国1993—1996年的28个行业中的2886个合资项目的区位分布进行了实证检验，结果显示宽松的环境规制确实吸引了港澳台等地的投资，但来自美国、日本等发达国家的投资却与环境规制的关系并不显著，也就是说总体上“污染避难所”假说并不成立，而是与资金来源及其污染密集型产业的特征有关。

---

① 污染避难所假说也可以称为“污染天堂假说”。该假说认为，在自由贸易条件下，污染密集型产业往往会向环境标准相对较低的国家或地区转移，从而使得这些国家或地区成为“污染避难所”。

② 1963年美国实行“生产分享项目”(production sharing scheme)政策，鼓励美国企业把劳动密集环节转移到国外进行。如果厂商利用美国原产部件和中间产品到国外进行组装货生产，最终产品返回美国时，仅对国外加工环节发生的增加值征税，由此发生的贸易称为“海外组装条款”。

近年来，我国亦有不少学者验证了贸易是有益于环境的。肖德、张颖(1997)指出，国际贸易的发展和环境保护是可以相互促进、共同发展的，不存在不可调和的冲突或矛盾。胡涵钧(2000)通过理论分析表明，两国在进行贸易的过程中如果均采用“最优的环境污染政策”使环境成本内部化，自由贸易会则使两国都获益。曲如晓(2002)认为，如果考虑环境的外部性，并实行环境成本内部化，那么将对国际环境和国际贸易的福利效应产生重要影响。宋春峰、耿献辉(2003)指出，全球环境恶化的根本原因不在于国际贸易，国际贸易活动中的产品价格无法体现由环境成本所导致的市场失灵才是环境恶化的根本。

赵细康(2003)通过考察我国1991—1999年制造业中17个主要行业的发展情况，并就本国环境规制强度对产业国际竞争力的影响及其在产业之间的差异进行实证分析，研究结论表明，我国并未成为世界的“污染避难所”，且产业国际竞争力与环境规制强度之间的关系并不显著。马涛和陈家宽(2005)通过投入产出分析得出我国工业产品出口的污染密度小于进口的污染密度，实际上是通过贸易向国外转移了污染。沈利生和唐志(2008)同样利用投入产出分析方法，估算了2002—2006年我国对外贸易导致的SO_2排放污染，并在此基础上计算了我国进出口的贸易环境条件，同样得出我国进口产品的单位含污量高于出口产品的单位含污量，故对外贸易有利于我国SO_2减排。曲如晓、马建平(2009)借鉴了Copeland和Taylar(1994)基本模型，实证研究了我国工业制成品出口贸易环境成本及其相容性，认为我国工业品出口总体上与环境不相容，但出现了有利于环境的趋势。

2. 贸易有害于生态环境

环境保护论者倾向认为，自由贸易是破坏环境的重要因素，贸易会使资源丰富的国家更密集地使用这些资源，促使对环境有害的物品及生产过程转移至环境管制较松的“污染避难所”国家来换取经济利益，因而降低这些国家的环境质量。

Carraro和Siniscalco(1992)在不同的市场结构下，包括完全竞争、伯兰特竞争和古诺竞争等不同的市场结构，深入探讨了一国单边加强环境规制后对本国污染产业利润的影响，结果发现技术创新增加了产品的边际成本，降低了利润空间，进而使其丧失国际竞争中的竞争优势。Low和Yeats(1992)通过计算显示性比较优势指数①(Revealed-Comparative Advantage Index, RCA)估计了发展中国家对污染密集型产业的拉动强度，通过分析1967—1968年和1987—1988年钢铁、非铁金属、精炼石油、冶金制造和造纸等5个高污染行业比较优势指数的变化，发现污染行业具有明显比较优势的国家增多了。一些发展中国家的污染产业占据了很大的出口增长份额，在世界市场上所占份额从22%上升到26%。其污染密集型产业的主元分析(Principal Computer Analysis, PCA)指数亦表现出强烈的上升趋势，这表明贸易自由化对环境影响的结构效应导致众多发展中国家污染产业的规模扩大。Daly(1993)研究了自由贸易对一国污染排放量的影响，指出自由贸易将加剧该国环境污染。

Conrad(1993)和Kennedy(1994)创立了一个三国垄断模型，这个模型假设两个国家只

① 比较优势指数可用于反映一个国家、地区某一产业贸易的比较优势，即一国、地区某产业出口相对总额(某产业出口总额占世界该产业出口总额的比例)与其全部相对出口总额(一国出口总额占世界出口总额的比例)之比，如果该指数大于1，那么该国在这一产业上具有明显的比较优势。

有一个垄断厂商，两国的全部出口产品将在第三国进行古诺竞争，且两个厂商的生产都会对本国造成污染。当两国政府控制污染的手段仅限于制定排放标准或征收排污税时，则“环境倾销”会成为最佳单边政策。因此，在古诺-纳什均衡下，两国政府都将利用环境政策对本国厂商进行环境补贴，并不断降低环境标准，导致“向下竞争”局面出现，结果三国的环境都将恶化。

Chichilnisky(1994)在南北贸易模型的框架下研究产权问题及贸易模式时指出，产权制度不完备的国家易过度使用环境资源，并将其作为一种生产投入，从而恶化本国环境。因此如果产权制度相对完备的国家和产权制度不完备的国家进行贸易，将导致产权制度不完备的国家过度开采本国环境资源，恶化资源配置，进而对整个世界环境造成威胁。Beghin(1995)的研究证实了贸易对环境产生的负面影响。他通过对墨西哥的实证研究发现，墨西哥单边贸易开放引起的结构效应使其生产结构向清洁产业调整，但规模效应的支配作用最终使污染加剧。Dasgupta(1995)等研究发现，较低的环境规制会促使污染密集型产业在国际竞争中具有比较优势，故经济发达国家倾向于生产更为“洁净”的产品，而“污染”产业将通过贸易转移到发展中国家，使其成为“污染避难所”。Ayres(1996)提出，贸易增长并不能有效地改善社会福利，也不利于环境保护，而且自由贸易对发展中国家的破坏性更突出，故并不认同贸易自由化带来的经济增长和环境保护关系。Barret(1994)、East 和 Dua(1997)等认为，由于全球贸易自由化，各国政府有降低环境保护标准或放松环保规制的动机，以维护本国污染密集型产业的竞争力，从而出现所谓“向底线赛跑”(Race to the Bottom)，甚至“生态倾销”现象。Jenkins(1998)研究了拉丁美洲工业化、贸易与污染的关系，发现污染的绝对水平持续增加。

Cole 和 Rayner(2000)研究了乌拉圭回合(Uruguay Round)贸易自由化对环境的影响：发展中国家和转轨国家的所有五种污染物排放量呈现增长；而在发达国家，三种污染物排放量减少，两种污染物排放量增加。Qureshi(2004)认为，贸易自由化恶化了巴基斯坦的工业水污染问题。Maniagi(2004)使用 63 个发达国家和发展中国家的面板数据，研究证明贸易自由化会增加 CO_2的排放量。Ederington 和 Minier(2003)在考虑行业流动性、绿色贸易壁垒等因素后，发现“污染避难所”假说在流动性较强的行业中成立。Mani(1995)的研究发现，1960—1995 年，亚洲(除日本)、拉丁美洲等发展中国家或地区的污染产品进口及出口比率呈现下降趋势，但污染与非污染产业的产出比率呈上升趋势。相反，经济合作与发展组织成员国中的北美、欧洲和日本等国家和地区的污染产品进口与出口比率表现出不断上升的态势，污染与非污染产业的产出比率则持续下降。故由于发达国家相对严格的环境规制，污染产业确实向环境规制更宽松的发展中国家转移。Grether(2003)根据国际标准工业分类法(International Standard Industrial Classification, ISIC)的三位数代码考察了1980—1998 年 52 个国家的相关行业数据，对比分析了各国污染产业的产值和贸易份额，结果显示，污染产业除有色金属外均有向发展中国家转移的趋势。

李国柱(2007)采用面板数据检验了自由贸易背景下对外直接投资(Foreign Direct Investment, FDI)与环境规制的因果关系，发现我国较弱的环境规制吸引了国外污染密集型产业的流入，进而加剧了我国环境的恶化。

持贸易有害论观点的学者往往过多地关注由贸易活动引发的环境资源的影响，但在很大程度忽略了贸易促进经济发展，进而带来技术进步等方面的积极作用，因此有很大的局限性。

3. 贸易对生态环境影响不确定

贸易对环境影响不确定，也叫"贸易对环境影响复杂论"。这种观点认为，贸易自由化对环境的影响是复杂的。从影响因子的变化上看，某些影响因子的变化对环境有害，而有些影响因子的变化对环境有利；从横向看，自由贸易往往对发展中国家的环境有害，而对发达国家的环境有利；从纵向看，自由贸易在收入水平低时对环境有害，而在收入水平高时对环境有利(刘林奇，2009)。

Dean(1992)、Beghin 和 Roland-Holst 等(1994)，以及 Gustavo Anriquez(2002)等的相关研究均指出：贸易自由化能够促进一国的经济发展，继而通过传统的经济扩张导致环境恶化；但贸易在促进经济发展和收入增长的同时，亦会提升该国对环境质量的要求，愿意支付更多的费用治理环境，从而间接减缓环境恶化。Cropper 和 Griffiths(1994)指出，自然资源的公共化是造成环境外部性的原因，通过对资源的有效配置会提高经济效率，并缓解环境污染。因此，当各国产权体制较完备时，贸易能够更有效地在国际间配置资源，提升经济运行的效率并改善环境；若各国产权体制尚不完备，则贸易活动可能会恶化环境。Perroni 和 Wigle(1994)建立了一个三个贸易区域的一般均衡(Computable General Equilibrium，CGE)模型，并采用低控制成本对模型进行了拟合，分析显示，当没有征收污染税时，自由贸易对环境产生负面影响；在政府对厂商征收排污费后，通过将外部性的环境成本内部化，自由贸易改善了环境质量并实现了社会福利的增加。

Lee 和 Roland-Holst(1997)考察了印度尼西亚与日本的双边贸易模式，研究指出，印度尼西亚的单边贸易自由化将增大几乎所有污染物相对于实际产出的排放比率；然而，当关税的取消与环境内部化的有效税收政策相联系时，增加福利和改善环境质量的双重目标都是可以实现的。Copeland 和 Taylor(1997)将发展中国家和发达国家分别视为南部国家和北部国家，从国家类型上利用"南—北"模型考察自由贸易对环境的影响。在这个模型中，环境被认为是一种奢侈的消费品，因此，北部国家的政府制定了比南部国家政府更严格的环境规制，从而导致新的贸易模式产生，即南部国家专门生产污染产品，并从北部国家进口清洁品，结果显示，贸易的自由化在降低北部污染水平的同时加剧了南部的污染。Dessus 和 Bussol(1998)运用 CGE 模型对哥斯达黎加进行了研究，发现只使用环境税能导致一个很小的增长下滑和很大的污染排放减少；只使用单边贸易改革虽然能够促进经济增长，但同时也促进了污染产业的专业化生产，进而加强了对环境的破坏；而带有恰当排污税的单边贸易政策改革则能够兼顾经济增长和污染控制。Cole 等(2000)计算了 GATT 乌拉圭回合关于五种空气污染物，包括 CO_2、NO_2、SO_2、CO 和悬浮微粒物对环境的影响效果，结果显示，所有 9 个区域的 NO_2 污染排放量都会增加，而 SO_2、CO_2 和悬浮微粒物在发展中国家将会上升，在发达国家将会下降。Beghin 等(2002)通过研究智利的单边贸易改革，发现智利由于进口了大量廉价能源而导致环境恶化，但政府通过对污染物排放征收排污税后能够有效改善环境质量，并增加社会福利。

2.2.3 贸易的生态成本影响因素

Grossman 和 Kruger(1991)最早把决定货物贸易的生态成本因素分解为：(1)与生产和

消费活动的分布和强度相关的“结构效应”(Composition Effect);(2)与市场和经济活动扩张相关的“规模效应”(Scale Effect);(3)与经济收入相关的“技术效应”(Technigue Effect)。结构效应源于贸易活动导致的全球范围内的专业化分工，其对一国环境的影响是不确定的；规模的增长带来了污染物排放的增加，故规模效应会加重贸易的负担；技术效应是指贸易带来“清洁”技术的引入，以及由经济增长带来的对更“清洁”环境的要求，促使治污技术水平的提升，进而改善该国环境，通常技术效应对环境的影响是正面的。影响贸易生态成本变化的是三种效应之和，而不是单独某一种效应。许多学者，如 Stevens(1993)、Bhagwati(1993)、Seld 和 Song(1994)等均从贸易生态成本“三效应”分析框架出发分析贸易自由化对环境的影响，指出贸易的生态成本效应是三效应的积极效应与消极效应综合作用的结果，当收入达到一定水平后，结构效应和技术效应的积极作用将最终消除规模效应的负面影响，从而有利于环境改善，并降低贸易的生态成本。

以 Grossman 和 Kruger(1991)“三效应”理论为基础，Copeland 和 Taylar(1994)率先建立了一个数学模型，分析结构效应、规模效应、技术效应如何与国际贸易相互作用，得到两个基本结论：一是贸易自由化将缓和“北部国家”(发达国家)的环境污染，恶化“南部国家”(发展中国家)的环境污染；二是贸易自由化在一定程度上缩小了南、北之间的收入差距，有助于解决世界污染问题。

关于贸易生态成本决定因素的实证分析，更多的是利用计量经济模型来分析。Antweiler、Copeland 和 Taylor(2001)建立了一个理论模型，将贸易对污染的影响分解成规模效应、结构效应和技术效应，并从这三方面对 40 个发达国家和发展中国家的 SO_2 浓度的变化作了分析，结果显示：结构效应较小，当产出结构变化时，国际贸易对污染基本上没有什么影响，而生产规模每增长 1%，国家平均 SO_2浓度则会提高 0.25% ~0.5%；但由竞争引起的技术进步和规模经济会使财富迅速增加，从而有利于加大对环境危害度小甚至无害产品的研发，刺激环保技术开发，并发展环保产业，有利于消费者选择更有效和质量更高的环境服务，因而技术效应使污染集中度有明显的下降，使 SO_2浓度下降 1.25% ~ 1.5%。同时，进一步推断出在自由贸易的背景下，人均 GDP 每增加 1%，可使污染程度降低 1%。Peters 等(2007)运用结构分解技术(Structural Decomposition Analysis，SDA)研究了我国的 CO_2排放量。Levinson(2009)将美国制造业污染排放进行分解分析，探讨了技术变化、结构效应及国际贸易对美国制造业污染排放的影响，得出结论，美国制造业污染减少源于国内制造业技术的提升，并非通过国际贸易对其他国家的污染产业转移。此外还有 Cole 和 Elliot(2003)、Cole(2006)等均对贸易的生态成本决定因素展开了研究。

国内对这方面的研究起步较晚，最早是张连众等(2003)借鉴 Antweiler 等(2001)基本模型，分析结果显示，规模效应将加剧我国的环境污染，而结构效应和技术效应将降低我国的环境污染程度，贸易自由化将有利于我国的环境保护。陈继勇等(2005)也借鉴 Antweiler 等(2001)的基本模型，以 SO_2为考察指标，用回归分析方法实证研究了影响我国货物贸易生态成本的因素为：收入水平(-)、贸易开放度(-)、技术投入(-)、高污染行业产品价格(+)。沈利生等(2008)利用投入产出模型实证分析了对外贸易对我国 SO_2排放的影响，通过计算进出口 SO_2排放强度的变化来分析技术进步及结构变化因素，但未能建立一个定量分析的数学模型。赵晓丽、洪东悦(2009)根据 1992 年、1997 年、2002 年的投入产出表，运用结构因素分解法研究了1992—2002年我国对外贸易对能源消费的影响。将影响我国能源消费的因素分为能源强度效应、技术效率效应、国内需求效应、净出口效应。张友国(2009)采用结构分解分析(SDA)测算了贸易对我国能源消耗和SO_2排放的影响，但尚未就各行业进行分析。庄惠明等(2009)等采用协整分析，从规模、技术和结构三个方面对贸易的环境效应作出诠释，认为我国对外贸易的自由化有利于环境的改善。黄顺武等(2010)采用高斯混合模型(Gaussian Mixture Model, GMM)实证研究方法检验了贸易开放度对CO_2、SO_2和BOD(生化需氧量)排放的全面影响，并从规模技术效应、结构效应和总效应三个方面进行了分析，但并未对三种效应进行分行业量化研究。

2.3 研究评述

通过对相关文献的梳理可以发现，目前关于我国贸易成本的研究已经取得了一定的成果，但贸易成本问题仍属新兴研究领域，尚有诸多问题需要探讨。首先，将经济成本与生态成本相结合的研究还较少。事实上经济成本与生态成本会在一定程度上相互影响，贸易经济成本的变化会对贸易规模、贸易结构及国际分工等方面产生影响，进而对贸易生态成本产生后续影响。

其次，关于贸易经济成本测算的研究。在研究方法上，目前国内的研究基本上都是基于Novy(2006)的改进引力模型。其基本模型形式如下：

$$EXP_{jk}EXP_{kj} = s_j(\mathrm{GDP}_j - EXP_j)\, s_k(\mathrm{GDP}_k - EXP_k)\, (1 - t_{jk})^{\rho - 1}(1 - t_{kj}) \quad (2.4)$$

式中，EXP_{jk} 和 EXP_{kj} 分别是 j 向 k 和 k 向 j 的实际出口，EXP_j、GDP_j 和 EXP_k、GDP_k 分别是 j、k 实际总出口和实际GDP，s_j 和 s_k 是 j、k 的可贸易份额，t_{jk} 和 t_{kj} 分别是 j 向 k 和 k 向 j 出口的贸易经济成本，ρ 是替代弹性。该模型虽然能够解决Anderson和Wincoop(2003)模型中用不可直接观测的价格指数作为多边阻力项所产生的问题，但其假设仍然是基于双边贸易的经济成本具有“对称”性，即 $t_{jk} = t_{kj}$，这一假设显然与现实情况还存在差异。而在考察对象上，文献主要从宏观层面来度量我国贸易的经济成本，多为双边贸易的经济成本分析，甚少从中观层面，尤其是制造业来测度我国贸易的经济成本，仅有李坤望等(2006)从新经济地理学的角度，测量了我国与主要贸易伙伴制造业的双边贸易自由度，但其计算公式略显简单，遗漏了一些变量的影响。

再次，关于贸易的生态成本研究中，国内研究多从本国投入产出表出发，未能从垂直专业化分工的角度出发考虑本国贸易中加工比重较大这一特征，没有将中间使用、最终使用及中间投入在国内和进口上进行区分，在一定程度上使我国的贸易生态成本估算结果偏高。仅有李小平(2010)基于OECD投入产出表提供的总使用表、进口使用表和国内使用表，计算了1995年、2000年、2005年的进出口隐含碳排放，但未对其他无投入产出表年份的贸易生态成本进行测算，所以不能基于连续年份的数据对生态成本进行一个直观的分析。

最后，关于贸易生态成本影响因素的分析。虽然有学者从规模效应、结构效应及技术效应对其进行了分析，但多以生产过程产生的生态成本为考察对象，着重检验贸易与环境污染影响的相关关系，而以贸易生态成本为考察对象，并建立定量分析数学模型的还比较少见。

故本书拟采用改进的 Novy(2008)的引力模型，在消除贸易经济成本对称性的基础上($t_{ij} \neq t_{ji}$)，以制造业为考察对象，从行业层面的角度来度量我国贸易的经济成本，客观准确地度量和评价我国制造业各产业贸易的经济成本，从而有助于理解我国制造业各产业参与国际分工和专业化模式。同时，采用 OECD 投入产出表，对我国贸易的生态成本进行估算，并将测算年份扩展至 1995—2008 年的连续年份，为进一步分析我国贸易生态成本提供数据支持。最后，本书还将采用对数平均迪氏指数(LMDI)分析法对贸易生态成本的三效应进行分行业的量化研究。

3　贸易成本的理论基础

本章首先就测度贸易经济成本的相关模型进行了分析，即传统的引力模型、考虑运输成本的引力模型及修正的贸易经济成本引力模型。而后就贸易的生态成本相关理论，包括考虑环境要素的比较优势理论、环境库兹涅茨曲线的理论解释以及贸易的生态成本影响效应等方面进行了分析。

3.1　贸易的经济成本引力模型

3.1.1　传统的引力模型

引力模型起源于1687年牛顿在物理学中提出的“引力法则”(Law of Universal Gravitation)，即两个物体之间的引力与它们各自的质量成正比，且与它们之间的距离成反比。1962年和1963年，Poyhonen将引力模型应用到国际贸易领域。传统引力模型方程的表现形式为：

$$trade_{ij} = A\frac{(GDP_i,\ GDP_j)^{b_1}}{(dist_{ij})^{b_2}} \tag{3.1}$$

其中，$trade_{ij}$ 表示国家i和国家j之间的双边贸易流量，GDP_i 和 GDP_j 分别代表这两个国家的经济规模，$dist_{ij}$ 用来测量两国的距离，A为比例常数(Proportionality Constant)。他指出，两国双边贸易流量的规模与他们各自的经济总量成正比，而与他们之间的距离成反比。其中，出口国的经济总量反映了潜在的供给能力，进口国的经济总量反映了潜在的需求能力，双方的距离以运输成本加以体现则构成了两国之间贸易的阻力因素。为了得到引力估计方程，上式取N然对数并添加随机误差项，得到

$$\log(trade_{ij}) = A + b_1\log(GDP_iGDP_j) + b_2\log(dist_{ij}) + \varepsilon_{ij} \tag{3.2}$$

其中，A、b_1 和 b_2 都是待估计的系数。两国的经济规模越大，两国之间的双边贸易量越大；而两国距离越远，其贸易量就越小。因此，预期 b_1 的符号为正，b_2 的符号为负。随机误差项 ε_{ij} 包含其他一切可能影响两国双边贸易量的因素。该模型被认为是核心理论模型。由于国家之间在地理因素、历史关系、汇价风险(Exchange rate risk)和贸易政策等方面有所差异，学者在核心模型的基础上又增加了其他的变量，用以计算上述方面对双边贸易量的影响。例如，Frankel(1997)认为，实际GDP和距离构成了引力模型的标准模型，同时增加诸如共同的边境、共同的语言、人均GDP和是否属于同一个贸易联盟，最后形成了引力模型的完整形式。同样，Rose(2000)在Frankel模型的基础上，添加了殖民关系、汇价变动和共同货币三个变量，进一步构建了引力模型的扩展形式。

尽管引力模型的最初形式比较简单，但是自20世纪60年代以来，引力模型已经在国际贸易研究中获得了相当的成功，它被广泛应用于测算贸易潜力、鉴别贸易集团的效果、分析贸易模式以及估计贸易壁垒的边境成本等领域，并较好地解释了在现实中观察到的一些经济现象(朱海霞，2008)。当然，引力模型也曾遭到一些批评和质疑，主要体现在两个方面：一是一度被认为缺乏理论基础；二是批评模型的构造方法，集中表现为对横截面数据的质疑。

在垄断竞争模型中，各个国家出口多样性的差异化产品。不同国家的厂商在自给自足状态下生产相同种类的产品，假设厂商在选择产品种类时不存在任何贸易中的运输成本，则可以通过贸易生产不同种类的产品，实现利润最大化，即各个国家专业化生产各自不同种类的产品，这种类型的贸易为行业内贸易。完全的专业化生产和行业内贸易并不会在两部门的Heckscher-Ohlin(H-O)模型中出现，因为在这一模型中各个国家的生产有可能属于同一行业，但是任何一个行业的产品要么出口、要么进口，不会在一个行业内同时出口和进口。H-O模型中存在一系列连续产品，当要素价格不相同时，不同产品内存在完全的专业化生产。垄断竞争模型和H-O模型的共同点是：都研究一系列连续产品，模型中产品种类多于要素，因此可以实现国家之间不同产品的专业化生产。这样就可以采用简单的引力方程来描述贸易模式。引力模型表明双边贸易量同国家经济规模成正比，因此大国之间的贸易相对较多、具有类似规模的国家之间的贸易往往也会相对较多。

假设市场为自由贸易，没有关税和贸易经济成本，各国具有相同的价格，各个国家专业化生产不同种类的最终产品，各个国家具有相同的需求。这样一国生产的产品就会同进口国的GDP成正比例。考虑一个多国框架：i，$j=1$，…，C表示国家，$k=1$，…，N表示产品，其中，一种产品的不同种类看成是不同的产品，y_k^i表示i国k产品的生产，由于各国的价格相同，效用函数可以标准化，因此y_k^i表示产量。各国的总GDP为$Y^i=\sum_{k=1}^{N}y_k^i$，世界总GDP为$Y^w=\sum_{i=1}^{C}Y^i$。令s^j表示j国占世界总支出的份额。由于各国的贸易平衡性，s^j也表示j国占世界GDP的份额，因此有方程，$s^j=Y^j/Y^w$，根据假设，i国出口到j国的k产品为：$X_k^{ij}=s^jy_k^j$，加总所有的k产品，可得

$$X^{ij}=\sum_k X_k^{ij}=s^j\sum_k y_k^i=s^jY^i=\frac{Y^jY^i}{Y^w}=s^js^iY^w=X^{ji} \tag{3.3}$$

将上式中的第一项和最后一项相加，可得

$$X^{ij}+X^{ji}=\left(\frac{2}{Y^w}\right)Y^iY^j \tag{3.4}$$

这一推导给出了最简单形式的引力方程。McCallum(1995)就采用了类似式(3.4)的对数形式，开创了贸易经济成本效应研究，如下式：

$$\ln(X^{ij}+X^{ji})=\alpha+\beta_1\ln Y^i+\beta_2Y^j+\gamma\delta^{ij}+\rho\ln d^{ij}+\varepsilon_{ij} \tag{3.5}$$

其中δ^{ij}为边境效应系数，国内贸易时取1，否则取0；d^{ij}表示距离。

3.1.2 考虑运输成本的引力模型

但是现实的经济社会存在运输成本、关税等贸易障碍，即边境效应，因此引力模型中

价格相同的这一假设就会不成立，贸易模式在形式上会比式(3.4)更加复杂。那么，就需要假设一种特殊类型的效用函数，通常采用 CES 效用函数，同时令 C_k^{ij} 表示 i 国 k 产品到 j 国的出口量，由于各国生产不同的产品种类，那么 i 国 k 产品到 j 国的出口量相当于 j 国 k 产品的消费总量。令 C_k^{ij} 表示 j 国 k 产品的消费总量，同时假设国家 i，$j=1$，…，C 共生产 N_i 种不同的产品，那么 j 国的效应函数为：

$$U^j = \sum_{i=1}^{c}\sum_{k=1}^{N^i}(c_k^{ij})^{(\sigma-1)/\sigma} \tag{3.6}$$

式(3.6)比较复杂，通过假设 i 国出口到 j 国的所有产品都以 p^{ij} 的价格出售，同时这一价格包含运输成本，即 CIF 价，而 p^i 表示 i 国生产产品的国内价格，为 FOB 运输成本净值。两种价格之间的联系为 $p^{ij}=T^{ij}p^i$，其中 $T^{ij}\geqslant 1$，说明 i 国为了获得一单位的进口必须向 j 国出口生产 T^{ij} 个单位产品，结果 $T^{ij}-1$ 个单位的产品就会随着贸易的出现而消失，据此 Samuelson(1952)提出了“运输成本冰山论”。假设不同种类产品的运输成本相同。那么 j 国的消费量相当于 i 国出口的所有 $k=1$，…，N^i 种的产品量，因此 $c_k^{ji}=c^{ij}$，那么效用形式可以简化为式：

$$U^j = \sum_{i=1}^{c}N^i(c^{ij})^{(\sigma-1)/\sigma} \tag{3.7}$$

$$Y^j = \sum_{i=1}^{c}N^ip^{ij}c^{ij} \tag{3.8}$$

其中 c^{ij} 表示 i 国到 j 国的任何一种产品消费量。j 国的代表性消费者在式(3.7)的约束条件下最大化效用式(3.7)。其中，Y^j 表示 j 国的总支出和收入(假设贸易平衡)。在约束条件下最大化效用可得到每种产品的需求量 c^{ij}。

$$c^{ij} = \left(\frac{p^{ij}}{P^j}\right)^{-\sigma}\left(\frac{Y^j}{P^j}\right) \tag{3.9}$$

其中，P^j 表示 j 国的总价格指数，为

$$P^j = \left(\sum_{i=1}^{c}N^i(p^{ij})^{1-\sigma}\right)^{\frac{1}{(1-\sigma)}} \tag{3.10}$$

最后来看 i 国到 j 国的出口总量 X^{ij}，可以表示为

$$X^{ij} = N^ip^{ij}c^{ij} \tag{3.11}$$

将式(3.7)、式(3.8)代入式(3.10)，整理后可得到引力方程(3.12)

$$X^{ij} = N^iY^j\left(\frac{p^{ij}}{p^j}\right)^{1-\sigma} \tag{3.12}$$

为了计算贸易的经济成本，学者们提出了不同的方法。

(1)价格指数法。运用该模型采用价格指数数据可用于计算运输成本 T^{ij}。为了计算出式(3.11)，需要知道各国的产品数量 N_i，但是这一数据是无法观测到的，需通过零利润条件来解决。假设劳动为唯一的生产要素，令 y_i 表示产量，如果设生产函数为 $L_i=\alpha+\beta y_i$，其中 α 表示固定劳动收入，β 表示边际劳动收入，为了实现均衡的零利润条件，假设厂商的产量是固定的，$\bar{y}=(\sigma-1)\dfrac{\alpha}{\beta}$，那么 i 国的 GDP 为 $Y^i=N^iP^i\bar{y}$，将此式代入式

(3.12)，得到：

$$X^{ij}=\frac{Y^iY^j}{P^i\bar{y}}\left(\frac{p^{ij}}{P^j}\right)=\frac{Y^iY^j}{P^{i\sigma}}\left(\frac{T^{ij}}{P^j}\right)^{1-\sigma} \tag{3.13}$$

采用这一模型可用于计算运输成本 T^{ij} ，两边取对数，可得到：

$$\ln X^{ij}=\ln(Y^iY^j)+(1-\sigma)\ln T^{ij}-\sigma\ln P^i+(\sigma-1)\ln P^j \tag{3.14}$$

进一步，可将 Y^iY^j 分解为 $(Y^i+Y^j)(s^is^j)$ ，其中 s^is^j 如前面所述，分别表示两国的GDP份额且和为1，因此式(3.13)亦可转化为下式：

$$\ln X^{ij}=2\ln(Y^i+Y^j)+\ln(s^is^j)+(1-\sigma)\ln T^{ij}-\sigma\ln P^i+(\sigma-1)\ln P^j \tag{3.15}$$

在这一模型中，可以发现贸易增长取决于多种因素：运输成本、GDP总值、相对经济规模和各国的价格。

(2)非线性最小二乘法。价格指数数据在实际计算时需要进行拆算，它并不能反映边境跨越所引起的各种货币、时间等风险，因此不能更好地反映真实的边境效应。由于距离等其他因素，CIF价格 p^{ij} 不同于FOB价格 p^i ，有

$$\ln T^{ij}=\tau^{ij}+\rho\ln d^{ij}+\varepsilon_{ij} \tag{3.16}$$

其中 τ^{ij} 表示边境效应，d^{ij} 表示 i 国和 j 国之间的距离，ε_{ij} 为伪随机误差。需要 ρ 和 τ^{ij} 进行估计。模型中 T^{ij} 包含所有限制 i 国和 j 国之间贸易的影响。

Anderson 和 Van Wincoop(2003)运用市场出清理论进一步简化了方程，从而简化了边境效应模型的推导过程。由于“运输成本冰山论”的存在和市场出清条件，即式 $y^i=\sum_{j=1}^{c}c^{ij}T^{ij}$ ，厂商的产量多于消费者的净消费量。将此式乘以 P^i 可得式 $P^iy^i=\sum_{j=1}^{c}p^{ij}c^{ij}$ ，方程两边相等表明FOB价格的厂商产量采用CIF价格消费者支出的相等量。与价格指数法类似，令 i 国的GDP为 $Y^i=N^iP^iy^i$ ，世界总GDP为 $Y^w=\sum_{j=1}^{c}Y^j$ ，i 国占世界GDP的份额为 s^i ，假设运输成本对称，即 $T^{ij}=T^{ji}$ ，将市场出清条件内生化，可得式：

$$\overline{P^i}=\frac{\left(\frac{s^i}{N^i}\right)^{\frac{1}{(1-\sigma)}}}{\overline{P^i}} \tag{3.17}$$

将市场出清条件和式(3.10)代入式(3.17)可得式：

$$(\overline{P^j})^{1-\sigma}=\sum_{i=1}^{C}s^i\left(\frac{T^{ij}}{\overline{P^i}}\right)^{1-\sigma} \tag{3.18}$$

将市场出清条件 $y^i=\sum_{j=1}^{c}c^{ij}T^{ij}$ 和价格联系 $p^{ij}=T^{ij}P^i$ 带入 $Y^i=N^iP^iy^i$ ，再将式(3.17)代入整理好的方程可得：

$$Y^i=N^i\sum_{j=1}^{C}\left(\frac{P^iT^{ij}}{P^j}\right)^{1-\sigma}Y^j=s^i\sum_{j=1}^{C}\left(\frac{T^{ij}}{\overline{P^i}\,\overline{P^j}}\right)^{1-\sigma}Y^j \tag{3.19}$$

将式(3.17)代入式(3.12)可得

$$X^{ij}=s^iY^j\left(\frac{T^{ij}}{\overline{P^i}\ \overline{P^j}}\right)^{1-\sigma}=\left(\frac{Y^iY^j}{Y^w}\right)\left(\frac{T^{ij}}{\overline{P^i}\ \overline{P^j}}\right)^{1-\sigma}\tag{3.20}$$

式(3.20)的形式较简单，可以看出双边贸易量取决于两国的 GDP 和内生价格指数。Anderson 和 Van Wincoop(2003)根据式(3.18)中的自变量贸易经济成本 T^{ij}，将 $\overline{P^i}$ 解释为多变阻力指数，是不可观测的，但可以通过式 $\ln T^{ij}=\tau^{ij}+\rho\ln d^{ij}+\varepsilon_{ij}$ 和 $(\overline{P^j})^{1-\sigma}=\sum_{i=1}^{C}s^i\left(\frac{T^{ij}}{\overline{P^i}}\right)^{1-\sigma}$ 求解出。对式(3.20)两边取对数可得：

$$\ln\left(\frac{X^{ij}}{Y^iY^j}\right)=\rho(1-\sigma)\ln d^{ij}+(1-\sigma)\tau^{ij}+\ln(\overline{P^i})^{\sigma-1}+\ln(\overline{P^j})^{\sigma-1}+(\sigma-1)\varepsilon_{ij}\tag{3.21}$$

式(3.21)中，方程左边是双边贸易量两国 GDP 乘积的比值，右边分别是距离变量 $\rho(1-\sigma)\ln d^{ij}$、环境效应变量 $(1-\sigma)\tau^{ij}$ 和多边阻力变量 $\ln(\overline{P^i})^{\sigma-1}$，由于运输成本的对称性，根据式(3.21)解出运输成本 $(1-\sigma)\tau^{ij}+\rho(1-\sigma)d^{ij}$。同时 Anderson 和 Van Wincoop(2003)引入系数 γ，用 $\gamma(1-\delta^{ij})$ 代替 $(1-\sigma)\tau^{ij}$，同时简化距离变量的系数，令 $\alpha=\rho(1-\sigma)$，式(3.21)变成：

$$\ln\left(\frac{X^{ij}}{Y^iY^j}\right)=\alpha\ln d^{ij}+\gamma(1-\delta^{ij})+\ln(\overline{P^i})^{\sigma-1}+\ln(\overline{P^j})^{\sigma-1}+(\sigma-1)\varepsilon_{ij}\tag{3.22}$$

根据式(3.22)可以通过大量的数据回归求解出 γ 的值，并根据指数转化方程 $\exp(\gamma^{ij})=\exp[\gamma(1-\delta^{ij})(1-\sigma)]$，当贸易跨越边境即国际贸易时，$\delta^{ij}=0$，否则为 1，就可以计算出边境效应的数值。

3.1.3 修正的贸易经济成本引力模型

由于传统引力模型存在缺陷，遭到了不少的批评。于是，一些经济学家开始尝试通过一般均衡模型推导出具备微观理论基础的引力模型，并以此来估计贸易的经济成本。比较有代表性的模型是 Anderson 和 Van Wincoop(2003)的引力模型。Anderson 和 Van Wincoop(2003)认为，由于缺乏理论基础，利用传统引力模型的方法来测度贸易的经济成本无法进行比较静态分析，无法考察移除某些贸易壁垒后的效应。最后，传统的引力模型没有考虑多边阻力的影响。一个国家(A 国)与给定的另一个国家(B 国)之间的双边贸易不仅与 A、B 两国之间的贸易经济成本有关，而且与 A 国和除 B 国之外的所有其他国家的贸易经济成本有关(多边阻力)。一般而言，A 国与除 B 国之外的所有其他国家的贸易经济成本(多边阻力)越大，则越会推动 A 国与 B 国的双边贸易。也就是说，两个区域之间的贸易不仅取决于它们之间的双边贸易的经济成本，而且取决于它们和所有贸易伙伴之间的平均贸易经济成本(多边贸易经济成本)。

故需要建立一个从理论派生出来的引力双边贸易模型。Anderson 和 Van Wincoop(2003)推导的方程中不同国家之间的贸易分配可以分别通过国内生产和消费分配，即 $\{Y_i^k, E_i^k\}$ 来分析。这些模型形式类似引力方程，有两个限制条件：效用函数为 CES 形式；贸易经济成本 t_{ij}^k 是成比例的。X_{ij}^k 表示 i 国的产品 k 对 j 国的出口。Anderson 和 Van Wincoop(2003)模型中出口国 i 和进口国 j 的贸易模式如式：

$$X_{ij}^k = \frac{E_j^k Y_i^k}{Y^k}\left(\frac{t_{ij}^k}{P_j^k \prod_i^k}\right)^{1-\sigma^k} \tag{3.23}$$

其中，

$$\left(\prod_{ij}^k\right)^{1-\sigma^k} = \sum_j \left(\frac{t_{ij}^k}{P_j^k}\right)^{1-\sigma^k} \frac{E_j^k}{Y^k} \tag{3.24}$$

$$\left(P_{ij}^k\right)^{1-\sigma^k} = \sum_j \left(\frac{t_{ij}^k}{\prod_j^k}\right)^{1-\sigma^k} \frac{Y_i^k}{Y^k} \tag{3.25}$$

其中，Y^k 表示 k 行业的世界产量，σ^k 表示货物贸易的进口替代弹性，X_{ij}^k 表示所谓的多边阻力变量，它概括了一国与其他贸易伙伴之间的平均贸易阻力。传统引力模型中，贸易与各国的经济规模成正比，与贸易壁垒成反比。但式(3.23)表明双边贸易取决于进行贸易的两国之间的相对贸易壁垒，即 $\dfrac{t_{ij}^k}{\prod_j^k P_j^k}$。因此，引力模型表明在控制经济规模变量后两个地区之间的贸易取决于各自的贸易壁垒，同时考虑了两国同世界其他国家之间的贸易障碍。

正如 Anderson 和 Van Wincoop(2003)所述的那样，贸易是非常直观的，与其他贸易伙伴之间的贸易障碍越大，同某一国家进行贸易的可行性就越大。在推导一个可估计的方程前，首先需要获得对不可观测的贸易经济成本的函数。假设贸易的经济成本 t_{ij}^k 是两个可观测的成本的对数形式函数：(1)非边境成本，两地区之间的距离 d_{ij}^k；(2)在 i 国和 j 国是否存在边境跨越。如式：

$$t_{ij} = d_{ij}^{\rho} b^{\delta_{ij}} \tag{3.26}$$

其中，b 表示任何与边境相关的所有贸易壁垒，当两个进行贸易的地区属于同一国家时，$\delta_{ij}=0$；当跨越边境发生国际贸易时 $\delta_{ij}=1$。最后，需要将边境成本 b 分解成两类：引发地租的成本和不引发地租的成本(Evans、Anderson 和 Van Wincoop，2003)。引发地租的边境成本是指像关税和非关税壁垒等贸易政策引起的政府或私人的受益。这一成本取决于国家 i 的贸易保护程度，包括从价税率(ad valorem tariff) τ^{ij}，和从价非关税壁垒(ad valorem equivalent of non-tariff barrier) ntb^{ij}。不引发地租的边境成本为所谓的消费者本地偏好，即边境效应。多数引力模型在推导时都假设所有的消费者都具有相对的偏好。如何区别两种成本具有重要的实际意义。Anderson 和 Van Wincoop(2001)认为安全制度、货币不同属于不引发任何地租的边境成本，而关税则属于引发地租的边境成本。两种贸易壁垒——引发地租的和不引发地租的，都可以造成边境效应，但是从福利角度看，后者比前者的影响大；从对政策的潜在影响看，后者较为复杂。如式：

$$b_{rent} = (1+\tau_{ij})(1+ntb_{ij}) \tag{3.27}$$

很多边境壁垒与贸易政策并不相关，因此不会带来地租。在语言、文化、规章、历史和惯例等方面的差异引发的交易成本才是导致贸易障碍的主要因素。由于内容繁多，很难分解出各自的影响。对于不引发地租的边境成本，文献研究多采用语言联系、相邻程度或具体制度变量来反映信息成本、交易成本和网络成本(Evans，2003)。

同时，Anderson 和 Van Wincoop(2003)指出，在一个经济体中，如果消费者在所有商品中，具有相同替代弹性(σ)偏好，即忽略不同商品的影响，消除上标 k，并且存在 $(Y_i = E_i)$ ，则引力方程可以进一步改写为：

$$x_{ij} = \frac{y_i y_j}{y^w}\left(\frac{t_{ij}}{\Pi_i P_j}\right)^{1-\sigma} \tag{3.28}$$

其中，x_{ij} 代表 i 国向 j 国的出口；y_i 、y_j 分别为 i、j 的国内生产总值(GDP)；$y^W = \sum_j Y_j$ 为所有国家的收入之和；t_{ij} 为贸易的经济成本，且贸易的经济成本被认为是对称的，有 $(t_{ij} = t_{ji})$ ；$\sigma>1$ 为所有物品之间的替代弹性；Π_i、P_j 分别为 i 国和 j 国的价格指数，Anderson 和 Van Wincoop 把价格指数作为“多边阻力”(Multilateral Resistance)变量，并且有式：

$$\Pi_i^{1-\sigma} = \sum_j P_j^{\sigma-1}\theta_j t_{ij}^{1-\sigma} \quad \forall i \tag{3.29}$$

$$P_j^{1-\sigma} = \sum_j \prod_i^{\sigma-1}\theta_i t_{ij}^{1-\sigma} \quad \forall j \tag{3.30}$$

θ_j 为 j 国收入占所有国家收入份额即 $\theta_j = \frac{Y_j}{Y^w}$。$\Pi_i$ 是向外的多边阻力变量(Outward Multilateral Resistance)，P_j 是向内的多边阻力变量(Inward Multilateral Resistance)。在给定 i 和 j 之间的双边贸易经济成本 t_{ij} 的情况下，如果 j 国与 i 国之外的其他贸易伙伴的双边贸易经济成本的提高将会降低来自 i 国的商品的相对价格，从而增加从 i 国的进口。同样，i 国较高的多边阻力也会提升它与 j 国的贸易。

虽然采用该模型能够很好地估计贸易的经济成本，但是该模型仍然存在一些不足。首先，模型假设 i、j 两国之间贸易的经济成本是对称的 $(t_{ij} = t_{ji})$ ，在现实情况下，这一假设可能并不不成立；其次，该模型将不可直接观测得的价格指数作为多边阻力项，可能会产生一定的问题。故本书将采用 Novy 改进的贸易经济成本引力模型，作为贸易经济成本估算的基础，具体将在下一章进行分析。

3.2　贸易的生态成本理论基础

3.2.1　考虑环境要素的比较优势理论

考虑到国际贸易与环境之间的相互关系，可以把环境质量和政策作为国际贸易的一个决定性因素。因此，有必要从定义环境要素着手，并将环境要素纳入传统贸易理论(曲如晓，2009)。

1. 环境要素禀赋

在标准的国际贸易理论中，用两个变量定义某个国家特定要素的禀赋：一是自然可供量，如土地面积和工人与机器的数量；二是使用这些要素生产商品的需求情况。如果一个国家对劳动密集型产品有巨大要求，那么与有同样的地理条件但却更多偏好资本密集型产品的国家相比，这个国家的劳动力资源将是稀缺的，这些国家的劳动力存在价格差别，于是就产生了国际交换的愿望，即国际贸易。将同样的道理运用于环境资源上，决定一国的环境要素禀赋主要有以下几点：

(1)一国的自然特征。主要包括两点：一是该国自然资源的丰裕程度、可替代性及可更新程度；二是该国的土壤、水体、大气的自然容量或灵敏度，这取决于该国的地理位置、气候、降水等因素，包括自然环境的吸收同化能力、人口的稠密程度以及用于处置污染的国际环境媒介物的获得量等。当一个国家靠近跨边界的环境媒介物，如河流或海洋水域等，便可将污染物排放到这些媒介物中，譬如英国这样的岛国就享有这种优势。

(2)当一国在需求上偏好生产密集使用环境资源的产品时，相较于偏好其他商品的国家，该国的环境资源将变得稀缺。从这点上看，一国的环境要素禀赋与其他所有要素禀赋的原理是相同的。

(3)决定一国环境要素禀赋时，还应考虑以下两点：一是该国民众对环境质量的偏好，这些偏好与预算约束共同决定了其对环境质量的需求；二是收入效应，愿意为更好的环境质量付出高价是人均国民收入的增函数，那么，富国的环境资源会比穷国更加稀缺，因此，富国倾向于进口环境资源密集型产品，并生产相对“洁净”的产品，而穷国则往往专业化生产环境密集型产品。

(4)一国政府制定的环境政策。上述三点虽然是决定一国环境要素禀赋的重要因素，但政府才是一国环境要素的最终决定因素，政府通过制定相关的环境政策为本国的环境资源设定了价格，该价格可以是标明的，亦可以是隐含的，进而也就制定了度量资源稀缺性的标准。必须指出的是，一国政府的政策并不一定就代表该国民众的意愿，因此，由政府决定的环境资源禀赋与由该国的自然地理特征与民众偏好决定的环境禀赋是有差异的，据此，可将环境要素禀赋分为真实的环境要素禀赋(True Endowment)和事实上的环境要素禀赋(Factor Endowment)。真实的环境要素禀赋是环境资源的最优供给，包括以下三点，即自然特征、消费商品的偏好以及对环境质量的喜爱程度，由内部化所有国内外部性的环境政策决定；事实的环境要素禀赋是由政府的环境政策所决定的环境资源供给，是将自然特征与偏好转变为实际的环境政策的立法过程的结果。如果政府能够做到社会福利最大化，那么真实的和事实上的环境要素禀赋是一致的，但这非常少见。

当前一个国家或地区在决定贸易结构及参与国际分工的过程中，应充分考虑到该国的环境质量，故有必要将环境要素纳入一国的生产要素禀赋体系，使之成为一个与土地、劳动、资本等资源并列的资源要素。

2. 环境比较优势

在产品的价格中纳入环境成本，改变其价格，即可在贸易中将环境要素禀赋体现在产品中。虽然环境要素的价格在计量上存在困难，但还是可以通过私人或公共政策手段正确估计产品的环境影响，将环境成本纳入产品和服务市场价格。在国际贸易中，各国真实的环境要素禀赋和事实上的环境要素禀赋共同形成了环境比较优势，这与比较优势的原理是一致的。当然由真实的环境要素禀赋和事实上的环境要素禀赋所获得的比较优势是不同的，通过前者获得的环境比较优势是基于一国真正的比较优势，而通过宽松的环境政策获取的比较优势则是以损害环境为代价的，有人把前者称为可持续方式，把后者称为不可持续方式。因为事实上的环境要素禀赋决定的比较优势将会逐渐消失，由于不具备真实的环境要素禀赋，较低的环境标准、较少的排污费用和宽松的环保法规使得出口产品的环境成本较低，从而形成的价格优势和比较优势，必将造成环境质量的下降、资源短缺和环境容量降低。随着环境问题纳入国际贸易体系，这种以较低的环境标准获取的环境比较优势将失去竞争力。

如果一个国家真实的环境要素禀赋比较丰富，或由宽松的环境政策决定的事实上的环境要素禀赋比较丰裕，则该国与环境相关的产品价格中所包含的环境成本就较低，因而就具有环境比较优势。反之，如果一国真实的环境要素禀赋相对稀缺，或由严格的环境政策决定的事实上的环境要素禀赋比较稀缺，则该国的环境敏感品就不具备环境比较优势。具有更多环境比较优势的国家，将倾向于更多地生产并出口污染密集型产品。

如图3.1描述了环境要素禀赋差异下A国与B国的贸易模型。假定投入要素为环境和技术，两国只生产产品X与产品Y，其中X为污染密集型产品，Y为技术密集型产品，其他假设与比较优势定理相同，A国为环境要素丰裕国家，B国为环境要素稀缺国家，于是两国存在偏向性不同的生产可能性曲线。A国偏向更多地生产产品X，生产及消费的均衡点为E_{A0}；B国偏向更多地生产产品Y，生产及消费的均衡点为E_{B0}。在开放条件下，两国按照国际交换价格线q进行贸易活动，两国在E_1进行消费；A国在E_{A1}点生产并出口(X_1-X_0)单位的环境密集型产品X；B国在E_{B1}点生产，出口(Y_1-Y_0)单位的技术密集型产品Y。由于环境要素禀赋不同，按照各自比较优势生产，两国的贸易结构和福利水平都发生了变化，其中A国增加了单位污染密集型产品X的生产与出口，B国则增加了技术密集型产品的生产与出口。（王玉婧，2008）

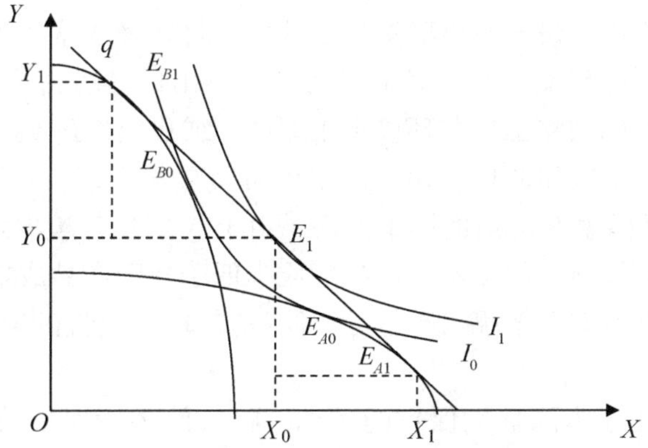

图3.1 环境要素禀赋差异的贸易模型

3. 考虑环境要素的H-O模型

探讨国际贸易与环境之间的关系，中心问题是如何把环境要素包含在H-O理论中，许多西方经济学家对此进行了探讨，迄今为止，主要的分析方法有两种：一是把环境要素作为上述标准假定包含在该模型中；二是改变标准模型的假定。

1)传统的H-O模型

H-O模型的主要论点是：由于不同国家在资本和劳动力两种要素的禀赋存在差别，从而比较成本不同，并因此产生了国际贸易。由于国际贸易的开展，对国内生产要素的价格产生影响，导致各国要素价格均等化。该理论假定处于完全竞争的市场结构，这意味着经济资源可以进行有效的分配。

H-O模型可以表述为：一国将出口那些密集使用其丰富要素生产的产品，而进口那些密集使用其稀缺要素生产的产品。也就是说，资本丰富的国家将出口资本密集型产品，进口劳动密集型产品。相反，劳动力丰富的国家将出口劳动密集型产品，进口资本密集型产品。

例如，若A国是劳动力丰富的国家，B国是资本丰富的国家，X是劳动密集型产品，Y是资本密集型产品。那么，在自由贸易的条件下，A国将出口X产品，进口Y产品，而B国会出口Y产品，进口X产品。

H-O模型的存在以一系列假设为前提。①分析框架为"2×2×2"模型。两个国家(本国和外国)使用两种要素(劳动力和资本)，生产两种商品(劳动密集型产品和资本密集型产品)。②生产技术相同。即假设两个国家具有相同的生产函数，在生产同一种商品的过程中采用的是同一种技术，且假定产品产出规模与要素投入量成正比的线性关系，即商品的规模收益不变。③完全弹性。即假定生产要素的供给是完全富有弹性的。④要素的流动性。假定要素在国际间不能自由流动，但在国内是自由流动的。⑤没有生产外部性。假定决定商品生产过程产出的唯一因素是生产要素数量。⑥消费者偏好相同。假定两国消费者的无差异曲线的形状和位置相同，所有消费者偏好完全一样。

2)直接纳入环境要素的H-O模型

在传统的H-O模型中并没有考虑环境要素，在此采用第一种方法，即将环境要素作为标准假定包含在模型中。设定环境要素是稀缺的，将环境要素作为一个生产要素并可以影响一国的比较优势，则环境资源相对丰裕的国家将出口环境密集型产品或污染产品①。而环境资源相对缺乏的国家将出口非环境密集型产品或更"洁净"的产品。

如果有两个国家，A国和B国，假定国家A环境要素丰富，并用γ_1表示国家A环境的影子价格②、γ_2表示国家B环境的影子价格。由于A国的环境要素相对B国更为丰裕，故有$\gamma_1 < \gamma_2$，即A国环境要素将使本国产品的成本低于他国产品成本。最终环境要素禀赋丰裕的A国将生产和出口环境密集型产品，而不具备环境优势的B国将生产和出口非环境密集型产品。

现假定A国政府出于本国环境保护的考虑，将实施环境保护政策，对国内生产厂商征收环境税t，而t等于环境控制成本，若有$\gamma_1 + t > \gamma_2$，则A国政府征收环境税后将逆转

① 这里的环境密集型产品或污染产品是指不利于环境保护的商品，主要有两类：一是自然资源密集型产品；二是生产或消费过程中伴有较多污染的污染密集型产品。

② 从经济学的意义上讲，影子价格不是价格，而是资源投入的潜在边际效益，即某种资源投入每增加或减少一单位时经济效益的增减量。影子价格反映了产品的供求状况和资源的稀缺程度，资源越丰富，其影子价格越低，反之亦然，即资源的数量和产品的价格影响影子价格。

两国的环境比较优势。征收环境税的结果提高了A国厂商的生产成本，相较B国厂商而言，其比较优势下降了，进而削弱了A国环境密集型产品的比价优势，而增强了B国产品的比较优势。B国政府若未对本国实施环境保护政策，则B国厂商能通过增加环境密集型产品的生产而获利，其资源将向环境密集型产品的生产倾斜，导致环境密集型产品的生产从A国转移到B国，进而将改善A国的环境质量，恶化B国的环境质量。也就是说，通过贸易流通及专业化的生产，A国政府的环境政策对B国的环境产生了不利影响。故通过实施环境保护政策，如就环境密集型产品开征环境税费，环境要素丰裕的国家(A国)可以减少环境密集型产品的专业化生产及出口，更好地保护本国环境。

相比清洁产品，环境税的征收使得环境密集型产品的价格上升，且对该类产品的需求随之减少，随之全世界将减少该类产品的生产，进而贸易条件会发生变化，而贸易条件的改变亦会对贸易收益造成影响。一国贸易量的变化和价格变动的函数可用来度量该国的贸易净收益。因此，一国通过实施环境政策，影响了该国的贸易量及贸易条件，进而改变该国的贸易收益，虽然严格环境政策的实施会降低贸易收益，但能改善该国的环境质量。

通过上述分析可看出，一国单方面的环境控制在改变贸易模式的同时，也增加了他国的环境负担，故一国政府实施贸易保护政策，会通过国际贸易降低其贸易伙伴国的环境质量。若两个具有相同的相对劳动生产率的国家均实施了环境保护政策，则贸易密集型产品的专业化生产及出口将发生在贸易保护限制较弱的国家，这两个国家的福利具有相互依赖性。即使跨境污染的情况不存在，实施较为严厉污染治理措施的国家会转变该国的生产模式，而增加他国的污染排放，这将明显降低贸易收益，因此，人们并不希望以这样的方式进行报复。按照比较优势理论，每一个国家将会专业化生产并出口比他国更有效率的产品，故国际贸易有利于提升一国的福利水平。如考虑环境因素，一国在贸易过程中获取的收益将会发生改变，环境密集型产品的出口不仅恶化了环境质量，还减少了贸易的净收益。

3)环境要素H-O模型的拓展

通过改变H-O模型中的假设，进而将环境要素纳入H-O理论，其中假定①③⑥为基本假设，而假定②④⑤是可以改变的。

①改变生产技术相同的假设

传统H-O模型的第二条假设是两国的生产技术相同，在此可假设不同的国家存在技术差异，尽管要素禀赋相同，贸易模式亦受到技术差别的影响，通常把技术差别分为两类：一是产品的扩张，即在特定的部门一国用同样的要素投入，会比其他国家的产出更多；二是要素的扩张，即一国一种生产要素比另一国的同种生产要素效率更高，而不受该要素运用部门的影响。

两国之间第二种类型的技术差别为环境因素的纳入提供了机会，在此可将环境产品或环境服务作为H-O模型中的一类生产要素。假定与他国相比，一国的资本相对缺乏，基于传统的H-O模型，该国的比较优势在于专业化生产及出口劳动密集型产品，而在两国存在技术差别的情况下，若该国提高了资本的使用效率，则可能转而生产并出口资本密集型产品。此时便要考虑资本和劳动的生产力情况，用效率单位来度量两者的数量，能否将作为一种生产要素的“环境”与这类技术差别结合起来，是必须解决的关键问题。假定作为生产要素的“环境”在 A 国的生产效率比 B 国高，则两国之间的技术差别将使 A 国使用“一单位的环境要素”的产出比 B 国更多，致使环境效率更高的 A 国倾向生产并出口环境密集型产品。

必须指出的是，技术进步是一个动态过程，这一点静态模型并未注意。在 H-O 模型中，分析某一个时点上的技术差别是可能的，此时若可以用效率单位表示环境作为一种生产要素的拘束变化，则用比较静态方法分析效率单位的变化，进而分析贸易模式的变化是可行的。

②改变生产要素在国际间不能自由流动的假设

根据传统 H-O 模型的第四条假定，所有的生产要素在国际间无法自由流动，也就是说其在国际市场上的供给弹性为零。事实上，无论劳动力或资本都是具有一定流动性的，而自然资源等环境要素却无法自由流动。在赫克歇尔-俄琳的模型中，当其他任何一个生产要素发生商品交换或自由流动时，不流动要素的价格也将在国家间均等化，但这一结论只有在其他生产要素的流动性不受不流动要素禀赋的影响时才有效。事实上劳动力的流动性在一定程度上还取决于一国的环境质量，在实际情况中，劳动力一方面会朝工资率高的地区流动，另一方面也会向环境条件更好的地区流动。因此，当一国生产并出口环境密集型产品时，该国必须提高劳动力的工资水平，以用于补偿由环境质量恶化给劳动者造成的损失，此时工资水平在一定程度上代表着环境质量，因此劳动力变得更加昂贵。

③改变无生产外部性的假设

在此，可以将传统 H-O 模型的第五条假定进行简化，由生产环境密集型产品导致的环境恶化是一种外部性，这并没有包含在标准的 H-O 模型中。有经济学者曾将环境质量作为一种单独的生产要素①，认为相较其他生产要素，更大可供量的环境要素将促使出口环境密集型产品。

但事实上环境要素并非一个单独的要素，可通过生产要素变量对环境的外部性进行模拟，这需通过“传统的”生产要素(劳动力及资本)的负面影响来进行，环境要素决定了劳动力和资本的生产率。因此，将环境外部性纳入 H-O 模型中，表示劳动力和资本的生产率取决于被它们所消耗的环境要素。

将环境因素引入到 H-O 模型是探讨贸易与环境关系的重要步骤，从中我们可以看出，改变 H-O 模型中的假定可以将环境因素包含在传统的国际贸易理论中，以弥补传统贸易理论的不足。

将环境要素纳入一国的传统贸易理论，使环境成为一个同资本、劳动等要素并列的新的生产要素，一方面，丰富了要素禀赋的构成，更能反映一国要素资源的状况；另一方面，在贸易产品价格中体现了环境要素禀赋的存在，使一国原有的以劳动、资本等要素为

① Rauscher M.（1997）在将环境要素作为单独的要素禀赋时，将其分为真实的环境要素禀赋和事实上的环境要素禀赋。真实的环境要素禀赋是环境资源的最优供给，它包括自然特征和消费商品的偏好以及对环境质量的喜爱程度等；事实上的环境要素禀赋则是由政府的环境政策所决定的环境资源供给，是将自然特征与偏好转变为实际的环境政策立法过程的结果。

基础的比较优势发生改变，从而使一国在更广泛的范围内建立比较优势，丰富了传统的比较优势论和要素禀赋论。同时，将环境要素禀赋作为一国参与国际分工和国家贸易的依据之一，将对国际贸易的结构和流向产生重要影响。

与我们前面讨论的一样，这些分析都没有将环境密集型产品生产的污染外部性考虑在内，换句话说，H-O 模型始终隐含着与环境有关的另一个假定前提，即在生产和消费商品的过程中不存在污染外部性假设。我们改变这一前提的同时，也就自然将环境因素引入贸易理论，因为污染程度可以看成是人类活动产生的污染物或污染因素超过环境容量和自净能力的状况，污染程度越高，对环境原本构成和形态的改变越大，环境质量恶化也越严重。

3.2.2 环境库兹涅茨曲线理论解释

经济增长与环境压力之间的关系是一个长期争论的话题，学者们常用环境库兹涅茨曲线(Environmental Kuznets Curve，EKC)来探讨两者之间的关系。1955 年，诺贝尔经济学奖得主西蒙·库兹涅茨(Simon Kruznets)提出了著名的收入分配"倒 U 假说"。该假说认为，在经济发展的初期阶段，随着收入增加，环境质量将不断恶化，当收入越过某一特定的"转折点"(Turning Point)后，环境质量将得到改善，即"污染—收入"之间存在一种"倒 U"形的发展轨迹。受这一假说的启示，越来越多的经济学家开始对经济和环境污染的关系进行研究，试图找到经济增长与环境恶化的变动规律。美国经济学家 Grossman 和 Krueger(1995)在肯定了前人研究的基础上广泛收集不同国家城市的空气以及河流污染状况数据，得出的结论是：环境质量或污染物排放与人均收入之间确实存在"倒 U" 形曲线的关系。这就是环境库兹涅茨曲线假说。如图 3.2 所示。

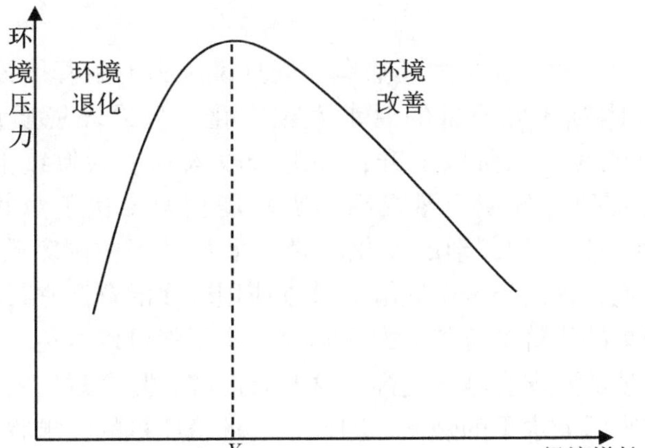

图 3.2　环境库兹涅茨曲线

关于环境污染与经济增长之间的联系，主要有四种关于环境库兹涅茨曲线的理论解释，每一种解释都把实际收入水平与环境污染水平联系在一起，但对于环境库兹涅茨曲线的形成机制，又各不相同。(Copeland 和 Taylor，彭立志译，2009)

1. 经济增长原动力解释论

Copeland 和 Taylor(2003)从污染产品的结构变动方面给出有关环境库兹涅茨曲线曲线形状的一个解释：经济增长是一个持续的转换过程，在不同时期有不同的要素积累。在经济增长的早期阶段密集使用污染行业的要素，到经济发展到一定程度之后，密集使用清洁行业的要素。经济发展使一些密集使用污染要素的部门不仅存在相对萎缩的态势，而且在绝对量上也有下降，同期其他部门却在扩张。这样的发展过程将改变一国的污染密集度和国民产出的构成，某些环境指标将得到改善，而另一些则可能得不到改善。

假设污染品是资本密集型产品，在没有环境污染政策或厂商对污染政策的反应不强烈且污染排放强度固定不变的情况下，在一国经济发展的初期阶段，主要依靠资本积累的增加来推动经济增长，随着人均收入的增长，该国的环境状况会恶化，提高其污染水平。在经济发展后期，若人均收入的增长主要依靠人力资本①的积累，则人均收入增加会带来该国环境的改善，降低其污染水平。这就可以用于解释环境库兹涅茨曲线，即假定经济发展在早期阶段依靠资本积累来推动，而在经济发展到一定程度时，经济增长转而靠人力资本的积累推动，进而会出现随人均收入的提高，污染先上升后下降，总体呈现“倒 U”形曲线形状，即环境库兹涅茨曲线。

必须指出的是，“经济增长原动力”解释论离不开三个关键假设。首先，相较于清洁型产业，污染性要素的增长更能促进污染产业的发展，这就需要清晰地分辨污染性要素，并将其与其他要素区分开来，从而保证要素增长具有强烈的结构效应。其次，污染排放政策的效应并不十分强烈，事实上，较弱的政策效应能够降低技术效应的强度，进而导致污染水平变化的主要因素为结构效应。最后，在不同的经济发展阶段，发生积累效应的要素不一样。在经济发展的初始阶段，污染性产品密集使用的要素产生积累效用；而随着收入水平的提高，则转变为清洁性产品密集使用的要素发生积累效用。

2. 收入效应论

收入效应是对环境库兹涅茨曲线最基本、最具说服力的解释。该效应认为，随着收入水平的上升，经济体对环境质量的要求发生变化，如果环境质量是一种正常商品，那么污染排放水平可能在开始阶段上升，并随着收入水平的持续上升而出现下降。具体来说，如果收入增加使对环境质量提高的需求增长速度快于对其他产品和服务需求的增加速度，可能会产生“倒 U”形的变化路径。多数发展中国家政府面临的首要问题，是保证人们的基本温饱，且由于资金紧缺，难以使用较多的资金进行环境保护。在这种情况下，以牺牲环境资源的代价维持基本的人均收入水平将难以避免。当收入增加到一定水平时，人们对环境质量的要求会越来越高，这时就能够并且愿意用一部分消费换取对环境资源的保护，从而带来污染水平的降低。因此，对环境质量的需求收入弹性是使污染路径向下转折的要素之一。

Lopez(1994)较早明确强调环境质量的非同次位次偏好在解释环境库兹涅茨曲线中的作用，从收入水平的角度解释了环境库兹涅茨曲线的“倒 U”形形状，指出增长和污染之间的关系取决于产品中一般要素与污染要素的替代弹性和收入效用的相对曲率。一般当要

① 在此，人力资本的增加被定义为每个劳动力所能提供的有效劳动的增加。

素与污染要素之间的替代弹性越低、收入效用的相对曲率越小时，污染程度随收入水平的提高而加剧。由此可以解释收入水平和污染之间关系的“倒U”形环境库兹涅茨曲线。

任何关于EKC的解释理论都有一个根本的条件，即必须存在一种力量，能够完全抵消经济增长带来的规模效应对环境的影响。在上面的“经济增长原动力”解释论中，是非常强的结构效应(清洁要素增长带来的)超出了规模效应的影响。在收入效应解释论中则是技术效应起到了根本性的作用。在收入水平较低的阶段，污染排放首先随着经济的增长而上升，因为消费增加的重要性远远胜过环境质量的重要性；但随着收入的上升，人们为环境质量支付对价的意愿越来越强烈，越来越愿意牺牲更多的消费来获得更高的环境质量(迟诚，2010)。

3. 门槛效应论

“门槛”效应论，指一国在收入水平较低时，环境污染政策对收入的影响会受到限制(John和Pecchenino，1994；Stokey，1998；Jones和Manuelli，1995)。在经济发展的早期阶段，由于环境污染制度可能尚未形成，或是从污染治理中获取的边际收益太低，政府对污染排放的行为往往管制较松，进而污染治理的效果较差，随着经济增长，污染排放量也呈现不断上升的趋势。然而，当收入水平足够高并超过某一“门槛”时，随着一国环保意识的提高，政府会实施较严厉的环境治理措施，进而减少污染的排放，并改善本国环境，故污染排放量将随着该国经济的增长而呈现下降的趋势。基于“门槛”效应，在经济发展的不同阶段，污染排放与收入之间会呈现不同的发展态势。门槛效应模型往往需要消费者偏好或者生产技术符合一定的假设条件，以确保政策或治理门槛被突破之后，随着环境监管政策或者污染治理措施开始实施，污染排放水平能够随之下降。“门槛”效应论包括污染治理门槛效应和政策门槛效应。

1)污染治理门槛效应

根据Stokey(1998)的假设，在一个专门进行污染产品生产的国家，随着产品产出量的增加，该国污染排放量呈上升趋势，两者为正向关系，当然生产过程中一些控制污染的技术的实施会降低产出量与污染排放量之间的比例。在经济发展的早期阶段，由宽松的污染管制带来的低水平污染税，使厂家对污染治理未能予以重视，往往采用较“粗放”的生产技术，这时随着产出的提升，污染排放量亦会增加。但当经济增长超过一定“门槛”后，随着人们对环境保护越发重视，且政府环境税的提高，迫使厂商不得不增加用于降低污染排放的资金，提升生产技术水平，采取更“洁净”的技术进行生产，此时随着收入水平的提升，污染排放量呈现下降态势，这就很好地解释了环境库兹涅茨曲线的“倒U”形状。

必须指出的是，这一解释针对的是经济体系中只生产一种产品时的“门槛”效应，而对多产品模型，这一解释并不适用。因为，在生产两种或两种以上的产品模型中，当一种产品由于污染税的提高而导致该产品的生产成本上升时，厂商可能会放弃该产品的生产而转向其他产品的生产，从而引起产业结构的变化。

2)政策门槛效应

上文的分析说明污染治理存在门槛效应。然而，当收入处于较低水平时，一国政府仍可以实施环境政策来影响厂商的经济行为，进而亦会对该国的污染排放产生影响。所以，有可能形成门槛效应的不是厂商治理污染的行为，而是政府的环境政策形成了门槛效应，即政策门槛效应。政策门槛效应认为，当一国处于经济发展的早期阶段，由于治理污染的政策不够完善或缺乏，该国的污染排放将随着收入水平的提升而不断增加；但当污染排放增加到一定程度时，政府将对环境污染实施管制，制定相应的治理污染的政策，随着经济的增长，该国的污染排放会不断减少，这也就解释了环境库兹涅茨曲线的“倒 U”形状。政府可以选择两种不同的方式：一是支付固定成本，对环境污染进行监管；二是放弃监管，让污染排放水平完全由需求决定。政府将依据典型消费者效用最大化原则，作出自己的选择。

政策门槛效应论的解释同样也有一定的局限性，当边际损害的收入弹性小于或者等于 1 时，尽管突破了政策门槛效应，环境污染水平仍将继续上升。门槛效应解释论依赖政策对经济增长具有很强的响应，只有这样才能够确保在突破一定的门槛后，污染排放水平持续下降。

可见污染治理门槛效应及政策门槛效应均认为，在经济发展的早期阶段，厂商不存在治理污染的行为，但随着治理污染行为的出现，污染排放水平将呈现下降趋势。但污染治理门槛效应认为，自始至终环境监管政策都是存在的；而在政策门槛模型中，只有当经济增长到一定程度，政府才会实施环境监管政策。因此，就污染治理门槛效应而言，当门槛突破后，污染排放水平的下降是平滑的；而当政策效应门槛突破后，污染排放水平的下降会呈现离散型的态势。

此外，污染治理效应论针对的是经济体系中只生产一种产品的情况，不能用于多种产品模型，当存在多种产品时，由收入增长导致的污染排放税的提升会促使厂商调整产业结构，从而由经济增长带来的规模效应会被结构效应所抵消。但政策门槛效应可以用于解释多种产品模型，政策门槛效应论认为，污染监管的固定成本是存在的，并排除了低收入阶段污染监管政策存在的可能性。故在多产品模型中，如果不能够突破政策效应门槛，则结构效应和技术效应就不能抵消由收入增长而引起的规模效应。

对比收入效应论与门槛效应论，可发现两者具有一定的相似性，两者都要求在经济发展过程中，污染排放政策能够对收入的变化做出强有力的响应。但两者对环境库兹涅茨曲线上升阶段的解释是不同的，收入效应论认为，在经济发展早期阶段，即使政府制订了较强的污染排放政策，厂商也不会实施治理污染的行为；而门槛效应论则指出，随着污染排放政策愈发严厉，私人部门污染治理的强度也将不断提高。

4. 污染治理规模收益递增论

污染治理生产技术规模收益递增论认为，随着经济规模的不断扩大，最优的经营规模亦会扩大，从而提高了污染治理的效率，也就是说，污染治理能够通过外部规模经济实现收益递增。在总体污染治理规模不变的情况下，单个厂商的污染治理生产技术都维持规模收益不变；但随着总体污染治理规模的扩大，单个企业的污染治理效率都提高了，从而在产业的总产出层面，污染治理具有规模收益递增的效应。

随着产出规模的扩大，污染治理的效率逐步提高，厂商用于污染治理的资源边际收益递增，厂商将逐步提高投入污染治理的资源所占的比率，整个产业污染治理规模也将不断扩大，有利于环境质量的改善。因此，在经济规模较小时，污染排放水平随着产出的增加而上升，但是随着产出水平的继续增加，总的污染治理持续增加必然最终使污染排放水平下降。

污染治理规模收益递增论考量的是生产规模递增效应对环境污染的影响，而不是要素禀赋积累增加以致结构效应或者收入水平上升推进污染排放税的增加。在污染治理规模收益递增模型中，结构效应不发生作用，污染排放需求曲线也仅仅随着产出规模的变化而变化。规模效应所导致的污染排放的增加最终完全被技术效应所抵消，技术效应则是由经济规模增长本身所创造的。污染排放强度的下降不是由于政策的变化(因为污染排放税固定不变)，而是由于污染治理活动规模的扩大导致污染治理的生产效率提高了。与所有的环境库兹涅茨曲线解释论一样，模型必须存在一种力量，能够对冲经济增长中规模效应所导致的污染排放水平的上升。在污染治理规模收益模型中，经济规模增长本身创造了技术效应，而市场规模扩大则提升了污染治理的生产效率。(Copeland 和 Taylor，彭立志译，2009)

3.2.3 贸易的生态成本影响效应

贸易活动可以扩大经济规模、改变经济活动的结构，并给产品带来技术进步，贸易正是通过上述三方面对环境产生影响，同时经济的运行还会进一步影响环境，故将导致环境污染发生变化的根本性因素分解为规模效应、结构效应和技术效应有助于探讨经济发展与环境之间的复杂关系。格鲁斯曼和克鲁格曼(Grossman 和 Krueger，1993)曾利用此方法研究北美自由贸易协定对环境污染的潜在影响，并且影响卓著。这一方法能够使理论研究和实证分析更加清晰易懂，在比较各种不同经济扰动对环境的影响效果时尤其显著。譬如，贸易自由化和要素禀赋积累都可能提高经济体系的生产效率(都将导致经济规模发生变化)，但它们所诱发的经济活动却可能完全不同(导致经济系统产品结构的变化不同)。而且，由于贸易自由化和要素禀赋积累都增加了国民收入，而环境质量属于正常商品，这两种变化都可能导致政府采取更严格的环境保护政策(从而导致生产技术的变化)。通过把政策的影响效应分解为规模效应、技术效应和结构效应，我们就能获悉不同扰动因素对经济系统具有何种相同抑或不同的影响效应，并量化之。(Copeland 和 Taylor，彭立志译，2009)

1. 贸易生态成本的分解模型

国际贸易和经济增长都能对经济起到刺激作用，都可能导致经济规模的扩大。因此，我们需要引入一种度量标准，以准确地度量经济规模。换而言之，我们需要定义一个产出指数。定义这样一种数量化指数的方法很多，在此选择世界价格水平下净产出的值作为度量经济规模的标准。经济规模 S 的定义如下：

$$S = p^0 x + y \tag{3.31}$$

其中 p^0 表示没有出现任何扰动因素之前 X 产品的世界相对价格水平。如果世界价格水平发生变化，则仍利用原始的(基期的)世界价格水平度量经济规模 S。这样能够确保经济规模 S 不会仅仅因为世界价格水平的变化而发生变化。当然，如果 x 和 y 的产出由于世界价格水平的变化而发生了变化，经济规模 S 将随之发生变化，此时需要确定与原始的世界价格水平相对应的新的产出是多少。

有了经济规模 S，由式(3.31)可知，污染排放 $z=e\phi_x S/p^0$，其中 $\phi_x=p^0x/S$ 就是在给定世界价格水平下净产出 x 的值占总的净产出的比重。为了使该定义更加简化，可以选择 X 产品的度量单位，使得 $p^0=1$，因此有：

$$z=ex=e\phi_x S \tag{3.32}$$

因此，污染排放量取决于生产技术的污染排放强度 e，污染产业在整个经济体系中所占的比重 ϕ_x，以及经济规模 S。

利用分解分析法对式(3.32)进行分解，便可得出相应的技术效应、结构效应和规模效应的分解：

$$\hat{z}=\hat{S}+\hat{\phi}_x+\hat{e} \tag{3.33}$$

式(3.33)的第一项度量规模效应。该项度量在经济体系中产品构成和生产技术维持不变的情况下，仅仅由于生产规模的扩大，可能增加的污染排放量。

第二项度量结构效应，即产出中污染性产品比例的变化对污染排放水平的影响。如果经济规模和污染排放强度维持不变，则经济体系中投入更多资源用于污染性产品的生产将导致环境污染的增加。

式(3.33)的最后一项度量技术效应。如果其他因素维持不变，污染排放强度下降将降低环境污染。

2. 规模效应

贸易自由化增加了各类产品的生产及消费，带动了经济增长，提高了一国的收入水平，进而增强了人们的环保意识，迫使厂商在生产过程中采用更环保的生产技术，且随着收入水平的提高，政府也有更充裕的资金进行污染治理与防治，在这一情况下，贸易对环境的影响是正面的。

但在贸易自由化促使经济规模扩大的同时，若厂商仍采用原来的技术进行生产，且消费者偏好相似、生产技术规模报酬不变，则生产规模的扩大会使污染增加，加重环境的负担。譬如，如果规模报酬、相对价格和排放密度不变，则所有要素投入增加10%，预期污染量也将增加10%。且在市场失灵(如资源产权未明确、未内部化的外部性、定价过低的生态系统以及公共物品不足)和政策失灵(如能源补贴、强制工业化)的情况下，贸易自由化对环境影响的负面规模效应会更加明显。

因此，在生产技术水平及产业结构不变的情况下，贸易活动的扩张会通过跨境运输及产品增加污染排放，而增加环境资源的开发与损耗，此时，贸易自由化带动的经济规模的单纯扩张给环境带来了负面效应，甚至这种负面的规模效应会超过由自由贸易带来的对环境的正面效应。规模效应可用图3.3表示。

A 点即净生产可能曲线上生产者单位净产出的价格为 $q=p(1-\alpha)$ 时的初始产出点。图3.3的下半部分为污染排放密度维持在 e_0 不变的条件下污染排放函数 $z=ex$ 的曲线图。给定初始产出点为 A，对应的初始污染排放为 Z_a，设要素禀赋同比率扩大使经济规模扩大。由于规模经济不变，新的生产可能性曲线就是在原生产可能性曲线的基础上向外同比率扩大，新的产出点 B 点必定与 A 点同在一条射线上。污染排放量则从 Z_a 增加到 Z_b，这一增量就是纯粹的规模效应。

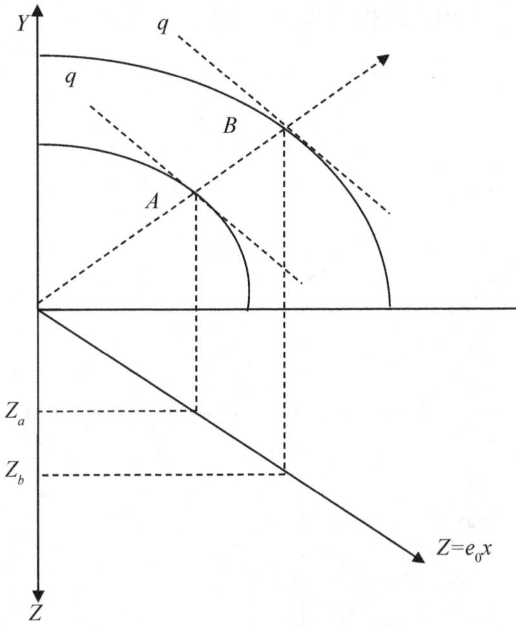

图 3.3　规模效应

可见，由于污染排放政策维持不变，技术效益不存在，同时，由于 X 产业与 Y 产业同比率扩张，产品结构效应也不存在。因此，在污染排放效应固定不变的情况下，污染排放的增加完全源自要素禀赋均衡增长所导致的经济规模的扩大效应。

3. 结构效应

贸易自由化能够促进专业化分工在全球范围内实现，参与国际分工的国家将根据本国的资源禀赋和比较优势，更趋向于在具有比较优势的部门进行专业化生产，这种趋势会随着贸易自由化程度的提高而变得更加明显，该国的产业结构也将逐渐与其比较优势相应。总体而言，贸易的结构效应是不确定的。

开放经济条件下，若一国与他国之间的比较优势差异源于劳动力、资本和技术，一国污染程度低的生产具有比较优势，且在该国的专业化生产的经济活动中占比较大，则该国将更倾向于生产并出口污染程度低的环保产品，该国的产业结构是有利于改善本国环境的，故贸易导致的结构效应对环境的影响是正面的。反之，若该国的结构调整趋向于资源依赖性或者污染密集型的专业化生产部门，则贸易的结构效应对该国环境的影响是负面的。若各国之间的比较优势是源于不同的环境标准或制度，则环境标准较低的国家会倾向专业化生产政府管制较宽松的产品，并将污染防治成本较高的产业移出，贸易自由化不仅会恶化该国的环境，亦不利于全球环境的改善。(陆菁，2007)

此外，在不同的发展阶段，结构效应对环境的影响也是不同的。在劳动力和资源密集型占据主导地位的情况下，环境问题集中于对自然资源的过度利用，譬如过分使用土地资源或水资源等；当经济发展以重工业、能源工业为主导时，空气污染、水污染和有毒物质排放等成为主要环境问题；而当高新技术、服务业在经济中居主导地位时，整体经济将会朝清洁生产的方向发展。(迟诚，2010)结构效应可用图 3.4 表示。

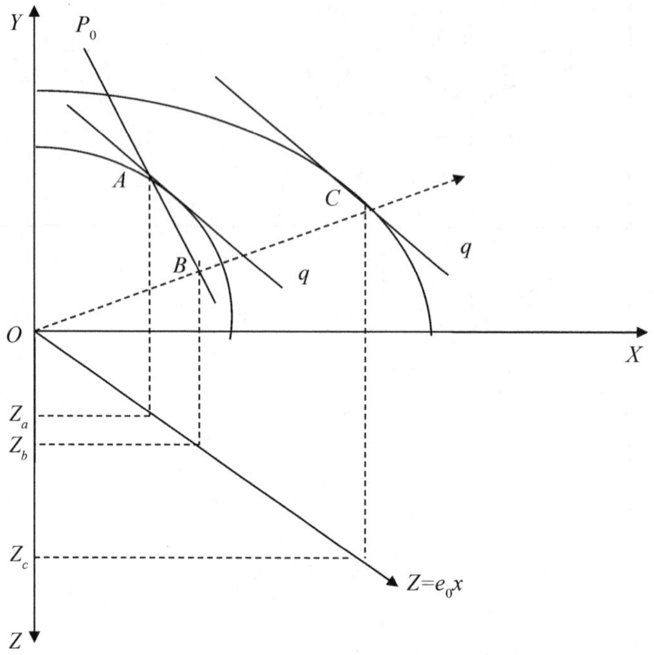

图 3.4　结构效应

随着资本积累的增加，由于 X 产业是资本密集型产业，生产可能性曲线不再同比率向外扩大，而是更加偏向 X 轴方向。在生产者价格 $q = p(1-\alpha)$ 维持不变的情况下，此时经济系统均衡的产出水平由 A 点移动至 C 点。由雷布津斯基(Rybczinski)定理①可知，相对于 A 点，在 C 点经济系统中 X 产业的产出水平上升了，而 Y 产业的产出水平下降了。

此时，规模效应和结构效应同时存在。接下来，我们将说明经济系统的均衡点由 A 点移动到 C 点的过程如何分解成规模效应和结构效应。直线 P_0 表示在基期世界价格水平下，经济系统初始产出的大小，A 点即表示初始产出条件下经济系统均衡时的规模。由于污染政策的存在，P_0 较生产者的价格直线更加陡峭②。直线 P_0 上的点都具有相同的经济规模，因此，由于资本积累引发的经济系统的变化可以分解为两个过程，即 A 点到 B 点，再由 B 点到 C 点。

① 雷布津斯基定理认为，如果商品价格保持不变，则一种要素存量的增加，不仅将导致生产中密集地使用该要素的产品在总产量中的份额增加，而且将导致这种产品产出的绝对量增加，另一种产品的产出则绝对地减少。

② 因为 $p^0=p>p(1-a)$。

由 A 点到 B 点的过程就是纯粹的结构效应。此时，相当于整个经济规模维持不变，而仅仅是 X 产业的产出增加。经济系统这一结构性变化使污染排放由 Z_a 增加到 Z_b。由于 X 产业是污染性产业，污染排放增加了。

由 B 点到 C 点的过程就是纯粹的规模效应。此时，相当于经济系统的产出结构维持不变，而仅仅是经济规模的增加导致污染排放增加。在图 3.4 中就是由原点出发的联结点 B 的射线上所有点的产出结构完全相同，污染排放由 Z_b 增加到 Z_c 就是规模效应①。因此，由资本积累导致的污染排放的增加一方面可以归咎于经济系统产出结构的变化导致污染性产品的产出相对增加了，另一方面也可以归咎于生产规模的扩大。

上述探讨所得的一个重要结论就是，资本积累增加所引发的产品结构的变化必然导致污染排放的增加，而这具有非常重要的实践指导意义。如果我们仅仅只观测到资本丰裕度这一个指标，显然无法预知各国污染排放程度的差异，但是在各国经济规模和污染排放技术完全相同的情况下，我们可以肯定，由于结构效应的存在，资本密集型国家的污染排放必然更高。必须指出的是，这里关于结构效应的探讨仅仅局限于资本积累效应。但是如果考虑由劳动力要素禀赋增加而导致产品结构发生变化，我们将得到相反的结论，即劳动力增加所引发的产品结构的变化将导致污染排放减少。由雷布津斯基定理可知，劳动力的增加将导致洁净产业 Y 的产出增加，污染型产业的产出下降。这意味着此时产品结构的变化将导致污染排放下降。因此，劳动力要素禀赋的增加与资本积累的增加对环境污染的影响正好相反。

总体而言，如果外部扰动导致经济系统产出结构的平均污染排放水平上升，则产品结构为正，污染排放水平将上升，反之亦然。

4. 技术效应

技术效应可以理解为当其他因素不变时，一国由生产技术或生产方法改变而引起的污染排放量及污染排放密度的变化。技术效应源于贸易自由化带来的贸易产品的流动技术转移过程，随着一国财富的积累和贸易规模的扩大，该国的环保技术水平能够得到提升，进而实现清洁生产。

一方面由于贸易自由化，生产者将国外的先进清洁技术引入国内，有助于加速国内厂商现代化生产进程；且贸易开放带来的经济收益的增加，有助于厂商积累资金并投资更高效、更清洁的生产技术和工艺，从而降低单位产品的污染排放量。(王玉婧，2008)另一方面，贸易自由化有利于提升一国的收入水平，使消费者对环境品质更关注，这将促使政府制定更严格的环境制度，迫使厂商更积极主动地提高生产过程的环保技术水平，进而改善本国环境。

一般而言，贸易自由化对环境产生正面的技术效应，即贸易自由化引起的技术水平的提升有助于减少每单位产出的污染排放量。技术效应可用图 3.5 表示。

在此，我们引入环境污染政策变化因子，以考察技术变化对环境污染的影响效应。假设由于外部政策的变化，污染排放税上升，而排放税的上升并不会影响净产出的生产者的价格，但污染排放强度必将下降。由于更多的资源必须用于污染治理，其结果必然是经生

① 与宏观经济学中收入效应和替代效应一样，这里也可先考虑规模效应，然后再考虑结构效应。

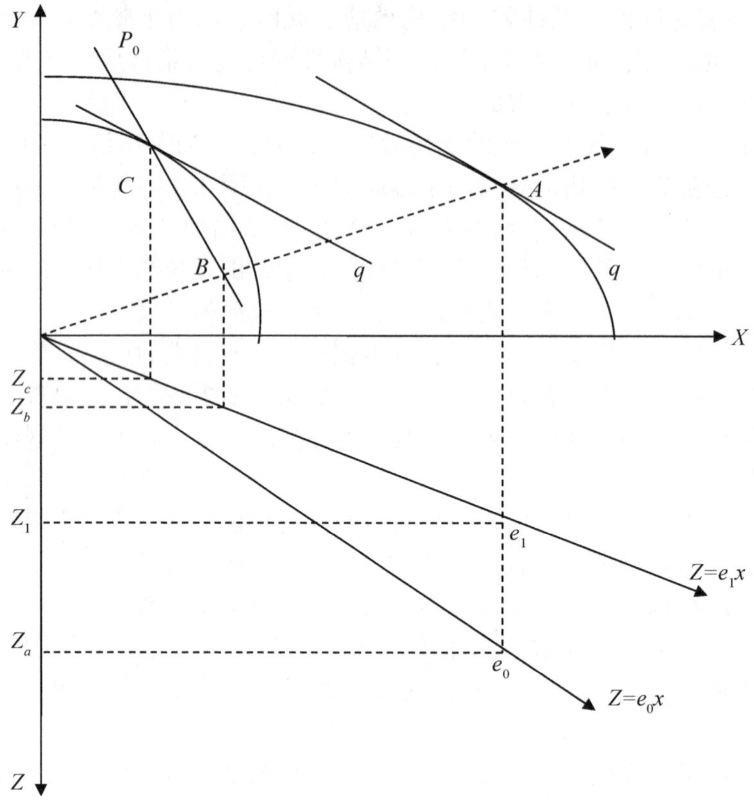

图 3.5　技术效应

产可能性曲线向内移动①。这一外生政策变化所引发的效应如图 3.5 所示。最初经济系统在 A 点达到均衡，污染的排放量为 Z_a，单位产出的污染排放量为 e_0。污染排放税的上升导致污染治理活动的增加，因而使单位产出的污染排放量下降（从 e_0 下降到 e_1）。图 3.5 下半部分表示的污染排放函数曲线因此上移（任意净产出 x 所对应的污染排放量下降了）。如果产出维持在 A 点不变，则污染排放量从 Z_a 下降到 Z_1。这一过程就是技术效应：更高的污染排放税导致更洁净的生产技术，在经济规模和产出结构维持不变的情况下，污染排放量下降了。

环境污染政策的变化同时也具有其他两种效应。首先，由于生产可能性曲线向内移动，经济系统最终的均衡点为 C 点。这一变化过程既包含了规模效应（由 A 点到 B 点），使污染排放量由 Z_1 进一步下降到了 Z_b 点，也包含了结构效应（由 B 点到 C 点），使污染排放量最终下降到 Z_c 点。产出规模的下降主要是由于污染治理增加（因而耗费了更多资源），而结构效应的出现主要是由于污染治理所耗费的资源对污染型产业产生的影响更大。结果是生产 X 产业的机会成本上升，在世界价格固定不变的情况下，生产者转而更多地生产洁净性产品 Y。

① 潜在生产可能性曲线维持不变。

4 中国贸易的经济成本测度

贸易的经济成本在测度和模型化方面的困难并不能掩盖贸易经济成本的重要性。越来越多的学者认识到贸易经济成本的重要性，并且探索了一系列测度贸易经济成本的方法。本章在分析我国对外贸易发展状况的基础上，以制造业为考察对象，测算了我国与主要贸易伙伴国贸易的经济成本①。

4.1 我国贸易发展状况分析

改革开放以来，我国对外贸易发展取得了巨大成就，实现了从封闭半封闭经济到全方位开放的伟大历史转折，形成了从沿海到沿江及沿边、从东部到中西部区域梯次开放的格局，实现了从贸易到投资、从货物贸易到服务贸易领域不断拓展的开放格局，呈现了从数量小到数量大、从质量低到质量高的开放新趋势。

进出口总额由 1979 年的 293.30 亿美元增加到 2010 年的 29727.60 亿美元，增长了 101 倍。其中，进口总额从 156.70 亿美元增加到 13948.30 亿美元，增长了 89 倍；出口总额从 136.60 亿美元增加到 15779.30 亿美元，增长了 115 倍。

1978—2009 年，我国对外贸易总额年均增长速度达到了 16.3%，远远高于同期世界贸易 6%左右的平均增长速度。其中，出口年均增长速度为 16.8%，进口年均增长速度为 18.1%②。1979—2010 年，我国进出口贸易总额变化情况见表 4-1。

表 4-1 进出口贸易总额变动情况 （单位：亿美元）

年份	贸易总额	出口	进口	贸易差额	年份	贸易总额	出口	进口	贸易差额
1979	293.30	136.60	156.70	−20.10	1995	2808.60	1487.80	1320.80	167.00
1980	381.40	181.20	200.20	−19.00	1996	2898.80	1510.50	1388.30	122.20
1981	440.30	220.10	220.20	−0.10	1997	3251.60	1827.90	1423.70	404.20
1982	416.10	223.20	192.90	30.30	1998	3239.50	1837.10	1402.40	434.70
1983	436.20	222.30	213.90	8.40	1999	3606.30	1949.30	1657.00	292.30
1984	535.50	261.40	274.10	−12.70	2000	4742.90	2492.00	2250.90	241.10

① 本章主要内容已发表于《中国工业经济》，2011 年第 7 期。

② 2010 年中国统计年鉴。

续表

年份	贸易总额	出口	进口	贸易差额	年份	贸易总额	出口	进口	贸易差额
1985	696. 00	273. 50	422. 50	-149. 00	2001	5096. 50	2661. 00	2435. 50	225. 50
1986	738. 40	309. 40	429. 00	-119. 60	2002	6207. 70	3256. 00	2951. 70	304. 30
1987	826. 60	394. 40	432. 20	-37. 80	2003	8509. 88	4382. 28	4127. 60	254. 68
1988	1028. 00	475. 20	552. 80	-77. 60	2004	11545. 50	5933. 20	5612. 30	320. 90
1989	1116. 80	525. 40	591. 40	-66. 00	2005	14219. 00	7619. 50	6599. 50	1020. 00
1990	1154. 40	620. 90	533. 50	87. 40	2006	17603. 97	9689. 36	7914. 61	1774. 75
1991	1357. 00	719. 10	637. 90	81. 20	2007	21737. 30	12177. 80	9559. 50	2618. 30
1992	1655. 30	849. 40	805. 90	43. 50	2008	25632. 60	14306. 90	11325. 60	2981. 30
1993	1957. 00	917. 40	1039. 60	-122. 20	2009	22072. 20	12016. 60	10055. 60	1961. 00
1994	2366. 20	1210. 10	1156. 10	54. 00	2010	29727. 60	15779. 30	13948. 30	1831. 00

资料来源：中国统计年鉴及商务部网站。

从我国对外贸易发展的状况可以看出，自改革开放以来，尤其在加入 WTO 后，虽然我国贸易发展迅速且规模持续扩大，但贸易增长方式仍以粗放型的扩张为主。在这种增长方式下，随着贸易顺差的扩大和外贸依存度的提高，贸易对环境的压力及资源的消耗亦将更大。我国正处于工业化快速发展和重工业比重不断上升的时期，当前的贸易增长方式对资源和环境的不利影响将更加明显。

4.1.1 对外贸易方式的变化

改革开放 30 年来，我国一般贸易在对外贸易的比重呈现下降趋势且幅度较大，加工贸易占比呈现迅速上升趋势，其他贸易占比变化则并不明显(见表 4-2)。总体而言，我国对外贸易的扩张主要源于加工贸易的迅速增长。

表 4-2 不同贸易方式进出口总额的变化 （单位：亿美元）

年份	一般贸易总额	加工贸易总额	其他贸易总额	贸易总额	一般贸易比重(%)	加工贸易比重(%)	其他贸易比重(%)
1981	411. 66	26. 35	2. 19	440. 30	93. 50	5. 98	0. 50
1982	411. 30	3. 29	1. 60	416. 10	98. 85	0. 79	0. 38
1983	389. 28	42. 16	4. 76	436. 20	89. 24	9. 67	1. 09
1984	470. 11	60. 76	4. 63	535. 50	87. 79	11. 35	0. 86
1985	610. 02	75. 90	10. 08	696. 00	87. 65	10. 91	1. 45
1986	603. 02	123. 23	12. 15	738. 40	81. 67	16. 69	1. 65

续表

年份	一般贸易总额	加工贸易总额	其他贸易总额	贸易总额	一般贸易比重(%)	加工贸易比重(%)	其他贸易比重(%)
1987	584.15	191.85	50.50	826.60	70.67	23.21	6.11
1988	678.26	291.65	57.99	1028.00	65.98	28.37	5.64
1989	671.66	369.49	75.65	1116.80	60.14	33.08	6.77
1990	616.60	441.80	96.00	1154.40	53.41	38.27	8.32
1991	676.60	574.60	105.80	1357.00	49.86	42.34	7.80
1992	773.00	711.60	170.70	1655.30	46.70	42.99	10.31
1993	812.50	806.20	338.40	1957.00	41.52	41.20	17.29
1994	970.80	1045.50	349.90	2366.20	41.03	44.18	14.79
1995	1147.40	1320.70	340.50	2808.60	40.85	47.02	12.12
1996	1022.00	1466.00	410.80	2898.80	35.26	50.57	14.17
1997	1170.04	1698.08	383.48	3251.60	35.98	52.22	11.79
1998	1179.15	1730.53	329.80	3239.50	36.40	53.42	10.18
1999	1461.75	1844.60	299.95	3606.30	40.53	51.15	8.32
2000	2052.60	2302.10	388.27	4742.90	43.28	48.54	8.19
2001	2253.37	2414.07	429.06	5096.50	44.21	47.37	8.42
2002	2652.98	3021.29	533.41	6207.70	42.74	48.67	8.59
2003	3696.85	4047.55	764.67	8509.88	43.44	47.56	8.99
2004	4917.51	5496.65	1131.35	11545.50	42.59	47.61	9.80
2005	5946.96	6904.79	1367.31	14219.00	41.82	48.56	9.62
2006	7492.74	8318.27	1792.96	17603.97	42.56	47.25	10.19
2007	9670.70	9860.36	2206.21	21737.26	44.49	45.36	10.15
2008	12349.55	10534.91	2748.09	25632.55	48.18	41.10	10.72

资料来源：中国统计年鉴。

在改革开放初期，我国对外贸易中一般贸易占绝对主导地位。1981—1990 年，加工贸易额已从 1981 年的 26.35 亿美元上升至 441.80 亿美元，占对外贸易的比例由 5.98%上升至 38.27%，这一阶段一般贸易也获得了较快增长，其总额由 1981 年的 411.66 亿美元升至 616.60 亿美元，但其增速仍低于加工贸易，占比也由 93.50%降至 53.41%。进入 20 世纪 90 年代，伴随着从产业间分工到产业内分工再到产品内分工的国际分工日益深化，我国从发达国家承接了大量初级产品的生产，并以进料加工和来料加工等方式对输入的半成品进行加工装配，逐渐融入国际化生产的大潮，进而带动了我国加工贸易的高速增长。

到1993年，加工贸易额已上升至806.20亿美元，占贸易总额的比重上升至41.20%，与一般贸易的占比41.52%基本持平。而1994年，以汇率制度改革为标志的全面贸易自由化，促使加工贸易规模再次快速增长，并首次超过一般贸易，成为我国对外贸易最主要的方式。1996年，加工贸易占对外贸易总值的比例达到了50.57%，更是占据了我国对外贸易的半壁江山。2000年，加工贸易总额为2302.10亿美元，占比由1999年的51.15%降至48.54%。之后加工贸易的占比始终在50%以下，一般贸易则有了较快增长，但加工贸易仍在对外贸易中占据首位。

至2008年，加工贸易进出口额达到了10534.91亿美元，占比41.1%；一般贸易总额为12349.55亿美元，所占比重为48.18%，加工贸易的比重开始低于一般贸易，加工贸易快速增长的势头有所遏制，但其仍在我国对外贸易中占据主导地位，并给我国的资源和环境带来了一定的压力。

我国加工贸易的迅速发展是经济全球化、国际产业转移的结果。国际产业转移具有"从低到高"的梯次特征，因此，在产业转移的早期，我国加工贸易主要还是从事生产制造环节的工作。目前发达国家仍处于国际产业价值链的高端，即"微笑曲线"的高点，其产品及服务具有较高的技术含量和附加值。而我国则处于这一曲线的弧底。发达国家在进行产业转移时，从环境改善及结构优化角度出发，往往将能耗高、污染严重或是劳动密集型产业转移出去；而我国承接的恰恰大多为这类产业，并且在经济发展早期，由于受到较落后的生产技术水平及生产工艺的限制，在产品的生产过程中常常伴随着较大的污染排放，甚至造成了"产品出口国外，污染留在国内"的不利局面。(陈红蕾，2010)

4.1.2　对外贸易商品结构的变化

按照国际贸易标准(SITC)分类，可将出口商品分为初级产品(SITC 0—4)和工业制成品(SITC 5—9)两大类。初级产品具体包括：(1)粮食和活动物——SITC 0；(2)饮料及烟类——SITC 1；(3)非食用原料——SITC 2；(4)矿物燃料——SITC 3；(5)动植物油脂——SITC 4。工业制成品包括：(1)化学品及有关产品——SITC 5；(2)轻纺产品、橡胶制品及矿冶产品——SITC 6；(3)机械及运输设备——SITC 7；(4)杂项制品——SITC 8；(5)未分类的其他商品——SITC 9。我国进出口贸易构成见表4-3。

表4-3　我国进出口贸易构成　(单位：亿美元)

年份	贸易总额		初级产品		工业制成品		初级品占比(%)		工业品占比(%)	
	出口	进口	出口	进口	出口	进口	出口	进口	出口	进口
1980	181.19	200.17	91.14	69.59	90.05	130.58	50.30	34.77	49.70	65.23
1985	273.50	422.52	138.28	52.89	135.22	369.63	50.56	12.52	49.44	87.48
1990	620.91	533.45	158.86	98.53	462.05	434.92	25.59	18.47	74.41	81.53
1991	719.10	637.91	161.45	108.34	556.98	529.57	22.45	16.98	77.46	83.02
1992	849.40	805.85	170.04	132.55	679.36	673.30	20.02	16.45	79.98	83.55

续表

年份	贸易总额		初级产品		工业制成品		初级品占比(%)		工业品占比(%)	
	出口	进口	出口	进口	出口	进口	出口	进口	出口	进口
1993	917.44	1039.59	166.66	142.10	750.78	897.49	18.17	13.67	81.83	86.33
1994	1210.10	1156.14	197.08	164.86	1012.98	991.28	16.29	14.26	83.71	85.74
1995	1487.80	1320.84	214.85	244.17	1272.95	1076.67	14.44	18.49	85.56	81.51
1996	1510.50	1388.33	219.25	254.41	1291.23	1133.92	14.52	18.32	85.48	81.68
1997	1827.90	1423.70	239.53	286.20	1588.39	1137.50	13.10	20.10	86.90	79.90
1998	1837.10	1402.37	204.89	229.49	1632.20	1172.88	11.15	16.36	88.85	83.64
1999	1949.30	1656.99	199.41	268.46	1749.90	1388.53	10.23	16.20	89.77	83.80
2000	2492.00	2250.94	254.60	467.39	2237.43	1783.55	10.22	20.76	89.78	79.24
2001	2661.00	2435.53	263.38	457.43	2397.60	1978.10	9.90	18.78	90.10	81.22
2002	3256.00	2951.70	285.40	492.71	2970.56	2458.99	8.77	16.69	91.23	83.31
2003	4382.30	4127.60	348.12	727.63	4034.16	3399.96	7.94	17.63	92.06	82.37
2004	5933.30	5612.29	405.49	1172.67	5527.77	4439.62	6.83	20.89	93.17	79.11
2005	7619.50	6599.53	490.37	1477.14	7129.16	5122.39	6.44	22.38	93.56	77.62
2006	9689.40	7914.61	529.19	1871.29	9160.17	6043.32	5.46	23.64	94.54	76.36
2007	12177.80	9559.50	615.09	2430.85	11562.70	7128.65	5.05	25.43	94.95	74.57
2008	14306.90	11325.60	779.57	3623.95	13527.40	7701.68	5.45	31.99	94.55	68.00
2009	12016.60	10055.60	631.12	2898.04	11384.80	7161.19	5.25	28.81	94.75	71.19

数据来源：中国统计年鉴。

从表 4-3 可以看出，贸易自由化进程中，我国对外贸易的结构呈现不断优化的趋势，我国工业制成品的出口比重逐年上升、初级产品的出口比重逐年下降；而同期工业制成品的进口比重则明显下降、初级产品的进口比重逐年上升。1980 年，初级产品出口占贸易出口总额的 50.30%，工业制成品出口占比为 49.70%；2009 年，初级产品出口占比下降至 5.25%，工业制成品出口占比则上升至 94.75%。改革开放以来，工业制成品在我国出口商品中占据绝对主导地位。从进口商品结构看，改革开放以来初级产品和工业制成品的进口占进口总额的比重变化相对较小，工业制成品进口占比一般在 70%~80%，初级产品进口占比一般为 20%~30%。

在当前全球分工不断深化发展的背景下，我国工业制成品出口比重的上升，反映出我国在更大程度上参与了国际分工；同时，伴随着我国工业化、现代化进程的不断加快及贸易规模的不断扩大，我国初级产品，如资源、基础原材料等商品的进口也在增加，而同期出口产品的出口规模则增长缓慢，这在一定程度上缓解了我国资源的压力；近年来，我国贸易的商品结构有利于我国贸易商品结构的优化升级及我国贸易环境的改善。

此外，我国机电产品及高新技术产品进出口情况见表4-4。在工业制成品出口中，机电产品与高新技术产品出口总额的比重呈不断上升趋势。机电产品占出口总额的比重1995年为29.48%，2000年提高到42.26%，2005年进一步提高到56.01%，2009年则达到59.35%。高新技术产品占出口总额的比重1995年为6.78%，2000年提高到14.86%，2005年进一步提高到28.64%，2009年则达到31.37%。与此同时，国内对国外先进技术和成套设备的需求日益增加。在工业制成品进口中，机电产品和高新技术产品亦呈快速增长趋势，机电产品进口额比重从1995年的44.80%最高提高到2006年的54.04%，高新技术产品占进口额比重则从1995年的16.53%最高提高到2006年31.25%。2008年，机电产品和高新技术产品进口额最高分别达到5386.60亿美元、3419.40亿美元。2009年，受金融危机后续影响，机电产品和高新技术产品进口虽在总额上有所下降，分别为4914.20亿美元和3098.40亿美元，但其占比较2008年均有所上升分别为48.85%、30.80%。

表4-4 我国机电产品及高新技术产品进出口占比 （单位：亿美元）

年份	机电产品		高新技术产品		机电产品占比(%)		高新产品占比(%)	
	出口	进口	出口	进口	出口	进口	出口	进口
1995	438.60	591.80	100.90	218.30	29.48	44.80	6.78	16.53
1996	482.10	613.60	126.60	224.70	31.92	44.20	8.38	16.18
1997	593.20	593.30	163.10	238.90	32.45	41.67	8.92	16.78
1998	665.40	638.70	202.50	292.00	36.22	45.54	11.02	20.82
1999	769.70	776.00	247.00	376.00	39.49	46.83	12.67	22.69
2000	1053.10	1028.70	370.40	525.10	42.26	45.70	14.86	23.33
2001	1187.90	1205.20	464.50	641.10	44.64	49.48	17.46	26.32
2002	1570.80	1556.00	678.60	828.40	48.24	52.72	20.84	28.07
2003	2274.60	2249.90	1103.20	1193.00	51.90	54.51	25.17	28.90
2004	3234.00	3018.80	1653.60	1613.40	54.51	53.79	27.87	28.75
2005	4267.80	3503.80	2182.50	1977.10	56.01	53.09	28.64	29.96
2006	5494.20	4277.30	2814.90	2473.40	56.70	54.04	29.05	31.25
2007	7011.70	4989.80	3478.30	2869.90	57.58	52.20	28.56	30.02
2008	8829.30	5386.60	4156.10	3419.40	61.71	47.56	29.05	30.19
2009	7131.10	4914.20	3769.10	3098.40	59.35	48.85	31.37	30.80

数据来源：商务部网站。

机电产品和高新技术产品进口的快速增长，一方面能够弥补我国经济发展中资源和技术的不足，有助于产业结构的调整和升级；另一方面能增强我国自主创新能力，提高我国生产技术水平，进而有助于减轻环境压力，实现我国“节能减排”的目标。

4.1.3 对外贸易市场结构的变化

改革开放以来，随着世界经济全球化与区域经济一体化的发展，我国的贸易市场结构逐渐向多元化格局发展，贸易伙伴国扩展到220个以上，在与美国、欧盟、日本三大经济体积极展开贸易合作的同时，我国还努力发展其他贸易伙伴，特别是与东盟、俄罗斯、印度等新兴市场的贸易合作取得了很大进步①。

近年来，中国前十大贸易伙伴国(地区)的国别(地区)基本保持不变，但位次略有变化。1998—2003年，我国最大的贸易伙伴国为日本，其次是美国和欧盟。2004年，日本先后被欧盟和美国取代，成为第三大贸易伙伴国，东扩后的欧盟成为我国的第一大贸易伙伴，美国位居第二②。特别是我国加入WTO后，间接贸易逐步被直接贸易取代，作为转口贸易港的香港贸易伙伴地位有所下降。

2007年，欧盟、美国、日本仍为我国前三大贸易伙伴，双边贸易额分别增长27%、15%和13.9%，其中对欧盟、美国、日本出口分别增长29.2%、14.4%和11.4%。2007年下半年，受次贷危机影响，美国国内消费和进口增长明显放慢，我国对美国出口增速下降，从7月份的18.9%回落到12月份的6.8%，全年增长速度比上年回落10.5%。另一方面，与新兴市场国家的双边贸易额仍呈现强劲增长态势。其中对俄罗斯、印度和巴西出口分别增长79.9%、64.7%和54.1%，自三国进口分别增长12.1%、42.4%和42.0%。同时，与东盟、中国香港、韩国、中国台湾进出口也保持较快增长，增速分别达到25.9%、18.8%、19.1%和15.4%。

2008年美国次贷危机，特别是国际金融危机迅速传导到欧盟、日本等发达国家和地区，导致发达国家经济增长普遍放缓，消费和进口需求明显减弱，但金融危机对发展中国家的传导和冲击相对滞后。受此影响，我国对发达国家的出口回落较早，全年对欧盟出口2928.8亿美元，增长19.5%；对美国出口2523.0亿美元，增长8.4%；对日本出口1161.3亿美元，增长13.8%。同时，对部分新兴市场和发展中国家出口总体保持较快增长。全年对印度出口315.0亿美元，增长31.2%；对东盟出口1141.4亿美元，增长20.9%；对韩国出口739.5亿美元，增长31.0%。但11月份以后，部分发展中国家受金融危机影响不断加深，我国对这些国家出口开始由升转降，且降幅大于对发达国家的降幅。

2009年，在前三大贸易伙伴中，我国对欧盟出口2362.8亿美元，比上年下降19.4%，自欧盟进口1277.6亿美元，下降3.6%；对美国出口2208.2亿美元，下降12.5%，自美国进口774.4亿美元，下降4.8%；对日本出口979.1亿美元，下降15.7%，自日本进口1309.4亿美元，下降13.1%。与东盟贸易从2009年下半年开始趋好，全年对东盟出口1063.0亿美元，下降7.0%；自东盟进口1067.1亿美元，下降8.8%，东盟已经取代日本成为我国第三大出口市场。在主要贸易伙伴中，与澳大利亚、东盟和美国的贸易比重略有上升，与欧盟和俄罗斯的贸易比重略有下降。前十大进口贸易伙伴(见表4-5)

① 统计局：改革开放30年我国对外开放取得巨大成就。

② 商务部：“十五”时期我国对外贸易发展回顾。

中，仅自澳大利亚进口保持增长。

表 4-5　2009 年中国进出口贸易伙伴情况　(单位：亿美元)

主要出口贸易伙伴情况				主要进口贸易伙伴情况			
位次	国家或地区	出口金额	占比(%)	位次	国家或地区	进口金额	占比(%)
	总值	12016.6	—		总值	10055.6	—
1	欧盟	2362.8	19.66	1	日本	1309.4	13.02
2	美国	2208.2	18.38	2	欧盟	1277.6	12.71
3	中国香港	1662.3	13.83	3	东盟	1067.1	10.61
4	东盟	1063.0	8.85	4	韩国	1025.5	10.20
5	日本	979.1	8.15	5	中国台湾	857.2	8.52
6	韩国	536.8	4.47	6	美国	774.4	7.70
7	印度	296.7	2.47	7	澳大利亚	394.4	3.92
8	澳大利亚	206.5	1.72	8	巴西	282.8	2.81
9	中国台湾	205.1	1.71	9	沙特阿拉伯	236.2	2.35
10	俄罗斯	175.1	1.46	10	俄罗斯	212.8	2.12

资料来源：商务部网站。

尽管目前我国的贸易进出口市场呈现多元化格局，贸易伙伴国在欧洲、北美洲、亚洲尤其是东南亚各国等地均分布广泛；虽与非洲、拉丁美洲和中东等新兴市场贸易占比还很小，但增长较快，可以说整个进出口市场正在向多元化方向发展，发生了一定的变化。然而，结合贸易规模来分析市场构成，我们发现各贸易伙伴国所占的份额极不均衡。欧盟、美国和日本这三大市场的进出口贸易额基本上均处于前三的地位，只是在不同年度其排序有所变化，此外，东盟、中国香港地区、中国台湾地区、韩国和澳大利亚等国的市场份额亦站位较前。可见除东盟等少数国家外，我国的贸易伙伴大多为发达国家或地区，尤其集中在欧美、日本等环保标准苛刻且技术规章或标准及合格评定程序较为严格完善的国家，这会加大我国出口遭遇绿色贸易壁垒的可能性，影响我国贸易的健康发展。

4.1.4　服务贸易发展分析

相对于货物贸易而言，“服务贸易”一词出现得较晚，1972 年经济合作与发展组织(OECD)才首次在文献中将“服务贸易”作为一个独立的经济学概念正式提出。1993 年之前，在进行各国国际收支统计时，国际货币基金组织一直把服务贸易列入“无形贸易”栏中。在我国，服务贸易长期被称为作“劳务贸易”，改革开放前，除了对外援建项目和少数外国友人来华旅游外，我国基本上没有服务贸易。总体而言，我国服务贸易呈现以下特点(见表 4-6)：

表 4-6　我国服务贸易在世界服务贸易上的位次与比重　　（单位：亿美元）

年份	出口			进口			进出口差额
	出口额	位次	世界比重(%)	进口额	位次	世界比重(%)	
1982	24.8	28	0.68	18.7	40	0.46	6.1
1984	27.8	25	0.69	26.3	33	0.66	1.5
1985	29.3	26	0.76	22.6	34	0.55	6.7
1986	36.1	23	0.75	20.3	37	0.43	15.8
1987	41.8	24	0.73	23.4	36	0.42	18.4
1988	46.9	24	0.73	33.3	33	0.53	13.6
1989	44.0	26	0.62	35.7	33	0.57	8.3
1990	57.0	25	0.67	41.1	32	0.49	15.9
1991	67.9	25	0.76	39.4	34	0.45	28.5
1992	90.5	22	0.89	91.9	24	0.94	-1.4
1993	109.5	22	1.07	115.4	22	1.18	-5.9
1994	162.0	16	1.50	157.0	16	1.50	5.0
1995	184.3	16	1.55	246.4	12	2.10	-62.1
1996	218.4	16	1.60	275.3	12	2.06	-56.9
1997	245.8	15	1.70	303.1	11	2.00	-57.3
1998	241.0	14	1.79	289.8	11	1.99	-48.8
1999	237.8	14	1.93	312.9	10	2.29	-75.1
2000	304.3	13	2.10	360.3	10	2.50	-56.0
2001	333.4	12	2.20	392.7	10	2.61	-59.3
2002	393.8	10	2.46	460.8	8	2.92	-67.0
2003	463.7	10	2.54	548.5	8	3.05	-84.8
2004	620.6	9	2.84	716.0	7	3.36	-95.4
2005	739.1	9	3.06	831.7	7	3.54	-92.6
2006	914.2	7	3.32	1003.3	6	3.79	-89.1
2007	1266.9	7	3.89	1289.1	5	4.21	-22.2
2008	1464.5	5	3.93	1580.0	5	4.55	-115.5
2009	1286.0	5	3.90	1582.0	4	5.10	-296.0
2010	1702.5	4	4.60	1921.7	3	5.5	-219.2

资料来源：中国统计年鉴及商务部网站。

(1)服务贸易总量增长迅速且排名不断上升。从表4-6的数据可知，1982—2010年，我国服务贸易增长迅速且规模不断扩大，在世界服务贸易中的份额呈现不断上升的趋势。1982年，我国服务贸易进出口总额为43.5亿美元，2010年则增加至3624.2亿美元，增长了83.3倍。除了在1997年前后，受亚洲金融危机影响我国服务贸易曾出现零增长和负增长以外，其他年度均以平均近20%的速度增长。具体从服务贸易进口来看，1982年我国服务贸易进口总额为18.7亿美元，2010年则增加至1921.7亿美元，增长了102.8倍，服务贸易进口占世界服务贸易进口的比重由1982年的0.46%提升至2010年的5.5%。从服务贸易出口来看，1982年我国服务贸易出口总额为24.8亿美元，2010年则增加至1702.5亿美元，增长了68.6倍，服务贸易出口占世界服务贸易出口的比重由1982年的0.68%提升至2010年的4.60%。可见，我国服务贸易进口的增长速度高于出口，说明国内对服务贸易有较大需求。

此外，随着在世界服务贸易总额的比重不断扩大，我国服务贸易在世界服务贸易的排名也断上升，我国服务贸易出口在世界服务贸易出口中由1982年的28位上升至2010年的第4位，而服务贸易进口由1982年的第40位上升至2010年的第3位，这也表明我国服务贸易在世界服务贸易体系中的地位越来越重要。

(2)服务贸易规模偏小且长期逆差。改革开放以来，我国服务贸易虽然在总量上有所增加，但与世界服务贸易相比，我国服务贸易总体上规模还偏小，这与我国世界贸易大国的地位极不相称。且1982—1991年我国服务贸易一直保持着顺差，尽管顺差额度较小；但1992年至今，除1994年服务贸易有5亿美元的顺差外，其他年份均为逆差，且逆差呈现持续上升的趋势，尤其在加入WTO后，逆差额度扩大更明显，2009年逆差最大达-296亿美元。而许多发达国家，尤其是美国，在服务贸易上一直保持着顺差的优势。服务贸易正逐渐成为全球经济竞争的关键，对一国国际收支平衡有着重要影响。因此，在我国对外开放的进程中，应重视服务业特别是生产性服务业的发展，进而在此基础上推动服务贸易的迅速发展。

(3)服务贸易在贸易中的比重仍然较低。近30年来，服务贸易在整个贸易中的比重虽然所提高，见表4-7，但与发达国家及世界平均水平相比，甚至与某些发展中国家相比，我国服务贸易的比重还明显偏低。

表4-7 我国服务贸易在总贸易中的比重 (单位：亿美元)

年份	出口			进口		
	服务贸易出口额	货物贸易出口额	服务贸易出口比重(%)	服务贸易进口额	货物贸易进口额	服务贸易进口比重(%)
1982	24.80	223.20	10.00	18.70	192.90	8.80
1984	27.80	261.40	9.60	26.30	274.10	8.80
1985	29.30	273.50	9.70	22.60	422.50	5.10
1986	36.10	309.40	10.40	20.30	429.00	4.50

续表

年份	出口			进口		
	服务贸易出口额	货物贸易出口额	服务贸易出口比重(%)	服务贸易进口额	货物贸易进口额	服务贸易进口比重(%)
1987	41.80	394.40	9.60	23.40	432.20	5.00
1988	46.90	475.20	9.00	33.30	552.80	5.70
1989	44.00	525.40	7.70	35.70	591.40	5.70
1990	57.00	620.90	9.20	41.10	533.50	7.20
1991	67.90	719.10	8.60	39.40	637.90	6.20
1992	90.50	849.40	9.60	91.90	805.90	10.20
1993	109.50	917.40	10.70	115.40	1039.60	10.00
1994	162.00	1210.10	11.80	157.00	1156.10	12.00
1995	184.30	1487.80	11.00	246.40	1320.80	15.70
1996	218.40	1510.50	12.60	275.30	1388.30	16.50
1997	245.80	1827.90	11.90	303.10	1423.70	17.60
1998	241.00	1837.10	11.60	289.80	1402.40	17.10
1999	237.80	1949.30	10.90	312.90	1657.00	15.90
2000	304.30	2492.00	10.90	360.30	2250.90	13.80
2001	333.40	2661.00	11.10	392.70	2435.50	13.90
2002	393.80	3256.00	10.80	460.80	2951.70	13.50
2003	463.70	4382.28	9.60	548.50	4127.60	11.70
2004	620.60	5933.20	9.50	716.00	5612.30	11.30
2005	739.10	7619.50	8.80	831.70	6599.50	11.20
2006	914.20	9689.36	8.60	1003.30	7914.61	11.20
2007	1266.90	12177.80	9.40	1289.10	9559.50	11.90
2008	1464.50	14306.90	9.30	1580.00	11325.60	12.20
2009	1286.00	12016.60	9.70	1582.00	10055.60	13.60
2010	1702.50	15779.30	9.70	1921.70	13948.30	12.10

资料来源：中国统计年鉴及商务部网站。

近年来，世界服务贸易在整个国际贸易中所占比重一直保持在20%左右，发达国家服务贸易占比一般都在65%以上，发展中国家中的印度、埃及、巴西服务贸易占比大多也在45%左右。2010年世界服务贸易占比为19.4%，而我国仅为10.9%，差距较为明显，主要原因在于我国现代服务业的发展起步较晚，尤其金融、电信、商贸等现代服务业的发展较为滞后，在一定程度上影响了我国服务贸易的发展，导致服务贸易占比较小，在国际贸易中的优势不足。

以上分析表明，目前我国贸易增长方式仍以粗放型为主，加工贸易比重较大，大多处于国际产业价值链的中低端；工业制成品比重逐年上升，占比达到90%以上，且多为技术含量和附加值较低的产品；相对"清洁"的服务贸易发展却较为滞后：这并不利于改善我国的生态环境。

4.2 贸易的经济成本测度方法

4.2.1 贸易的经济成本基本内涵

本书的贸易经济成本是指为了获得商品所必须支付的、除了生产商品的边际成本之外的所有成本。贸易的经济成本包括运输成本、政策壁垒(关税和非关税壁垒)成本、合同执行成本、不同货币兑换成本、批发和零售的配售成本、语言壁垒及信息成本等。虽然在传统的国际贸易理论中，贸易经济成本几乎被完全排除在外，但是在现实的国际贸易中，贸易经济成本广泛存在。即使在经济全球化日益深化的今天，贸易的经济成本依然很大。Anderson 和 Van Wincoop(2004)的研究表明，工业化国家关税当量的贸易经济成本高达170%。随着国际贸易理论的不断发展和创新，贸易的经济成本已成为"新贸易理论""新-新贸易理论""新经济地理学"的核心概念。

一般而言，贸易双方对商品流动的阻碍越小，商品越能以较低成本实现跨国转移和交易，贸易经济成本就越小，贸易自由度就越高。因此贸易经济成本的大小可以从其侧面反映贸易自由度，即贸易的经济成本可以衡量国家之间商品贸易自由便利程度，贸易的经济成本和贸易自由度(贸易自由化)事实上是一个问题的两面。

在贸易经济成本的组成中，容易识别的部分包括天然和人为的贸易壁垒。

(1)天然的贸易壁垒。主要指两国之间的运输成本：一般而言，距离越远，运送单位商品所需要的交通成本、耗费的时间价值、通信费用和保险费也就越高。随着大规模运输工具的开发、无绳通信技术的改进以及远洋运输保险市场的发展，商品贸易的运输成本已大大降低，人们普遍相信，人类可以逃脱"距离的暴政"(Tyranny of Distance)并惊呼"距离的死亡"(Death of Distance)①(Cairncross，2001)。但不同种类的商品价值中运输成本所占的比重不同。对于水泥和黏土制品等商品而言，运费占了其总价值量中的很大部分。

① Disdier 和 Head(2004)的研究发现这种说法被夸大了，过去一个世纪中，距离对贸易流量的负面影响非但没有下降，反而略有上升。

(2)人为的贸易壁垒。主要指各种关税和非关税贸易壁垒(NTB)，以及汇率的黑市升水(Black Market Premium)等。经过多轮贸易自由化谈判以后，各国承诺的名义关税，尤其是制造业关税已经大大降低，非关税壁垒已越来越成为各国实施贸易保护的主要手段，但是非关税壁垒很难精确量化，并且不同形式的非关税壁垒对贸易流量的限制作用也各不相同。

贸易经济成本的重要性意味着其测度的必要性。目前，贸易经济成本的测度主要有直接测度和间接测度两种方法。但是，直接测度只能度量特定种类的贸易经济成本，无法测度总体的贸易经济成本。因此，学者大多采用间接的方法来度量贸易经济成本，主要采用传统的引力模型，如 McCallum(1995)。传统的引力模型事前就决定了贸易经济成本的基本构成，使得测度的结果可能是有偏差的(Novy，2006)。更重要的是，传统的引力模型没有考虑多边阻力的影响，缺乏微观的理论基础。在传统引力模型的基础上，一些学者曾尝试通过一般均衡模型推导出具备微观理论基础的引力模型，即改进的引力模型，将贸易经济成本由事前决定变成事后决定，并综合考虑了多边阻力的影响，如 Anderson 和 Van Wincoop(2003)、Novy(2006)。但是，改进的引力模型假设双边贸易的经济成本具有"对称"性，这与现实不相符(Bergstrand，2007)，而 Novy(2008)模型则解决了贸易经济成本的对称性问题。

近几年，国内的学者开始测度我国贸易的经济成本。钱学锋、梁琦(2008)，许统生、涂远芬(2010)，方虹等(2010)在 Novy(2006)的基础上，分别度量了我国与主要贸易伙伴的双边贸易的经济成本。但是，目前国内的文献主要从宏观层面来度量我国贸易的经济成本，甚少从中观层面，尤其是制造业来测度，仅有李坤望等(2006)从新经济地理学的角度，测量了我国与主要贸易伙伴制造业的双边贸易自由度，但其计算公式略显简单，遗漏了很多变量的影响，例如，没有考虑产品之间的替代弹性。

制造业进出口占我国进出口总额的比重较大，2009 年这一比重达 93.14%，在此将采用 Novy(2008)模型，从制造业行业层面的角度来度量我国贸易的经济成本，制造业各产业的进出口在我国对外贸易中所占比重不同，贸易经济成本也就不同。因此，客观准确地度量和评价我国制造业各产业的贸易经济成本，不仅有助于理解我国制造业各产业参与国际分工和专业化模式，在贸易、产业、区域政策等制定上也具有现实的指导意义。

4.2.2 贸易的经济成本测度模型

基于一个融入双边冰山型贸易经济成本的多边一般均衡模型，Novy(2006)提出了一个改进的且方便易行的引力模型。一般均衡模型与标准模型框架存在 3 个显著的差异：首先，它从双边模型扩展到多边模型；其次，它考虑到了可贸易品与不可贸易品；最后，模型中融入了 Samuelson(1954)冰山型贸易经济成本和 Krugman(1980)垄断竞争框架。由该一般均衡模型推导出的引力模型形式如下：

$$EXP_{ij}EXP_{ij} = s_i(\mathrm{GDP}_i - EXP_i)\, s_j(\mathrm{GDP}_j - EXP_j)\,(1 - t_{ij})^{\rho-1}(1 - t_{ji}) \qquad (4.1)$$

式中，EXP_{ij} 和 EXP_{ji} 分别是 i 向 j 和 j 向 i 的实际出口，EXP_i、GDP_i 和 EXP_j、GDP_j 分别是 i、j 实际总出口和实际 GDP，s_i 和 s_j 是 i、j 的可贸易份额，t_{ij} 和 t_{ji} 分别是 i 向 j 和 j 向 i 出口的贸易经济成本，ρ 是替代弹性。

该模型表明，如果双边贸易经济成本 t_{ij} 和 t_{ji} 较高，则双边贸易 EXP_{ij} 和 EXP_{ji} 将下降；如果可贸易品的份额 s_i 和 s_j 较低，双边贸易 EXP_{jk} 和 EXP_{kj} 也会下降。在传统引力模型中，双边贸易仅由 GDP 决定，而在该模型中，双边贸易则由 $(\mathrm{GDP}_i - EXP_i)$ 和 $(\mathrm{GDP}_j - EXP_j)$ 来决定。$(\mathrm{GDP}_i - EXP_i)$ 实际上代表了市场潜力，其含义是 j 的产出中潜在的可贸易而事实上并没有发生贸易的部分。如果双边市场潜力增大，那么双边贸易也将扩大。

更重要的是，该模型反映了双边阻力的影响，双边贸易由双边贸易经济成本相对于它们平均贸易经济成本水平决定。例如，假定其他条件不变，i 与其他国家 l ($j \neq l$)的平均贸易经济成本下降，那么实际总出口 EXP_i 将会增加，而 i 与 j 的双边贸易将会下降。因此，实际总出口 EXP_i 和 EXP_j 隐含了平均贸易经济成本，从而代表了多边阻力项。由于实际总出口的数据可以直接获取，这就避免了 Anderson 和 Van Wincoop(2003)模型中用不可观测的价格指数作为多变阻力项所产生的问题。此外，由于在 Novy(2006)模型中生产和消费都是内生的，因而也可以进行有效的比较静态分析。

为了能够方便地测度贸易经济成本，假定双边贸易的经济成本是对称的($t_{ij} = t_{ji}$)，而且双边可贸易品的份额也是相等的($s_i = s_j$)，这样可以很容易得到贸易经济成本的计算公式：

$$t_{ij} = t_{ji} = 1 - \left[\frac{EXP_{ij}EXP_{ji}}{(\mathrm{GDP}_i - EXP_i)(\mathrm{GDP}_j - EXP_j)s^2}\right] \tag{4.2}$$

很显然，在其他条件不变的情形下，如果双边贸易增加，则意味着双方开展贸易相对容易，贸易的经济成本下降；而如果产出增加并没有带来双边贸易的增加，那实际上意味着双边贸易的经济成本上升了。因此，Novy(2006)的模型和方法在很大程度上改善了传统引力模型和现有具备理论基础的引力模型的缺陷，但它仍存在一个不足，即假设双边贸易的经济成本是对称的，在这种假设的前提下，"向外多边阻力"(Outward Multilateral Resistance)和"向内多边阻力"(Inward Multilateral Resistance)也是对称的，这种假设与现实世界不相符。(Bergstrand，2007)

Novy(2008)在 Anderson 和 Van Wincoop(2003)的基础上，进一步完善了具有微观基础的贸易经济成本估计模型，巧妙地解决了贸易的经济成本对称性问题，提供了多边阻力测量的方法。

$$x_{ij} = \frac{y_i y_j}{y^w}\left(\frac{t_{ij}}{\prod_i P_j}\right)^{1-\sigma} \tag{4.3}$$

式(4.3)为 Anderson 和 Van Wincoop(2003)建立了多国一般均衡的贸易模型。其中，x_{ij} 代表 i 国向 j 国的出口，y_i、y_j 分别表示 i、j 两国的收入；$y^W \equiv \sum_j Y_j$ 表示所有国家的收入之和；t_{ij} 为贸易的经济成本，$\sigma>1$ 为产品之间的替代弹性；Π_i、P_j 分别代表 i 国和 j 国的价格指数。Anderson 和 Van Wincoop(2003)把价格指数作为"多边阻力"(Multilateral Resistance)变量。

在式(4.3)两边同时乘以一个 j 国对 i 国出口的引力方程 x_{ji} ，可以得到式(4.4)：

$$x_{ij}x_{ji} = \left(\frac{y_i y_j}{y^w}\right)^2 \left(\frac{t_{ij}t_{ji}}{\prod_i P_i \prod_j P_j}\right)^{1-\sigma} \tag{4.4}$$

Novy(2008)认为，双边贸易的经济成本变化不仅会影响国际贸易，而且会影响到国内贸易。假设 i 国和其他所有国家贸易的经济成本提高了，那么 i 国过去的一些出口产品就会变成在 i 国的国内消费，即由国际贸易转变为国内贸易。因此，不仅国际贸易的规模取决于与其他国家的贸易经济成本，国内贸易的规模也与贸易经济成本有关。国内贸易可以表示为：

$$x_{ii} = \frac{y_i y_j}{y^w}\left(\frac{t_{ij}}{\prod_i P_i}\right)^{1-\sigma} \tag{4.5}$$

从式(4.5)中可以解出多边阻力变量

$$\prod_i P_i = \left(\frac{\frac{x_{ii}}{y_i}}{\frac{y_i}{y^w}}\right)^{\frac{1}{(\sigma-1)}} t_{ii} \tag{4.6}$$

由式(4.3)可以看出，假设 i、j 两个国家国内贸易的经济成本相同（$t_{ij} = t_{ji}$），经济规模相等（$y_i = y_j$），如果 i 国是一个更封闭的国家，即 $x_{ii} > x_{jj}$，那么，i 国的多边阻力大于 j 国的多边阻力（$\prod_i P_i > \prod_j P_j$）。式(4.6)也意味着，如果给定了国内贸易的经济成本 t_{ii}，很容易测度多边贸易阻力，并且多边阻力也是一个时间变量。

将式(4.6)代入式(4.4)，整理后可以推导出：

$$x_{ij}x_{ji} = \frac{t_{ij}t_{ji}}{t_{ii}t_{jj}}\left(\frac{x_{ii}x_{jj}}{x_{ij}x_{ji}}\right)^{\frac{1}{\sigma-1}} \tag{4.7}$$

由于 i、j 两国之间的贸易经济成本可能是不对称的（$t_{ij} \neq t_{ji}$），两国的国内贸易经济成本也可能是不对称的（$t_{ii} \neq t_{jj}$），因此对双向贸易的经济成本取其几何平均值，可以得到建立在微观基础上贸易的经济成本（τ_{ij}）：

$$\tau_{ij} = \left(\frac{t_{ij}t_{ji}}{t_{ii}t_{jj}}\right)^{\frac{1}{2}} - 1 = \left(\frac{x_{ii}x_{jj}}{x_{ij}x_{ji}}\right)^{\frac{1}{2(\sigma-1)}} - 1 \tag{4.8}$$

几何平均值减 1，表示 τ_{ij} 是一个关税当量值。

分析(4.8)式，显然如果双边贸易（$x_{ij}x_{ji}$）相对于国内贸易（$x_{ii}x_{jj}$）提高了，那么两国之间的贸易就变得更容易，贸易经济成本 τ_{ij} 就下降了，反之亦然。与 Anderson 和 Van Wincoop(2003)的模型相比，该模型具有两个优点：第一，国内贸易流量以及双边贸易量都可直接获取，这避免了 Anderson 和 Van Wincoop(2003)模型中用不可直接观测的价格指数作为多边阻力项所产生的问题(Novy，2008)；第二，由于贸易流量是一个时间变量，因此我们不仅可以利用横截面数据来计算贸易经济成本 τ_{ij}，而且可以利用时间序列和面板数据来进行比较分析。因此，采用 Novy(2008)的方法，在很大程度上改善了传统引力模型的缺陷，而且在数据可获得性上更方便可行。

4.3 贸易的经济成本测度结果

4.3.1 数据描述

1. 数据来源及说明

在此利用式(4.8)计算我国与其贸易伙伴国在制造业各产业上贸易的经济成本。由于数据的可获得性，本书选取的时间跨度为1997—2007年，选取的14个贸易伙伴均来自经济合作与发展组织国家，分别为美国、日本、德国、韩国、荷兰、意大利、法国、英国、加拿大、西班牙、葡萄牙、芬兰、瑞典、丹麦。2007年，我国与这14个国家制造业的贸易总额占我国总进出口的比重为47%，具有一定的代表性。我国与主要贸易伙伴国制造业各产业的进出口数据来自经济合作与发展组织的STAN数据库。国内贸易 x_{ii} 不能直接获取，故借鉴Wei(1996)的做法，利用我国(贸易伙伴国)在该产业的总产出减去其对世界总出口来代表。经济合作与发展组织的STAN数据库记录了经济合作与发展组织国家制造业各产业的生产和贸易数据，但缺少我国制造业各产业的产出数据和总出口数据。我国制造业各产业的产出数据来自《中国统计年鉴》，总出口数据主要来自中宏产业库和联合国的《国际商品贸易统计年鉴》。由于STAN数据库的各产业数据是按照《国际标准产业分类》修订版第三版(ISIC 3.0)报告的，而我国数据库中的产业数据是按照我国《国民经济行业分类》(GB—2002)报告的，两者在行业分类上存在一些差异。我们根据向铁梅、黄静波(2008)整理的国民经济分类标准(GB)与国际产业标准分类(ISIC 3.0)对照表，将其统一起来，见表4-8。此外，我国的烟草加工业(ISIC 16)和废旧材料回收加工业(ISIC 37)对外贸易量较少，因此将其剔除。最后，共有19个产业的样本。

替代弹性 σ 很难估计一个确定的值。Anderson 和 Van Wincoop(2004)总结了现有的各种文献的估计结果，认为替代弹性 σ 为5~10。本书参照Anderson 和 Van Wincoop(2004)、Novy(2008)的做法，替代弹性 σ 取值为8。

2. 我国制造业各产业关税税率

2001年，我国加入WTO以后，对外开放的进程迅速加快。为此，表4-8列出了2001年、2007年我国制造业相关产业的关税税率及其变化情况，以便更直观地认识本书实证研究工作的背景。由表4-8可以看出，我国制造业各产业的关税税率下降幅度均较大，平均关税税率由2001年的15.71%下降至2007年的9.85%，下降幅度达37.30%。表4-8还列出了本书考察的制造业各产业相对应的技术类别①。根据表4-8整理出制造业各技术类别的平均关税，见表4-9，从中可以看出，在2001年我国的关税税率中，资源型产业的进口平均关税水平最高，而低技术型产业的进口平均关税水平最低。2007年后关税结构发生了一定的变化，我国高技术型产业的关税平均税率最低为9.15%，而资源型产业的关税水平仍最高为9.81%。从关税下降幅度来看，高技术型产业平均下降幅度最大，为40.74%；低技术型产业次之，为37.09%；资源型产业、中技术型产业平均关税下降幅度

① 技术分类主要借鉴了Lall 和 Weiss(2004)的分类方法。

最小，分别为36.50%和36.47%。

表4-8 2001年、2007年我国制造业关税税率及其变化

GB代码	ISIC代码	行业名称	技术类别	2001年(%)	2007年(%)	变化率(%)
13、14、15	15	食品及饮料	资源型	28.54	17.37	-39.14
17	17	纺织品	低技术	20.57	11.69	-43.17
18	18	服装	低技术	24.14	15.95	-33.93
19	19	皮革制品	低技术	19.71	15.06	-23.59
20	20	木材制品(不包括家具)	资源型	10.28	5.00	-51.36
22	21	纸和纸制品	资源型	14.38	5.55	-61.40
23	22	出版、印刷及记录媒介物的复制	低技术	5.31	3.13	-41.05
25	23	焦炭、精炼石油产品及核燃料的制造	资源型	7.41	6.21	-16.19
26、27、28	24	化学品及化学制品的制造	中技术	14.21	7.53	-47.01
29、30	25	橡胶和塑料制品的制造	资源型	15.77	11.70	-25.81
31	26	其他非金属矿物制品的制造	资源型	17.81	13.46	-24.42
32、33	27	基本金属的制造	资源型	7.16	5.07	-29.19
34	28	金属制品的制造(但机械设备除外)	低技术	12.19	10.09	-17.23
35、36	29	通用及专用设备的制造	中技术	13.46	8.18	-39.23
41	30、33	仪器仪表及文化办公用机械制造	高技术	14.83	10.14	-31.63
39	31	电气机械及器材制造	高技术	15.95	9.82	-38.43
40	32	通信设备、计算机及其他电子设备制造	高技术	15.54	7.49	-51.80
37	34、35	运输设备的制造	中技术	23.87	12.34	-48.30
21、24	36	家具的制造;未另列明的制造	低技术	17.30	11.41	-34.05
总平均				15.71	9.85	-37.27

注：所有关税为优惠关税。数据来源：WTO官方网站查询并整理得出。

表 4-9 各技术类别平均关税税率及其变化

技术类别	2001 年(%)	2007 年(%)	变化率(%)
资源型	15.45	9.81	-36.47
低技术型	14.99	9.43	-37.08
中技术型	15.08	9.58	-36.45
高技术型	15.44	9.15	-40.74

4.3.2 贸易的经济成本计算结果

1. 我国制造业贸易的经济成本分析

表 4-10 报告了 1997—2007 年我国与 14 个贸易伙伴制造业分产业的贸易经济成本状况。从具体的产业来看，平均贸易经济成本最高的为焦炭、精炼石油产品以及核燃料的制造(ISIC 23)。石油作为具有战略意义的商品，对国家经济的发展起着至关重要的作用，因此，该产业容易受到美、日、欧等国政府的市场干预和保护，从而出口开放度较低。美国、中国、日本、欧盟、韩国等是世界上最主要的石油消费和进口国家，石油的最大出口地区分别是中东、西非、北非、俄罗斯、加拿大、中南美。我国石油进口主要来源地为沙特阿拉伯、俄罗斯、伊朗、安哥拉和阿曼，2007 年从这五国进口的石油占我国当年原油进口总量的 61%，而且，我国进口石油运输方式 90%以上是海上运输，管道运输几乎没有，铁路运输很少。从伊朗等中东国家到上海，整个海上交通线长达 1.2 万公里，运输线过长造成国际运输成本较大。

焦炭是钢铁的主要燃料，却又是污染强度大的行业。一方面，我国是世界上最大的焦炭生产国和出口国，出口量占世界总出口量的一半左右。2002 年以来，欧盟、美国、日本等发达国家基于环境保护的考虑，关闭了大量的焦炭生产厂，我国焦炭出口成为这些国家主要的焦炭来源。另一方面，我国也出于对自身经济发展可持续性的考虑，采取了多种措施减少焦炭等资源性产品的出口，如 2004 年 1 月 1 日对焦炭出口实行出口许可证制度，2005 年商务部进一步提高了焦炭出口企业的资质标准，减少出口焦炭企业的数量。1999 年欧盟对我国出口焦炭征收每吨 32.6 欧元的反倾销税。正是由于以上焦炭、石油产品的贸易壁垒和贸易摩擦，才使我国在这类行业的贸易经济成本居于榜首，且无减少的迹象。

出版、印刷及记录媒介物的复制(ISIC 22)贸易的经济成本也比较高，这可能是由国家之间语言文化差异造成的。其他贸易经济成本较高的产业还有食品及饮料(ISIC 15)、其他非金属矿物制品的制造(ISIC 26)、基本金属的制造(ISIC 27)、运输设备的制造(ISIC 34、35)、木材制品(ISIC 20)以及纸和纸制品(ISIC 21)，这类行业贸易的经济成本都大于 1.2。橡胶和塑料制品的制造(ISIC 25)、纺织品(ISIC 17)、服装(ISIC 18)、金属制品的制造(ISIC 28)、家具的制造(ISIC 36)、化学品及化学品的制造(ISIC 24)、通用及专用设备的制造(ISIC 29)和电气机械及器材制造(ISIC 31)八个产业的贸易经济成本居中，为 0.8~1.2。皮革制品(ISIC 19)，仪器仪表及文化办公用机械制造(ISIC 30、33)以及通信设备、计算机及其他电子设备制造(ISIC 32)三个产业贸易的经济成本最低，平均贸易经济成本均低于0.8。

表4-10　我国和14个贸易伙伴分产业贸易经济成本的简单平均值

技术类别	ISIC代码＼年份	1997	1998	1999	2000	2001	2002
资源型	15	1.6586	1.5975	1.6352	1.5752	1.5860	1.6200
	20	1.3540	1.2768	1.2075	1.1871	1.2195	1.2002
	21	1.3635	1.3687	1.2856	1.3005	1.1740	1.1724
	23	2.3288	2.3518	2.2910	2.5577	2.3591	2.2067
	25	1.3058	1.2908	1.2661	1.2129	1.1784	1.1526
	26	1.6127	1.6021	1.6167	1.5182	1.4655	1.4596
	27	1.5513	1.5217	1.5144	1.4255	1.4868	1.4518
	平均	1.4785	1.4528	1.4226	1.3995	1.3724	1.3371
低技术型	17	1.2349	1.2151	1.2222	1.1479	1.1300	1.0467
	18	1.2164	1.1383	1.0942	1.0935	1.0201	0.9820
	19	0.7980	0.7888	0.7447	0.6691	0.7907	0.7760
	22	2.1531	2.1171	2.0492	1.9513	1.9499	1.8977
	28	1.2741	1.1896	1.1515	1.1370	1.1228	1.1294
	36	0.9729	0.9289	0.8964	0.8887	0.9148	0.8533
	平均	1.2851	1.2600	1.2316	1.2036	1.1915	1.1549
中技术型	24	1.1646	1.1653	1.1437	1.1551	1.1083	1.0793
	29	0.9624	0.9800	0.9515	0.8932	0.8889	0.8518
	34、35	1.4068	1.3094	1.3143	1.3278	1.3726	1.3743
	平均	1.1710	1.1495	1.1378	1.0870	1.0889	1.0654
高技术型	30、33	0.7399	0.7396	0.7213	0.6159	0.6174	0.5807
	31	0.8641	0.8375	0.8279	0.7953	0.8437	0.8041
	32	0.8278	0.8593	0.8705	0.7886	0.8044	0.7700
	平均	0.8106	0.8122	0.8065	0.7333	0.7552	0.7183
总平均		1.3047	1.2778	1.2528	1.2232	1.2123	1.1794

续表

技术类别	年份 / ISIC代码	2003	2004	2005	2006	2007	均值
资源型	15	1.5544	1.5388	1.4797	1.4553	1.4584	1.5599
	20	1.1822	1.1377	1.1731	1.1835	1.2345	1.2142
	21	1.1383	1.1112	1.1258	1.1170	1.0968	1.2049
	23	2.2643	2.4349	2.4625	2.2347	2.3476	2.3490
	25	1.1245	1.1106	1.0745	1.0574	1.0381	1.1647
	26	1.4506	1.3987	1.3888	1.3596	1.3517	1.4749
	27	1.3582	1.2821	1.2002	1.1675	1.1250	1.3713
	平均	1.3128	1.2958	1.2679	1.2344	1.2430	1.3470
低技术型	17	1.0358	1.0282	1.0029	0.9741	0.9492	1.0897
	18	0.9886	0.9260	0.8977	0.8711	0.8418	1.0063
	19	0.7590	0.7122	0.6814	0.6514	0.7195	0.7355
	22	1.8457	1.8162	1.7556	1.7340	1.7652	1.9123
	28	1.1085	1.0724	1.0698	1.1023	1.0709	1.1298
	36	0.8342	0.8140	0.8213	0.8358	0.8224	0.8711
	平均	1.1139	1.0904	1.0745	1.0517	1.0539	1.1556
中技术型	24	1.0518	1.0533	0.9732	1.0068	0.9882	1.0809
	29	0.8072	0.7698	0.7805	0.7871	0.7812	0.8594
	34、35	1.1549	1.1293	1.1047	1.0604	1.0462	1.2364
	平均	1.0003	0.9647	0.9421	0.9329	0.9194	1.0417
高技术型	30、33	0.4473	0.3885	0.3819	0.3698	0.3531	0.5414
	31	0.7822	0.7563	0.7882	0.7804	0.7802	0.8055
	32	0.7174	0.6864	0.6594	0.6376	0.6592	0.7528
	平均	0.6490	0.6104	0.6098	0.5960	0.5975	0.6999
总平均		1.1127	1.1371	1.1140	1.0958	1.0729	1.0752

数据来源：根据公式计算的结果整理。

从1997—2007年制造业各产业贸易经济成本的变化趋势来看，除了焦炭、精炼石油产品以及核燃料的制造(ISIC 23)贸易的经济成本下降趋势不明显，甚至个别年份贸易的经济成本有上升的趋势外，其他产业贸易的经济成本都有不同程度的下降。基本金属的制造(ISIC 27)、服装(ISIC 18)、仪器仪表及文化办公用机械制造(ISIC 30、33)的贸易经济成本下降速度较快，年均下降率超过了3%，其中，仪器仪表及文化办公用机械制造

(ISIC 30、33)贸易的经济成本下降速度甚至达到了 7.1%。而木材制品(ISIC 20)贸易的经济成本下降速度较慢，年均下降率只有 0.9%。

为了获得更清晰的认识，我们将制造业各产业按照技术分类进行分组，并求出了历年每个技术类别贸易的经济成本简单算术平均值，见图 4.1。显然，1997—2007 年，尽管 4 种不同技术类型的制造业产业贸易的经济成本存在一定的波动，但总体水平都呈现下降的趋势，这反映了我国制造业对外开放程度在不断提升，积极地参与国际化分工，正加速融入全球经济一体化。高技术的制成品贸易的经济成本最低，并且该产业贸易的经济成本下降幅度最大，年均下降率达到了 3.0%。资源型制成品贸易的经济成本最高，该产业贸易经济成本的下降幅度也最小，年均下降率只有 1.71%。低技术和中技术制成品贸易的经济成本居中，贸易的经济成本年均下降率分别为 1.96%和 2.38%，这与对表 4-8 中制造业各产业的关税水平的分析结果大致吻合。

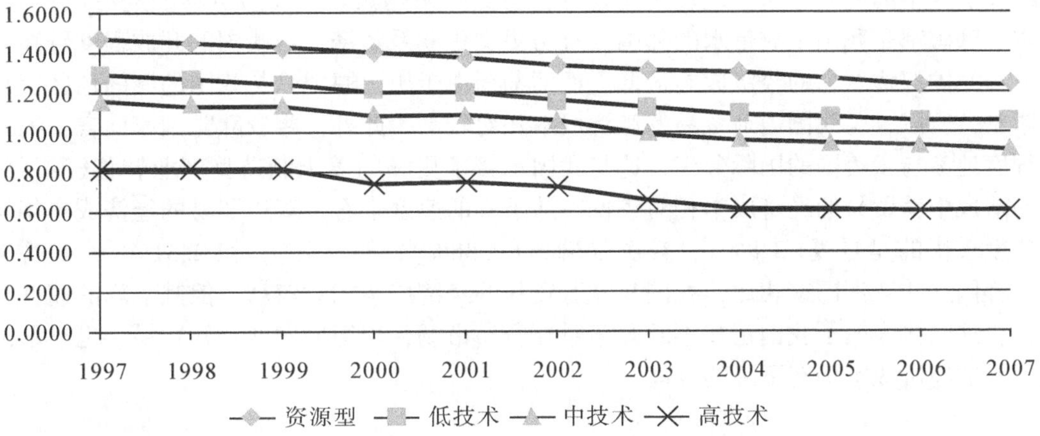

图 4.1　按技术类别划分的贸易经济成本

关于高技术型产品的贸易经济成本最低需要指出的是，从表面上看发达国家从我国进口了相当多的高技术产品，我国的出口结构得到了优化，但实际上是我国通过大量进口高集成度的高技术产品的零部件，在国内组装加工贴牌后再出口的结果。随着制造业技术的升级，我国国际分工的地位不断恶化，而发达国家国际分工的地位不断改善。(施炳展、李坤望，2008)因此，尽管出口的可能是高技术型产品，但实质上只是发挥了劳动力要素的比较优势，加工贸易对高技术型产品出口的贡献率很高，反映出我国高技术产业仍处于国际产品内分工的低端环节，还尚未进行有效的高端化企业自主创新和技术升级。虽然高技术型制成品总的出口额及其所占的世界市场份额很高，但是获得的贸易利益和对国内经济的拉动作用也非常有限。其根本原因是我国自主创新能力不够，没有足够的自主品牌和海外营销渠道。我国科技创新能力在 48 个主要国家中位居第 28 位，关键技术的对外依存度在 50%以上，而美日则在 5%左右。(江小涓，2005)

表 4-10 的最后一行还报告了制造业贸易的经济成本简单平均值，制造业贸易的经济

成本从 1997 年的 1.3047 下降至 2007 年的 1.0752(2007 年贸易的经济成本比 2006 年略有上升)，整体基本呈现出不断下降的趋势，下降了 17.59%，年均下降率为 2.18%。特别是 2001 年我国加入 WTO 后，贸易的经济成本下降更明显，这在某种程度上反映了我国加入 WTO 后，较好地履行了各种义务和承诺，对外开放程度不断提高，同时也享受到 WTO 成员方应当享有的权利和义务。

2. 我国与主要贸易伙伴国贸易的经济成本分析

表 4-11 报告了我国与 14 个贸易伙伴国历年平均贸易的经济成本。1997—2007 年，我国与 14 个贸易伙伴国贸易的经济成本呈现不断下降的趋势。从双边贸易的经济成本均值水平来看，国家之间的差异较大。我国与日本的双边贸易经济成本均值最低(0.7513)，韩国次之(0.7550)，美国第三(0.8083)。而与欧盟国家贸易的经济成本相对较高，我国与葡萄牙双边贸易的经济成本最高(2.0908)，这可能受到地理位置和历史联系的影响。Novy(2008)、施炳展(2008)、方虹等(2010)的研究都表明：地理因素、历史联系是影响贸易经济成本的主要因素。地理距离越近，历史联系越频繁，双边贸易的经济成本越低。日本、韩国都是我国一衣带水的邻国，且历史文化联系紧密，与我国的开放程度较高，因此，与我国双边贸易的经济成本最低。而葡萄牙由于历史原因只与我国的澳门地区贸易往来紧密，所以，与我国内地贸易的经济成本相对较高。此外，相较欧盟国家而言，我国较大程度地参与了美国的国际分工，这与我国承接了更多的美国制造型产业转移密不可分，进而造成中美贸易的经济成本相对较低。从下降的速度来看，双边贸易的经济成本年均下降速度最快的是丹麦(2.8%)，其次是瑞典(2.38%)，第三是荷兰(2.31%)。虽然与日本、韩国这些亚洲国家相比，我国与欧盟贸易的经济成本相对较高，但其下降的速度却比较快，这间接表明了我国正在不断开拓对外贸易市场，均衡地发展对外贸易，也显示出我国贸易的经济成本仍有下降的空间。

表 4-11 我国与主要贸易伙伴国贸易的经济成本

国家＼年份	1997	1998	1999	2000	2001	2002	2003	2004	2005	2006	2007	均值
日本	0.8392	0.8512	0.8354	0.7916	0.7787	0.7417	0.7068	0.6801	0.6770	0.6784	0.6847	0.7513
韩国	0.8479	0.8502	0.8229	0.7718	0.7634	0.7359	0.7008	0.6830	0.6996	0.7091	0.7206	0.7550
美国	0.9218	0.8876	0.8746	0.8367	0.8259	0.8086	0.7744	0.7516	0.7442	0.7322	0.7334	0.8083
德国	1.0115	0.9794	0.9875	0.9319	0.9321	0.8980	0.8619	0.8324	0.8416	0.7938	0.8243	0.8995
法国	1.1630	1.1517	1.1227	1.0991	1.0631	1.0877	1.0442	1.0337	1.0201	0.9983	0.9874	1.0701
意大利	1.1507	1.1495	1.1468	1.1240	1.1116	1.0525	1.0246	1.0070	1.0480	0.9946	0.9935	1.0730
英国	1.1997	1.1628	1.1188	1.0869	1.0971	1.1113	1.0533	1.0063	1.0029	1.0174	1.0008	1.0779
荷兰	1.2221	1.2210	1.1710	1.1664	1.1066	1.1314	1.0842	1.0270	0.9666	0.9581	0.9674	1.0929
加拿大	1.2457	1.2750	1.2157	1.2188	1.1898	1.1537	1.0918	1.0307	1.0018	0.9906	1.0009	1.1286

续表

年份 国家	1997	1998	1999	2000	2001	2002	2003	2004	2005	2006	2007	均值
瑞典	1.6001	1.5057	1.4717	1.4043	1.4038	1.3539	1.3008	1.2891	1.2635	1.2752	1.2569	1.3750
西班牙	1.5534	1.4923	1.4233	1.4510	1.4477	1.3966	1.3293	1.3169	1.2921	1.2979	1.2442	1.3859
丹麦	1.6204	1.5811	1.5874	1.5055	1.5347	1.3800	1.3790	1.2840	1.3297	1.2699	1.2189	1.4264
芬兰	1.6006	1.5225	1.5603	1.5707	1.5533	1.5584	1.5292	1.6181	1.5045	1.4617	1.4747	1.5413
葡萄牙	2.2899	2.2592	2.2018	2.1662	2.1639	2.1018	2.0393	2.0366	1.9503	1.8441	1.9454	2.0908

4.4　本章小结

4.4.1　主要结论

本章在分析我国贸易发展状况的基础上利用Novy(2008)改进的引力模型，以制造业各产业为样本，测度了我国贸易的经济成本，得到几点基本结论：

(1)从制造业整体格局来看，1997—2007年，我国制造业的贸易经济成本下降趋势明显，平均下降了17.59%。贸易经济成本的下降直接导致了我国对外贸易的快速增长，充分说明我国对外开放程度不断提升，越来越深地融入经济全球一体化。

(2)从制造业内部结构来看，高技术型制成品贸易经济成本最低，下降幅度也最大；然后依次是中技术型制成品和低技术型制成品贸易的经济成本。资源型制成品贸易的经济成本最高，下降幅度也最小。尽管高技术型制成品更多地参与国际分工，但处于国际分工价值链的低端水平。

(3)从主要贸易伙伴国来看，我国与日本和韩国的贸易经济成本最低，美国次之，与欧盟国家贸易的经济成本相对较高。当前欧美等发达国家正处于全球产业价值链的最高端，我国与欧美等发达国家之间仍存在着较大的技术“鸿沟”，这种技术落差并没有随着我国高技术产品出口数量的增加而缩小，我国制造业总体水平在国际上还属于价值链的中低端。

4.4.2　对策建议

基于上述几点结论，着眼于提升我国制造业的国际分工地位，减少制造业贸易经济成本，尤其要降低与欧盟国家贸易的经济成本及低技术型和资源型产品贸易的经济成本，积极拓展与欧美等发达国家的贸易领域，嵌入高端产业价值链，进而优化我国制造业贸易结构，促进制造业的整体发展水平实现质的飞跃，拟提出以下对策建议。

(1)巧用战略性贸易政策，降低资源型产品贸易的经济成本，提高资源利用效率。当代国际贸易理论研究的重大进展之一就是产生了新贸易理论，该理论引入规模经济和不完全竞争，从根本上动摇了传统理论认为的自由贸易是最优选择的基本结论，从而为政府干预贸易、实行战略性贸易政策提供了理论依据。(Krugman, 1984)我国近30多年来对劳动密集型产品出口给予关税、非关税壁垒、税收和吸引外资方面的扶持优惠政策，实质上是鼓励这些产品出口的战略性出口贸易政策，使我国贸易结构有较大改善。因此，为促进贸易结构进一步高级化和降低贸易的经济成本，我们应继续利用并完善战略性贸易政策。

首先是关税政策。对资源性产品、高污染、高能耗(即"两高一资")产品的出口，短期内征收出口关税。这种关税征收的幅度理论上不能高于《中国加入议定书》附件6的承诺范围。从国内外实际来看，完全不违规比较难。虽然对于不符合议定书附件6中的产品一般不能征收较高的出口关税，但是我们应充分利用WTO规则中的一个例外条款，即GATT1994第20条中的(g)款：为了保护可能用竭的自然资源可以适当限制出口，但是国内也必须同样限制生产与消费。因此，只要我们做好限制国内资源性产品的生产和消费工作，就可以利用出口关税限制出口。从长远来看，应建立完善的排污收费和环境管理体制，严格执行超标排放征收高费用的制度。

考虑到我国长期存在石油、焦炭等资源性产品在国内供不应求的实际，因此，这类产品的进口关税应充分体现以下原则：在维持石油、焦炭等资源性矿产品的零进口关税的框架下，对少数非零关税的资源性产品应进一步降低进口关税。这方面可以做很多工作，如表4-8可知，食品及饮料(ISIC 15)、其他非金属矿物制品的制造(ISIC 26)等资源性产品的关税仍然偏高，有较大的降幅空间。

其次是进口环节增值税政策。如果国内资源禀赋足以保证国民经济正常运行，就应征收进口环节增值税，这可以在一定程度上保护国内该行业及其上游产业(如采选业)。如果国内煤炭等资源性产品的国内禀赋比较稀缺，征收进口环节增值税则对国民经济运行产生不利影响。基于我国石油、焦炭非常紧缺的实际，所以应当对这些产品实行免征或即征即退进口环节增值税的政策。

再次是理顺国内价格体系条件下的取消出口退税政策。取消出口退税和出口关税政策对限制出口的机理一样，都是通过影响出口品价格来影响出口，但仅靠这些政策不可能从根本上解决约束这类产品的出口问题，因为这些政策没有考虑资源性产品的国内价格体系及其与国际价格变化关系(裴长洪，2009)。事实也是如此，2007—2008年，煤炭贸易在实行取消出口退税政策的作用下，经历了从"净出口"到"净进口"再到"净出口"的过程。

通过这些政策，一方面可以避免与我国贸易伙伴的贸易摩擦，减少资源性产品贸易经济成本；另一方面还可以节约资源、保护环境。

(2)善用战略性R&D补贴政策，发展贸易经济成本最低的高技术型制造产业。既然高技术产品贸易经济成本最小，就应大力发展高技术产品贸易。国内产业基础是决定一国贸易结构的主要因素之一，因此，促进高技术产品贸易就要大力发展高技术型制造产业。只有以创新突破我国高技术产品在全球价值链中的低端技术锁定，促进技术能力升级和市场能力升级，才能不断提升其产业的价值获取能力。(陈瑾，2010)尽管我国高技术行业在国民经济中的比重持续上升，也是我国国民经济支柱产业之一，但是很大程度上利用了全球技术资源，依靠国外资金和引进技术。总体来看，自主创新的高技术型产业比重较小。而且引进的技术多是二、三流技术，真正一流尖端技术，如巨型计算机技术、超大规模集成电路技术、机器人技术等，西方发达国家一直对我国实行严格的封锁政策。因此，在通过30多年以引进技术为主的产业升级之后，我国必须更加重视提高自主创新能力，以促进产业升级，使我国尽快由“制造大国”向“创造大国”转变。首先，增强重要战略性新兴产业的创新能力。其次，提高传统产业的资源利用效率。即使是传统采掘业等资源型产业，近年来国外也出现了大量的节能减排、提高资源效率的新工艺和新技术。所以，要加快支持这些产业的技术创新力度。再次，增强以我为主，整合和吸收全球技术资源的能力。开放条件下的自主创新不是闭门造车，而是有效组合和吸收全球技术条件下的自主研发。对于有利于制造业升级而不得不进口的零部件、中间投入品，应免征进口关税及取消其他限制进口措施，或者即使征收关税，事后也应全部退还，以支持这些制造业开展研发设计和自主品牌营销。

应该指出，由于采取战略性贸易政策可能招致外国的报复性措施，给减少贸易经济成本带来不利影响，所以应“善用”和“巧用”这一政策。

(3)实施各地基础设施均衡发展的区域政策，加快国内市场一体化进程，减少中西部贸易的经济成本，实现制造业集群有序向中西部转移。如前所述，资源性产品及低技术产品贸易的经济成本最高，且无明显下降的迹象，其外部原因包括各国干预控制出口及贸易摩擦等。一方面，从区域视角来看，我国资源性产品及低技术产品贸易主要来自中西部地区。如2004年山西省出口焦炭和煤炭24.5亿美元，占全国同期出口总值的60.8%，2005年前三季度河南出口钢材、钢坯、铜材、铝(即铝材)7.1亿美元，占全国同期出口的18.9%。西部信息等基础设施也相对落后，2002年西部地区邮电业务总量和国际互联网用户数分别仅占全国19.02%和13.8%，而东部这一数量分别为58.53%和62.77%。西部周边邻国不够发达，发展水上运输地理条件较差，使西部对外贸易信息成本、运输成本均较高，从而带来西部贸易的经济成本及我国资源性产品和低技术产品贸易的经济成本居高难降。因此，我国资源性产品及低技术产品贸易的高经济成本在很大程度上是由于中西部地区贸易的经济成本所致。

另一方面，近几年发展起来的新经济地理学的基本原理告诉我们：贸易的经济成本是影响制造业集聚的最关键的变量，它和要素成本及本地市场等因素决定着产业集群的区位分布(Markusen和Venables，2000)。改革开放后，东部沿海地区凭借其良好的区位优势和国家区域政策的大力支持，贸易的经济成本和要素成本大幅下降，吸引了大量的劳动力、投资、技术和企业，成为我国制造业的集聚中心。然而，近年来，随着东部沿海地区土地价格、劳动力成本上升以及人民币升值，其诸多优势已不复存在，东部沿海地区传统制造业集群正面临转移或升级的压力，但并不意味着这些制造业必定会转移到中西部地区去，而是有可能转移到贸易经济成本更低的东南亚、南亚等国家(陈耀、冯超，2008)，西部从而错过这次制造业集群转移机会。

因此，应充分发挥中西部地区的土地、劳动力和优惠政策等优势，消除影响贸易经济成本的各地区，尤其是中西部地区存在的各种“人为壁垒”，即地方保护主义(Young，2000)，消除阻碍市场一体化的各类制度和政策障碍，特别加强中西部交通枢纽、通信、物流网络等基础设施建设，降低中西部地区的物流成本和交易成本，搭建制造业服务贸易平台，对向中西地区迁移的企业提供适当补贴，以有效降低其迁移成本，从而在一定程度上降低产品的贸易经济成本，为中高技术型制造业集群分层梯度式向中西部转移升级创造条件，促进中、东、西部区域均衡协调发展。

(4)加大企业对外尤其是对欧盟的直接投资力度，建立双边全方位多层次对话机制，减少摩擦型的贸易经济成本。随着对外贸易的不断发展，我国与他国的贸易摩擦不断显现，贸易摩擦涉及的商品以前大多发生在低技术型产业中，特别是纺织服装产业及钢铁制品业。随着我国产业结构和出口结构的不断升级，中高技术型行业，如汽车、通信设备等也成为我国与发达国家之间贸易摩擦的新领域(柳剑平，2009)。与我国发生贸易摩擦的国家主要是欧盟，我国也是欧盟贸易摩擦的主要对象国。如2008年前10个月，欧盟新发起的14项反倾销调查中的6项是针对我国，涉及商品包括蜡烛和多类钢产品。除了反倾销的摩擦外，还有标准繁多、要求高、修订频繁的技术法规，要求严格的包装、标签及劳工保护，“绿色壁垒”以及不承认中国的“市场经济地位”等。实施“走出去”战略，积极开展企业对外直接投资，有利于绕开各种国际贸易壁垒①，从而降低贸易经济成本，特别是降低较高的中欧贸易经济成本。加快我国企业对外直接投资，建立海外商业分销渠道的跨国商贸公司，有利于提升我国品牌附加值，改变产品内国际分工处于“微笑曲线”低端的不合理局面。通过建立合资企业或并购国外企业，汲取国外先进的工艺技术和管理经验，带动我国的技术升级和产业升级，实现出口贸易产品向高技术型转化，从而减少资源型和低技术型贸易经济成本。建立全方位多层次的对话机制，包括政府与政府、政府与企业、企业与企业之间的对话，对话的内容不仅包括经贸领域，还应包括政治、社会、司法、文化等方面，以消除误解，通过减少贸易摩擦达到减少贸易经济成本的目的。由于中欧互为主要的贸易摩擦对象，中欧贸易的经济成本最高，因此，对外直接投资和对话机制建立的重点应是欧盟。

① 在企业对外直接投资过程中，也会有投资壁垒。只要对外直接投资构成事实，就隐含已经绕过了投资壁垒。关于这方面的更进一步讨论不属本书研究的内容，我们将另文讨论。

5 中国贸易的生态成本测度

改革开放以来，我国对外贸易增长迅速，贸易发展取得了巨大成就，但同时煤、石油和天然气等一次能源消费量亦在不断增加，使我国的二氧化碳排放迅速上升。二氧化碳等温室气体的排放是导致当前全球变暖的重要因素，随着国际社会对温室效应越来越广泛的关注，贸易与环境协调的发展问题便成为当前的研究热点。本章将以贸易隐含二氧化碳排放为考察对象，估算我国贸易的生态成本，并就其与经济增长的关系进行实证分析。

5.1 我国能源消费与直接生态成本现状

5.1.1 我国能源消费总量与结构

2010 年我国超越美国，成为世界上最大的能源消费国。英国石油公司(BP)发布的《世界能源统计 2011》指出，我国的能源消费占世界能源需求量的 20.3%，而美国的能源消费占世界能源需求量的 19%。该报告显示，2010 年我国的能源消费量上升了 11.2%，而美国的能源消费量增长了 3.7%(见表 5-1、表 5-2)。

表 5-1 2004—2010 年世界各国一次能源消费量 (单位：百万吨油当量)

国家＼年份	2004	2005	2006	2007	2008	2009	2010
总量	10482.0	10800.9	11087.8	11398.4	11535.8	11363.2	12002.4
中国	1531.3	1691.5	1858.1	1996.8	2079.9	2187.7	2432.2
美国	2348.8	2351.2	2332.7	2372.7	2320.2	2204.1	2285.7
俄罗斯	657.8	657.4	675.3	685.8	691.0	654.7	690.9
印 度	345.5	364.0	381.4	414.5	444.6	480.0	524.2
日本	522.1	527.2	528.3	523.6	516.2	473.0	500.9
德 国	337.3	333.2	339.5	324.2	326.8	307.4	319.5
加拿大	315.2	325.3	323.6	329.0	326.6	312.5	316.7
韩 国	213.2	220.6	222.7	231.3	235.3	236.7	255.0
巴西	199.9	207.2	212.7	225.4	235.1	234.1	253.9
法 国	263.6	261.2	259.2	256.7	257.8	244.0	252.4

数据来源：BP 能源统计。

表 5-2 2004—2010 年十国能源消费比例 （单位:%）

国家＼年份	2004	2005	2006	2007	2008	2009	2010
中国	14.61	15.66	16.76	17.52	18.03	19.25	20.26
美国	22.41	21.77	21.04	20.82	20.11	19.40	19.04
俄罗斯	28.01	6.09	6.09	6.02	5.99	5.76	5.76
印 度	3.30	3.37	3.44	3.64	3.85	4.22	4.37
日本	4.98	4.88	4.77	4.59	4.48	4.16	4.17
德 国	3.22	3.08	3.06	2.84	2.83	2.71	2.66
加拿大	3.01	3.01	2.92	2.89	2.83	2.75	2.64
韩 国	2.03	2.04	2.01	2.03	2.04	2.08	2.12
巴西	1.91	1.92	1.92	1.98	2.04	2.06	2.12
法 国	2.52	2.42	2.34	2.25	2.23	2.15	2.10

数据来源：BP 能源统计。

从表 5-1、表 5-2 可见，我国能源消费量在世界的能源消费中占比不断提高，从 2004 年的 14.61%，增加到 2010 年的 20.26%，能源消费量比 2009 年增长 11.2%。当前，我国的能源消费总量位居世界第一，已成为世界第一大能源消费国。2010 年一次能源消费量世界排名前 10 位的国家依次是中国、美国、俄罗斯、印度、日本、德国、加拿大、韩国、巴西、法国。

能源消费结构是一次能源总量中各种能源的消费构成及其比例关系，我国 1978—2009 年能源消费总量及煤炭，石油，天然气与水电、核电、风电各类能源的消费比重见表 5-3，将各类能源消费总量及各类能源消费结构绘制成趋势图，如图 5.1、图 5.2 所示。

表 5-3 我国能源消费总量及其结构(1978—2009 年) （单位：万吨标准煤）

年份	能源消费总量	占能源消费总量的比重(%)			
		煤炭	石油	天然气	水电、核电、风电
1978	57144	70.7	22.7	3.2	3.4
1980	60275	72.2	20.7	3.1	4.0
1985	76682	75.8	17.1	2.2	4.9
1990	98703	76.2	16.6	2.1	5.1
1991	103783	76.1	17.1	2.0	4.8
1992	109170	75.7	17.5	1.9	4.9
1993	115993	74.7	18.2	1.9	5.2

续表

年份	能源消费总量	占能源消费总量的比重(%)			
		煤炭	石油	天然气	水电、核电、风电
1994	122737	75.0	17.4	1.9	5.7
1995	131176	74.6	17.5	1.8	6.1
1996	135192	73.5	18.7	1.8	6.0
1997	135909	71.4	20.4	1.8	6.4
1998	136184	70.9	20.8	1.8	6.5
1999	140569	70.6	21.5	2.0	5.9
2000	145531	69.2	22.2	2.2	6.4
2001	150406	68.3	21.8	2.4	7.5
2002	159431	68.0	22.3	2.4	7.3
2003	183792	69.8	21.2	2.5	6.5
2004	213456	69.5	21.3	2.5	6.7
2005	235997	70.8	19.8	2.6	6.8
2006	258676	71.1	19.3	2.9	6.7
2007	280508	71.1	18.8	3.3	6.8
2008	291448	70.3	18.3	3.7	7.7
2009	306647	70.4	17.9	3.9	7.8

数据来源：中国统计年鉴 2010。

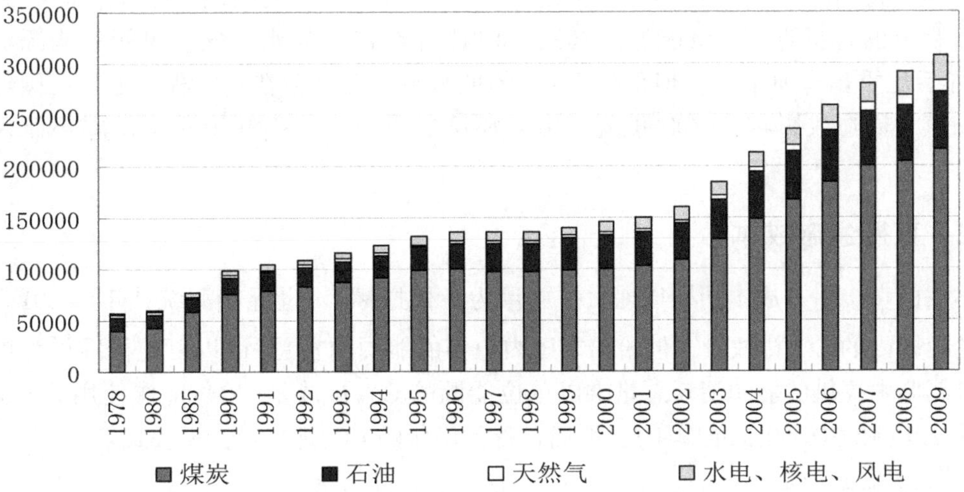

图 5.1 各类能源消费总量趋势图

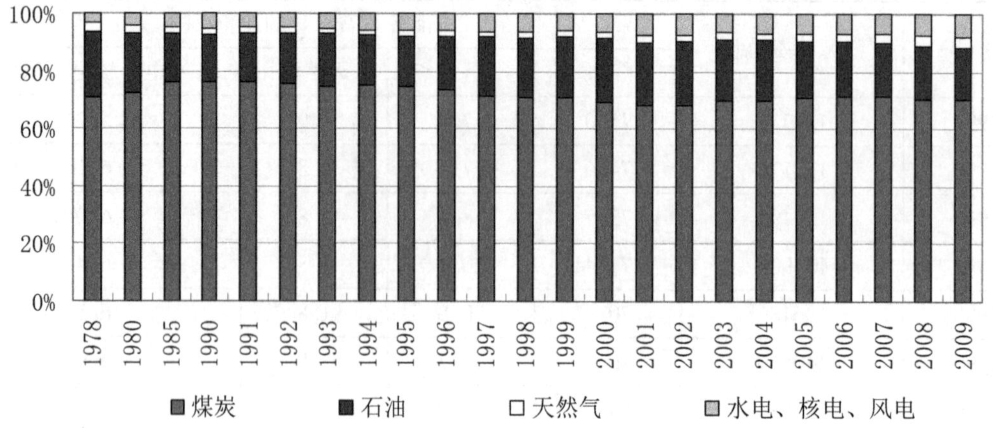

图 5.2 各类能源消费比例趋势图

从表 5-3 及图 5.1、图 5.2 可以看出，我国能源消费量逐年增加，能源消费的主体为煤炭，能源消费结构呈现“富煤、缺油、少气”的特征。在世界能源消费结构中，石油、天然气的比重一般占 60%~70%，煤炭消费则占 20%~30%；而我国的一次能源消费结构则恰好相反，我国的煤炭消费比重达 60%~70%，石油、天然气的消费比重仅为 20%~30%。改革开放以来，我国煤炭消费比重呈现曲线变化特征。1978—1990 年，我国煤炭消费比重逐年上升，最高达到 1990 年的 76.2%，而后有所下降，最低下降到 2002 年的 68.0 %，不过之后煤炭消费比重又有所反弹，2006 年升至 71.1%，2009 年消费比重达 70.4%。

我国的能源消耗结构导致我国经济发展呈现高污染、高耗能且能效水平低的特征。首先，作为我国能源消费主体的煤炭是一种排放物污染程度较高的能源，同时在煤的生产过程中也需要消耗大量能源。其次，相对“清洁”，如水、核、风能等能源消费在 2005 年后比重虽有所上升，但仍处在 8%的低水平。这就会在一定程度上对我国经济社会可持续发展造成影响，并对我国的生态环境造成压力，不利于我国低碳环保目标的实现。

5.1.2 直接生态成本

本书的直接生态成本同样以 CO_2 排放量为考核指标。《世界能源统计年鉴 2011》中未直接给出国内的 CO_2 排放量，但给出了国内历年的能源消费总量(以万吨标准煤为单位)。将统计年鉴中提供的能源消耗总量乘以单位能源的 CO_2 排放量(单位能源使用的 CO_2 排放系数为 2.45 吨 CO_2/吨标准煤①)，继而可得到历年的 CO_2 排放量，见公式：

① 采用国家发改委能源研究所推荐的 CO_2(二氧化碳)中的碳(C)排放系数(t/tce)(吨/吨标煤)为 0.67，则推算得出的值为 2.45(2.45=0.67×3.67，CO_2 的分子量是 C 分子量的 3.67 倍)。

$$Z_t = E_t \times 2.45 \tag{5.1}$$

其中，Z_t为t年CO_2排放量。E_t为t年能源消耗总量，以"标准煤"为统计单位，数据来源见表5-3。在此计算的是我国生产过程中的直接碳排放，计算结果见表5-4，将计算结果绘制成趋势图，如图5.3所示。

表5-4　国内历年CO_2排放量　　（单位：万吨）

年份	1995	1996	1997	1998	1999	2000	2001	2002
消费总量	321381.2	331220.4	332977.1	333650.8	344394.1	356551	368494.7	390606.0
年份	2003	2004	2005	2006	2007	2008	2009	
消费总量	450290.4	522967.2	578192.7	633756.2	687244.6	714047.6	751285.2	

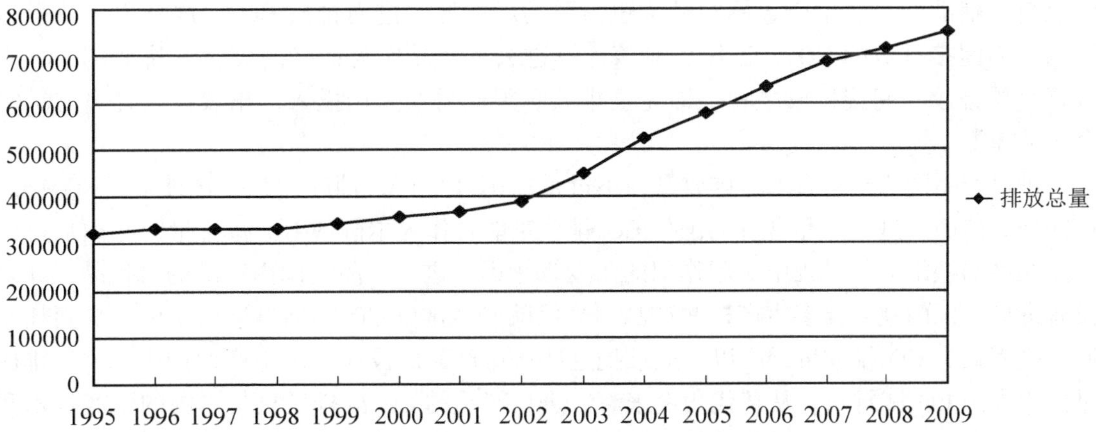

图5.3　国内直接CO_2排放总量趋势图(单位：万吨)

图5.3显示，国内直接CO_2排放经历了由缓慢上升到加速上升的过程。1995—2000年CO_2排放量呈现缓慢上升特征；转折点出现在2002年，2002年以后CO_2排放量快速增长且增幅较大，上升趋势明显。我国于2001年加入世界贸易组织，此后贸易规模得到快速增长，而这是否是导致我国碳排放量迅速上升的重要因素，即贸易是否会造成我国环境的恶化，需要进一步进行分析。

进一步可将公式(5.1)改写成：

$$Z_i = \sum_{t=1}^{n} Z_{ti} = \sum_{t=1}^{n} E_{ti} \times 2.45 \tag{5.2}$$

Z_{ti}代表t年i行业的CO_2排放量，E_{ti}为t年i行业的能源消耗量。将Z_{ti}除以各行业的总产出，即可得到各行业的直接CO_2排放系数。

5.2 贸易的生态成本测度方法

5.2.1 贸易的生态成本基本内涵

国际贸易商品的进出口交易中隐含了能源的交易及碳排放的变化。从贸易出口来分析，出口产品在国内生产，在消耗能源的同时要排放出 CO_2。各行业生产的耗能情况各不一样，相应的 CO_2 排放量也不一样。需要计算出各行业单位产品的 CO_2 排放量(即产品的 CO_2 排放系数)，分别乘以各行业的出口量，从而得到各行业出口隐含的 CO_2 排放量，随即加总，即可得出全行业出口的 CO_2 排放量。如采用直接碳排放系数来计算各部门出口中的碳排放，会低估出口产品的 CO_2 排放，因为这种方法计算出的 CO_2 排放是生产过程中排放的 CO_2，没有包括间接排放。以出口金属制品为例，在金属制品的生产过程中，除了直接消耗能源排放 CO_2 外，还要消耗各种其他原料、辅助材料，为了生产这些原料、辅助材料供生产金属制品，也需要消耗能源，进而排放 CO_2，这是为了获得金属制品而间接排放的 CO_2，当然也应该计算进去。产品作为最终产品，其排放的 CO_2 应该是直接排放与间接排放之和，即完全排放。因此需要采用投入产出表，来计算 CO_2 完全排放系数。

进口产品同样也包含 CO_2 排放量，不过是在国外生产，消耗的是外国能源，CO_2 排放在国外。然而，进口产品含有的国外 CO_2 排放量能否作为本国的 CO_2 减排量，必须从进口产品在本国经济运行过程中所起作用的角度来考虑。进口产品是国内产品的替代品，如果没有进口，国内就需要多生产这些产品，当然就要多排放 CO_2。通过进口就可以少消耗能源，进而减少 CO_2 排放量，所以，应该把这些进口产品假设在本国生产而产生的 CO_2 排放量作为本国 CO_2 减排量。从替代角度来看，进口产品的 CO_2 减排量只与本国的生产技术和生产联系有关，与进口来源国的情况无关。进口某一行业的产品可以减少该行业的产出，但不能以该行业产品的直接 CO_2 排放量作为进口产品的 CO_2 减排量。原因与考虑出口产品时相同，即该部门生产的产品不仅直接排放 CO_2，还要因消耗其他行业的产品而间接排放 CO_2。所以，进口产品的 CO_2 减排量也应该按照国内最终产品的完全 CO_2 排放系数来计算。(沈利生，2008)

5.2.2 贸易的生态成本测度模型

1. 投入产出表基本结构

“投入产出分析是基于各国投入产出表的分析方法。投入产出表是一张将各部门的投入和产出汇总在一起的棋盘式的表格。而投入产出分析是利用经济学原理，根据投入产出表的平衡关系建立投入产出的数学模型，然后利用这一模型以及矩阵运算来综合分析和考察国民经济各部门产品的生产和消耗之间的数量依存关系。”(何其祥，1999)投入产出表的基本格式如下：

产出 投入		中间使用				最终使用	总产出
		部门 1	部门 2	…	部门 n		
中	部门 1	x_{11}	x_{12}	…	x_{1n}	u_1	y_1
间	部门 2	x_{21}	x_{22}	…	x_{2n}	u_2	y_1
投	…	…	…	…	…	…	…
入	部门 n	x_{n1}	x_{n2}	…	x_{nn}	u_n	y_n
增加值		v_1	v_2	…	v_n		
总投入		x_1	x_2	…	x_n		

投入产出表从总量和结构上全面、系统地反映国民经济各部门从生产到最终使用这一完整的实物运动过程中的相互联系。投入产出表有以下几个基本平衡关系：(1)每个部门的总投入=该部门的总产出；(2)总投入=总产出；(3)中间投入合计=中间使用合计；(4)中间投入+增加值=总投入。

根据投入产出公式 $X = AX + Y$，则有 $X = (I - A)^{-1}Y$。其中 X 是各部门总产出向量；A 是直接消耗系数矩阵，且 $A = x_{ij}/X_j$；x_{ij} 是 j 部门消耗 i 部门的产品数量，X_j 是 j 部门的总产出；$(I - A)^{-1} = \{b_{ij}\}$ 是里昂惕夫逆矩阵；Y 是最终产品产出向量，包括国内需求和出口。

采用一国的投入产出表，以生产行业或部门为单位，可全面地测算产品生产过程中的隐含污染物排放情况，当前相关测算我国贸易中隐含污染排放的文献，基本上使用了我国国家统计局提供的或者在此基础上构造的投入产出表，如沈利生(2008)、齐晔(2008)采用国内投入产出表分别对我国对外贸易中的隐含 SO_2 和隐含 CO_2 进行了分析。

2. 隐含 CO_2 排放的测度——基于 OECD 投入产出表

当前的研究多采用投入产出模型来对贸易中的隐含 CO_2 排放进行估算，但是现有文献往往没有考虑我国出口贸易中隐含着由外国进口的中间投入品，即本国出口中隐含的 CO_2 有一部分是来自国外的进口。在国际垂直专业化分工的背景下，我国进口品可以分为两类：一是中间投入品；二是消费品。中间投入品将和我国国内的投入品共同进入生产环节，进行再生产，因此，我国贸易出口中隐含的 CO_2 有部分源于国外中间投入品所隐含的 CO_2。而消费品则直接被国内消费，不再进入生产环节。如图 5.4 所示。

因此，在构建投入产出模型时，有必要从垂直专业化分工角度出发，分析出口中隐含的来自国外投入品的 CO_2 排放。但是国家统计局提供的投入产出表没有把中间使用、最终使用以及中间投入区分为国内和进口两部分，也就无法直接获得各行业使用的进口中间投入数据。图 5.4 表明，在我国的生产过程中，总投入既包含国内的投入，也包含从国外进口的未被消费掉的中间投入，尤其在我国的加工贸易生产过程中，我国厂商多为代工生产，其中间投入品，如零部件或原材料有很大部分来自国外进口。但国家统计局提供的投入产出表未对此进行区分，在此改用经济合作与发展组织提供的投入产出表，该表将中间投入区分为国内和进口两部分，在此基础上可构建基于垂直专业化分工的投入产出模型。

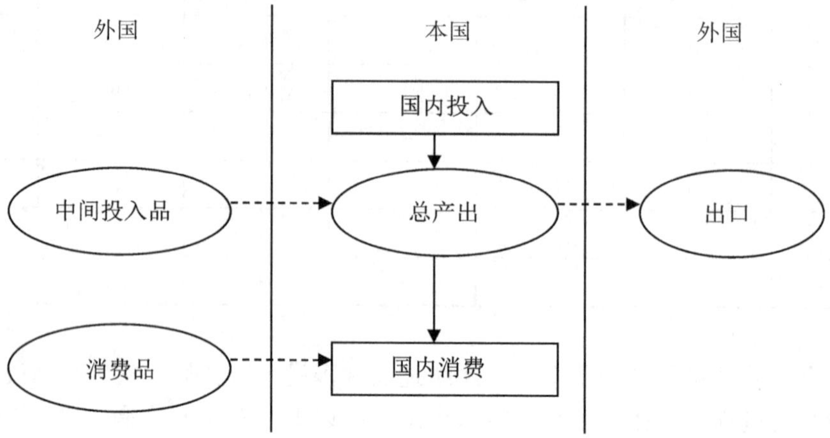

图 5.4 垂直专业化分工下本国的投入产出图①

在开放经济情况下，国内生产既有国内投入，也有进口投入，采用经济合作与发展组织提供的投入产出总表、国内投入产出表及进口投入产出表。其中投入产出总表提供了各行业总的中间投入矩阵、各行业的总产出矩阵，由 $A=x_{ij}/X_j$ 即可计算总的直接消耗系数矩阵 A。由国内投入产出表可以获得各行业的国内中间投入矩阵，除以各行业的总产出矩阵，即可得出国内投入的直接消耗系数矩阵 A^d 。由进口投入产出表可以获得各行业的进口中间投入矩阵，除以各行业的总产出矩阵，即可得出进口中间投入的直接消耗系数矩阵 A^m 。且有 $A=A^d+A^m$ 。

进一步有 $A=\{x_{ij}/X_j\}=\{a_{ij}\}$ ，其里昂惕夫逆矩阵为 $(I-A)^{-1}=\{b_{ij}\}$ ；$A^d=\{x_{ij}^d/X_j\}=\{a_{ij}^d\}$ ，其里昂惕夫逆矩阵为 $(I-A^d)^{-1}=\{b_{ij}^d\}$ ，x_{ij}^d 为生产 X_j 的产出所消耗 i 行业的国内投入；$A^m=\{x_{ij}^m/X_j\}=\{a_{ij}^m\}$ ，里昂惕夫逆矩阵为 $(I-A^m)^{-1}=\{b_{ij}^m\}$ ，x^m 为生产 X_j 的产出所消耗 i 行业的进口投入，这样，总进口 X^m 可以分为两部分，一部分作为最终需求直接消费，另一部分作为中间投入，则有 $X^m=A^mX+Y^m=A^m(I-A)^{-1}Y+Y^m$ 。

其中 Y^m 为总进口中最终需求被直接消费的部分；$A^m(I-A)^{-1}Y$ 是总进口中作为中间投入被用于最终产品的生产。

设 z^d 为 j 行业国内单位产出 CO_2 直接排放系数，Z^d 为 j 行业产生的直接 CO_2 排放量，则有 $z^d=Z^d/X_j$ 。其中，$Z^d=2.45\times j$ 行业的能源消费总量。

根据投入产出公式，可得到 j 行业国内单位产出 CO_2 的完全排放系数 $c_j^d=z_j^d(I-A)^{-1}=c_1^db_{1j}+c_2^db_{2j}+c_3^db_{3j}+\cdots+c_n^db_{nj}$ ，完全排放系数 c_j^d 可表述为每获得 1 单位 j 行业的最终产品，本国生产的直接和间接 CO_2 排放量。设 $z^d=\{z_j^d\}$ ，z^d 即为国内单位产出 CO_2 直接排放系数的矩阵；$c^d=\{c_j^d\}$ ，c_j^d 为 j 部门国内单位产出 CO_2 完全排放系数，c^d 为国内单位产出 CO_2 完全排放系数的矩阵。

① 李小平. 国际贸易中隐含 CO_2 测算[J]. 财贸经济，2010(5).

若从生产角度来分析，国内为了满足最终需求所生产产品中包含的 CO_2 排放总量（PC^d）为 $PC^d = \sum PC_j^d = z^d X$，根据投入产出公式则有 $PC^d = z^d (I - A)^{-1} Y = c^d Y$。

同时，国内有部分需求是从国外进口的，而从国外进口产品所包含的 CO_2 对本国来说相当于节省了本需要国内生产所产生的 CO_2。因此，我们从进口替代的角度假定国外生产的 CO_2 完全排放系数等于国内的完全排放系数 c^d（李小平，2010）。进一步可得到国外进口隐含的 CO_2（PC^m）为：$PC^m = c^d A^m (I - A)^{-1} Y + c^d Y^m$。

所以，我国最终需求隐含的 CO_2 总排放（PC）

$$PC = PC^d + PC^m = c^d Y + c^d A^m (I - A)^{-1} Y + c^d Y^m \tag{5.3}$$

其中，$c^d Y$ 是国内生产排放的 CO_2，$c^d A^m (I - A)^{-1} Y$ 是生产进口投入所排放的 CO_2，$c^d Y^m$ 是生产进口消费品所排放的 CO_2。

$$\begin{aligned}
\text{设}\{c_j^k\} &= c^k = z^d (I - A)^{-1} + z^d (I - A)^{-1} A^m (I - A)^{-1} \\
\{c_j^d\} &= c^d = z^d (I - A)^{-1} \\
\{c_j^m\} &= c^m = z^d (I - A)^{-1} A^m (I - A)^{-1} \\
\{z_j^k\} &= z^k = z^d + z^d (I - A)^{-1} A^m \\
\{z_j^m\} &= z^m = z^d (I - A)^{-1} A^m
\end{aligned} \tag{5.4}$$

且有：$c^k = c^d + c^m$；$z^k = z^d + z^m$，

其中，z^m 指为了得到每单位的我国最终需求产品，国外投入直接排放的 CO_2；z^k 指为了得到每单位的我国最终需求产品，国内和国外直接排放的 CO_2 之和；c^m 指为了得到每单位的我国最终需求产品，国外投入完全排放的 CO_2；c^k 指为了得到每单位的我国最终需求产品，国内和国外完全排放的 CO_2。c_j^k 即可理解为 j 行业单位产出的完全碳排放系数。c_j^k 对于出口来说可理解为 j 单位出口产生的 CO_2 排放，即 j 行业出口完全 CO_2 排放系数；对于进口来说，c_j^k 就是 j 行业的进口 CO_2 减排系数。

经济合作与发展组织 2009 年版本的投入产出数据库提供了我国 1995 年、2000 年和 2005 年的投入产出表。如果完全参照上面的方法，只能计算出 1995 年、2000 年、2005 年三年的 CO_2 完全排放系数。而我们需要 1995—2008 年连续 11 年的数据，由于投入产出表每 5 年才编一次，其他年份的 CO_2 完全排放系数的计算需要进行一定的处理。

为了计算没有投入产出表时期的 CO_2 完全排放系数，以 1996 年 CO_2 完全排放系数计算为例，假设 1996 年各行业的生产联系没有发生重大变化（沈利生，2008），即直接消耗系数矩阵 A 及 A^m 保持 1995 的数据不变，故计算 1996 的 CO_2 完全排放系数时仍基于 1995 年的投入产出表，那么此时需要计算的数据便是 1996 年的各行业国内直接排放系数 z_j^d，由 $z^d = Z^d / X_j$，可知需要计算出各行业的总投入（总产出）X_j。在投入产出表中，除了提供各行业的总投入（总产出）数据外，还提供了各行业的增加值数据，用增加值除以总投入，进而可以得出 1995 年的增加值率。由于 1996 年仍采用的是 1995 年的投入产出表，也就是仍采用 1995 年的增加值率，故此时为了得到 1996 年各行业的总投入 X_j，只需要得出 1996 年各行业的增加值即可。进一步，为了消除不变价的影响，还需将 1996 年的增加值当年价换算成 1995 年的不变价。统计年鉴中虽给出了农业、工业、建筑业、第二产业、交通邮电通讯业、批发零售餐饮业的当年价增加值，但工业增加值各行业的数据只包括“国有及规模以上非国有企业”，若要得到各行业全部工业增加值，还需做进一步处理。在此采用“按比例分配”的办法，计算出“国有及规模以上非国有企业”中各工业行业增加值的占比，再用总的工业增加值乘以各行业的比例，即可得到各行业的全部工业增加值。进一步根据统计年鉴给出的各行业增加值指数，将各行业增加值转化成1995年的不变价。

经过处理，进而可计算出1996年各行业总投入 X_j 、直接排放系数 $\{z_j^d\}$。在1996的直接消耗系数矩阵 A 及 A^m 不变的假设前提下，其里昂惕夫逆矩阵 B 也不变，进而可计算出1996年各行业 CO_2 完全排放系数 $\{c_j^d\}$、$\{c_j^m\}$ 以及 $\{c_j^k\}$。参照上述方法，基于1995年的投入产出表来估算1996—2000年的 CO_2 完全排放系数，基于2000年的投入产出表来估算2001—2005年的 CO_2 完全排放系数，基于2005年的投入产出表来估算2006—2008年的 CO_2 完全排放系数。

5.3 贸易的生态成本测度结果

5.3.1 数据描述

本书投入产出数据来源于OECD投入产出数据库。能源消耗数据来源于历年《中国统计年鉴》，由于统计年鉴中分行业的能源消耗数据公布截至2008年，鉴于数据的可获得性，本书研究的数据样本为1995—2008年。进出口数据则来源于《中国统计年鉴》的海关统计数据及联合国Comtrade数据库。

本书采用的OECD投入产出表中共有37个行业①，在统计年鉴中的能源消费统计中有30个行业，而《中国统计年鉴》的海关统计数据及联合国Comtrade数据库采用HS编码分类，三者的行业分类都有差异，不能直接引用，需要进行合并及分类处理使三者的行业一一对应起来②，处理后本书确定的行业共计22个，附录表5列出了三者的对应关系。

需要指出的是，海关统计数据及联合国Comtrade数据库提供的是我国货物贸易的进出口数据，无服务贸易数据。这里采用了WTO国际贸易统计数据库(International Trade Statistics Database)提供的1995—2008年服务贸易数据，再根据投入产出表中3个服务行业出口、进口的结构比例，对其他相近年份的服务出口、进口数据进行拆分。

5.3.2 贸易的生态成本计算结果

1. 国内投入直接 CO_2 排放系数(z^d)的计算

根据上述分析有 $z^d = Z^d / X_j$, $Z^d = 2.45 \times j$ 行业能源消耗，X_j 为 j 行业总投入。计算结果如表5-5所示。

---

① 本书投入产出表数据源于经济合作与发展组织网站，有学者使用的OECD投入产出表为48个行业，这并不影响本书的分析。

② 处理方法参考沈利生(2008)、盛斌(2002)。

表 5-5 历年各行业直接 CO_2 排放系数(z_j^d) (单位：吨/万元)

年份 行业	1995	1996	1997	1998	1999	2000	2001
农林牧副渔	0.663	0.666	0.665	0.630	0.617	0.549	0.576
采矿业	4.489	3.565	3.536	3.279	2.717	2.862	2.849
食品生产、饮料	1.007	0.892	0.677	0.646	0.566	0.514	0.530
纺织、服装业	0.888	0.880	0.753	0.688	0.582	0.421	0.551
木材加工	1.805	1.034	0.838	0.805	0.754	0.560	0.556
造纸、印刷及文教用品制造业	2.349	1.878	1.550	1.447	1.245	1.331	1.172
石油加工	5.453	2.731	5.041	4.814	4.550	2.285	3.534
化学工业	5.455	5.653	4.336	3.769	3.090	2.274	2.442
橡胶、塑料制品业	0.888	1.060	0.918	0.830	0.716	0.489	0.581
其他非金属矿物制品业	4.507	6.493	5.469	5.668	4.945	3.894	3.946
金属冶炼及压延加工业	7.472	6.838	6.645	5.790	5.268	4.168	3.607
金属制品业	0.663	0.863	0.765	0.701	0.669	0.609	0.587
机械设备业	0.672	0.837	0.678	0.621	0.529	0.493	0.523
电气机械及器材制造业	1.003	0.556	0.505	0.405	0.338	0.099	0.157
办公用品、仪表仪器及通讯	0.427	0.304	0.268	0.221	0.216	0.225	0.126
交通运输设备制造业	0.745	0.628	0.607	0.484	0.404	0.322	0.341
其他制造业	0.826	2.364	2.385	1.69	1.798	1.285	1.536
电力、燃气、水生产供应	6.643	4.438	4.341	3.199	2.916	2.759	2.396
建筑业	0.247	0.262	0.208	0.261	0.215	0.158	0.162
批发、零售、住宿	0.586	0.461	0.446	0.442	0.449	0.393	0.308
交通运输仓储和计算机软件业	2.767	2.418	2.786	2.754	2.752	2.308	1.933
其他服务业	2.493	2.330	1.897	1.633	1.536	1.711	1.086
年份 行业	2002	2003	2004	2005	2006	2007	2008
农林牧副渔	0.585	0.578	0.633	0.496	0.512	0.485	0.336
采矿业	3.086	3.315	2.995	1.667	1.411	1.382	1.526
食品生产、饮料	0.502	0.457	0.478	0.409	0.381	0.351	0.327
纺织、服装业	0.576	0.611	0.707	0.509	0.567	0.551	0.584
木材加工	0.512	0.584	0.657	0.336	0.466	0.395	0.307
造纸、印刷及文教用品制造业	1.180	1.264	1.416	0.843	1.051	0.931	0.959

续表

行业 \ 年份	2002	2003	2004	2005	2006	2007	2008
石油加工	3. 563	3. 326	4. 038	2. 178	2. 663	2. 372	5. 904
化学工业	2. 505	2. 587	2. 589	1. 452	2. 020	1. 852	2. 076
橡胶、塑料制品业	0. 537	0. 581	0. 673	0. 676	0. 630	0. 572	0. 571
其他非金属矿物制品业	3. 949	4. 144	5. 312	7. 445	5. 255	4. 522	3. 995
金属冶炼及压延加工业	3. 765	3. 441	3. 779	3. 343	2. 675	2. 572	3. 326
金属制品业	0. 635	0. 712	0. 739	0. 522	0. 667	0. 607	0. 512
机械设备业	0. 506	0. 494	0. 516	0. 248	0. 361	0. 329	0. 235
电气机械及器材制造业	0. 176	0. 191	0. 216	0. 193	0. 163	0. 162	0. 125
办公用品、仪表仪器及通讯	0. 127	0. 131	0. 137	0. 183	0. 092	0. 105	0. 111
交通运输设备制造业	0. 293	0. 264	0. 298	0. 270	0. 243	0. 214	0. 192
其他制造业	1. 494	1. 877	1. 574	0. 484	1. 607	1. 324	1. 353
电力、燃气、水生产供应	2. 472	2. 861	2. 821	2. 160	2. 270	2. 096	2. 672
建筑业	0. 165	0. 162	0. 275	0. 196	0. 192	0. 179	0. 154
批发、零售、住宿	0. 308	0. 332	0. 360	0. 361	0. 311	0. 285	0. 239
交通运输仓储和计算机软件业	1. 950	2. 111	2. 187	1. 165	1. 735	1. 724	1. 783
其他服务业	1. 058	1. 074	1. 091	0. 994	0. 829	0. 747	0. 817

2. 完全CO_2排放系数(c^k)的计算

根据 $\{c_j^d\} = c^d = z^d (I - A)^{-1}$ ，进而可计算出国内投入完全CO_2排放系数$\{c_j^d\}$，见附录表1；(2)由公式 $\{c_j^m\} = c^m = z^d (I - A)^{-1} A^m (I - A)^{-1}$ ，进而可计算出国外投入完全CO_2排放系数$\{c_j^m\}$，见附录表2；(3) $c^d + c^m = c^k$ ，进而可得到完全CO_2排放系数 $c^k = \{c_j^k\}$。表5-6给出了1995—2008年历年各行业完全排放系数，及该期间的平均排放系数。

表 5-6 历年各行业完全CO_2排放系数(c_j^k) （单位：吨/万元）

行业 \ 年份	1995	1996	1997	1998	1999	2000	2001
农林牧副渔	3. 539	3. 383	3. 095	2. 808	2. 544	2. 357	2. 394
采矿业	9. 961	8. 506	8. 208	7. 453	6. 430	5. 577	5. 512
食品生产、饮料	4. 770	4. 431	3. 893	3. 551	3. 176	2. 710	2. 707

续表

年份 行业	1995	1996	1997	1998	1999	2000	2001
纺织、服装业	6.535	6.267	5.531	4.956	4.337	3.493	3.718
木材加工	8.517	7.019	6.330	5.739	5.116	4.305	4.224
造纸、印刷及文教用品制造业	8.650	7.662	6.745	6.077	5.348	5.734	5.405
石油加工	13.760	9.983	11.96	11.070	10.000	7.399	8.650
化学工业	13.700	13.350	11.220	9.887	8.436	7.141	7.354
橡胶、塑料制品业	8.894	8.743	7.599	6.752	5.863	5.288	5.470
其他非金属矿物制品业	11.810	13.370	11.880	11.510	10.130	8.422	8.413
金属冶炼及压延加工业	17.340	15.690	15.170	13.370	12.070	10.700	9.837
金属制品业	11.150	10.450	9.903	8.792	7.948	7.246	6.775
机械设备业	9.703	9.208	8.524	7.594	6.773	5.980	5.725
电气机械及器材制造业	7.851	6.958	6.436	5.685	5.052	5.944	5.776
办公用品、仪表仪器及通讯	8.405	7.762	7.178	6.373	5.708	5.652	5.368
交通运输设备制造业	8.533	7.849	7.368	6.478	5.756	5.108	4.933
其他制造业	7.533	8.684	8.159	6.819	6.371	5.540	5.763
电力、燃气、水生产供应	12.270	9.319	9.113	7.503	6.737	6.344	5.996
建筑业	8.289	8.237	7.600	7.088	6.297	5.413	5.307
批发、零售、住宿	4.302	3.911	3.640	3.304	3.033	2.903	2.722
交通运输仓储和计算机软件业	6.894	5.959	6.358	5.982	5.659	5.201	4.872
其他服务业	6.987	6.534	5.756	5.094	4.637	4.351	3.621

年份 行业	2002	2003	2004	2005	2006	2007	2008	平均
农林牧副渔	2.444	2.480	2.611	2.017	2.190	2.047	1.850	2.554
采矿业	5.830	6.129	5.928	4.771	4.644	4.404	4.530	6.277
食品生产、饮料	2.722	2.723	2.859	2.521	2.666	2.481	2.414	3.116
纺织、服装业	3.827	3.976	4.256	3.704	4.128	3.881	3.759	4.455
木材加工	4.264	4.442	4.728	3.715	4.179	3.850	3.835	5.019
造纸、印刷及文教用品制造业	5.510	5.753	6.161	4.656	5.351	4.913	4.955	5.923
石油加工	8.934	8.930	9.584	6.624	7.087	6.552	6.518	9.076
化学工业	7.555	7.806	7.969	6.079	7.227	6.694	6.557	8.641
橡胶、塑料制品业	5.545	5.761	6.039	5.246	5.338	4.956	4.971	6.176

续表

行业＼年份	2002	2003	2004	2005	2006	2007	2008	平均
其他非金属矿物制品业	8. 541	8. 870	10. 330	11. 070	8. 992	8. 002	8. 635	9. 998
金属冶炼及压延加工业	10. 220	9. 891	10. 570	9. 383	8. 575	8. 121	8. 080	11. 360
金属制品业	7. 040	7. 065	7. 470	6. 511	6. 450	6. 056	6. 014	7. 776
机械设备业	5. 873	5. 835	6. 178	5. 639	5. 763	5. 402	5. 367	6. 683
电气机械及器材制造业	5. 966	6. 008	6. 385	5. 738	5. 792	5. 438	5. 421	6. 032
办公用品、仪表仪器及通讯	5. 532	5. 589	5. 930	6. 390	6. 403	6. 015	5. 999	6. 308
交通运输设备制造业	4. 990	4. 947	5. 267	5. 236	5. 264	4. 918	4. 900	5. 825
其他制造业	5. 829	6. 337	6. 244	4. 080	5. 438	4. 897	4. 848	6. 182
电力、燃气、水生产供应	6. 195	6. 696	6. 786	5. 661	5. 888	5. 488	5. 330	7. 095
建筑业	5. 447	5. 518	6. 099	4. 831	4. 770	4. 437	4. 434	5. 983
批发、零售、住宿	2. 772	2. 849	3. 013	2. 405	2. 485	2. 311	2. 245	2. 992
交通运输仓储和计算机软件业	4. 966	5. 170	5. 431	4. 233	5. 012	4. 784	4. 834	5. 383
其他服务业	3. 651	3. 738	3. 894	3. 423	3. 444	3. 183	3. 241	4. 397

3. 贸易的生态成本估算

根据各行业完全CO_2排放系数$\{c_j^k\}$，分别乘以各行业出口额EX_j、进口额IM_j，就得到各行业出口的隐含CO_2排放量EXC_j、进口的CO_2减排量IMC_j：

$$EXC_j = c_j^k \times EX_j, \qquad IMC_j = c_j^k \times IM_j \tag{5.5}$$

计算结果见附录表3及附录表4。

将其加总即可得到全部出口隐含的CO_2排放量EXC、全部进口的CO_2减排量IMC：

$$EXC = \sum_{j}^{n} C_j^{EK} = \sum_{j=1}^{n} c_j^k EX_j,\ IMC = \sum_{j}^{n} C_j^{IM} = \sum_{j=1}^{n} c_j^k IM_j; \tag{5.6}$$

n为行业数，计算结果见表5-7、表5-8。

表5-7 历年出口隐含CO_2排放（EXC） （单位：万吨）

年份	1995	1996	1997	1998	1999	2000	2001
出口CO_2排放	113559. 6	107258. 6	119092. 1	105789. 2	100055. 7	117140. 8	123271. 5
年份	2002	2003	2004	2005	2006	2007	2008
出口CO_2排放	156412. 0	212820. 0	314110. 0	371464. 8	474481. 5	540285. 1	582877. 1

表 5-8 历年各行业进口隐含 CO_2 减排(IMC) (单位：万吨)

年份	1995	1996	1997	1998	1999	2000	2001
进口 CO_2减排	115929.5	111990.9	106789.0	93315.5	98909.6	120499.1	126570.6
年份	2002	2003	2004	2005	2006	2007	2008
进口 CO_2减排	159750.1	224549.1	317975.0	338583.2	401906.8	434824.4	464907.8

将 1995—2008 年对外贸易中进出口隐含 CO_2 变化的情况绘制成图，如图 5.5 所示。

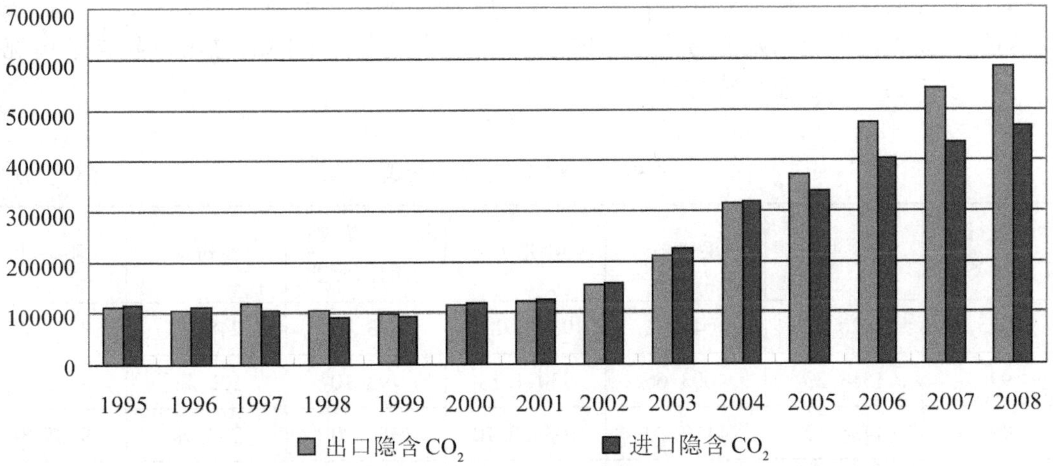

图 5.5 1995—2008 年对外贸易中进出口隐含 CO_2 变化(单位：万吨)

图 5.5 显示，2001 年之前，我国贸易进出口的隐含 CO_2未有明显波动，但 2002 年开始，进出口的隐含 CO_2呈现显著增加的趋势，这与我国进出口发生的变化趋势类似，与加入 WTO 后贸易进出口额有了较大增长有关。出口中隐含的 CO_2排放量由 1995 年的 113559.6 万吨增加到 2008 年的 582877.1 万吨。同时，进口 CO_2减排量亦由 1995 年的 115929.5 万吨增加到 2008 年的 464907.8 万吨。说明在我国为国外生产而排放的 CO_2增加的同时，国外为我国生产而排放的 CO_2也增加了，表明我国参与国际垂直专业化分工的程度增加。

将出口隐含的 CO_2排放量 EXC 减去全部进口隐含 CO_2减排量 IMC ，可得到历年进出口隐含碳 CO_2净排放量 NC 。

$$NC = EXC - IMC \tag{5.7}$$

表 5-9 历年进出口隐含 CO_2净排放($EXC - IMC$) (单位：万吨)

年份	1995	1996	1997	1998	1999	2000	2001
CO_2净排	-2369.9	-4732.3	12303.1	12473.7	1146.1	-3358.3	-3299.1
年份	2002	2003	2004	2005	2006	2007	2008
CO_2净排	-3338.1	-11729.1	-3865.0	32881.6	72574.7	105460.7	117969.3

值得注意的是，2004 年后我国 CO_2净排放已转为正值，且呈现急剧增加的趋势。此前除了 1997—1999 年，我国 CO_2净排放量均为负值，即由于进口减排量较出口排放量大，贸易对我国 CO_2排放表现出抑制作用。2008 年净 CO_2排放量达 117969.3 万吨，说明我国由于贸易进出口，在本国排放了 117969.3 万吨 CO_2。因此，在今后的贸易发展中，我们有必要调整本国的贸易结构，使进口中隐含的 CO_2排放能够超过出口隐含的 CO_2排放，在一定程度上实现贸易对本国环境的减排。

4. 各部门贸易的生态成本分析——按行业特性分

本文根据投入产出表的部门分类，得出了 22 个分类行业的贸易生态成本情况，根据这些部门的行业特性，将其归并成六大部门，分别是农业，采矿业，制造业，电力、燃料和水的供应业，建筑业以及服务业。1995—2008 年我国六大部门的进出口隐含碳情况见表 5-10、表 5-11，其比重构成如图 5.6、图 5.7 所示。

表 5-10　各部门出口隐含碳　（单位：万吨）

年份＼行业	农业	采矿业	制造业	电力、燃料和水的供应业	建筑业	服务业
1995	1420.31	4041.12	98964.83	413.40	248.57	8471.40
1996	1318.33	4003.66	93011.18	193.10	132.71	8599.66
1997	1486.12	4119.70	103352.70	361.20	233.99	9538.34
1998	1281.07	2673.49	93124.96	290.90	0.0005	8418.79
1999	1038.92	1824.55	88275.85	321.70	94.95	8499.68
2000	1085.43	2485.44	103241.70	322.80	240.09	9765.36
2001	1038.57	2711.84	109316.30	338.50	262.32	9603.99
2002	1241.94	2731.76	140134.10	326.20	299.44	11678.60
2003	1665.41	3315.28	192802.10	398.80	460.01	14178.40
2004	1488.36	3717.12	288060.50	348.70	569.54	19925.70
2005	1465.44	4253.18	344573.10	344.10	657.36	20171.70
2006	1676.81	3973.53	441119.60	350.90	909.16	26451.50
2007	1871.26	3481.92	502252.30	371.50	761.61	31546.50
2008	1622.41	4567.06	540937.90	381.60	545.43	34822.70

从出口隐含碳来看，在出口隐含碳的部门构成上，制造业占比较大，且呈现占比不断扩大的趋势，几乎达到 90%；服务业及采矿业的占比次之；除制造业外，其他行业的出口碳排放占比均有缩小之势。

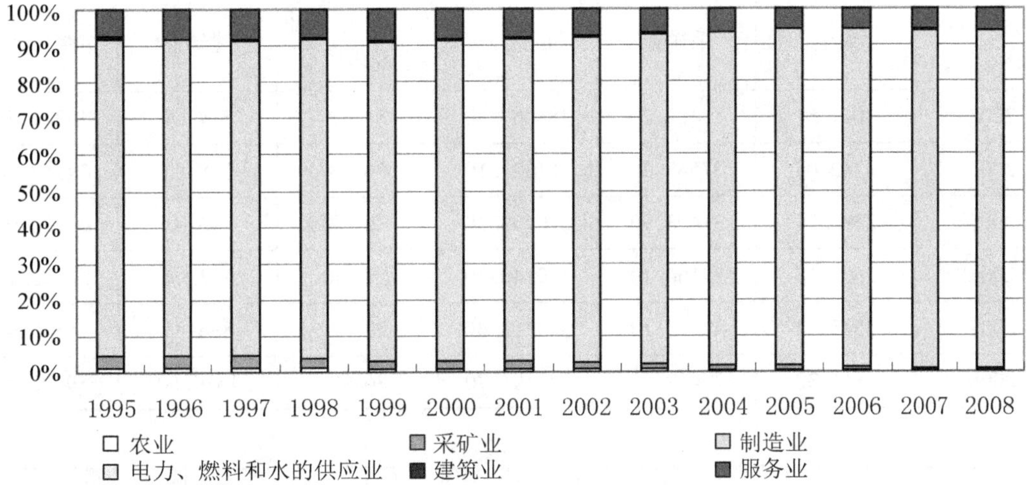

图 5.6 1995—2008 年出口隐含碳各部门构成图

从出口碳排放量的增长来看，1995—2002 年，各部门出口隐含碳排放的增长幅度都比较小，有些部门相较于 1995 年甚至出现了负增长，期间出口隐含碳排放的波动不大、趋势较平稳。2003—2008 年，除个别年份外，总体上各部门的出口隐含碳排放均出现了一定的增幅，但制造业增幅较大且增速过快，故其他部门出口隐含碳排放的比重都在减小。2008 年，制造业出口隐含碳是 1995 年制造业出口隐含碳排放的 5.47 倍，制造业出口隐含碳排放的比重从 1995 年的 87.15%上升至 2008 年的 92.8%。2008 年受金融危机的影响，有的部门，如农业、建筑业出现了负增长，但制造业出口隐含碳排放仍保持少量增幅。

表 5-11 各部门进口隐含碳 （单位：万吨）

行业 年份	农业	采矿业	制造业	电力、燃料和水的供应业	建筑业	服务业
1995	1992.61	4137.18	95985.49	33.44	588.94	13191.79
1996	1435.19	4750.75	94181.61	2.06	517.62	11103.69
1997	1018.41	6155.68	86773.92	1.71	583.84	12255.4
1998	925.41	4143.61	77815.78	0.25	0.01	10430.47
1999	828.24	4453.54	81777.26	11.64	697.73	11141.19
2000	1031.10	9291.81	97232.94	50.00	763.42	12129.86
2001	1090.12	8242.83	105216.90	46.87	733.05	11240.87
2002	1136.83	9557.63	133365.30	63.34	701.90	14925.10

续表

行业 年份	农业	采矿业	制造业	电力、燃料和水的供应业	建筑业	服务业
2003	2061. 51	15462. 20	188064. 80	84. 13	574. 69	18301. 78
2004	3282. 05	27543. 30	261327. 10	96. 68	768. 53	24957. 30
2005	2393. 51	31408. 90	279738. 30	120. 60	793. 91	24128. 08
2006	2605. 15	39166. 10	329149. 50	130. 90	773. 06	30082. 15
2007	3545. 63	48043. 10	347713. 40	99. 33	836. 42	34586. 46
2008	4816. 30	72439. 30	347101. 70	86. 90	1370. 60	39092. 99

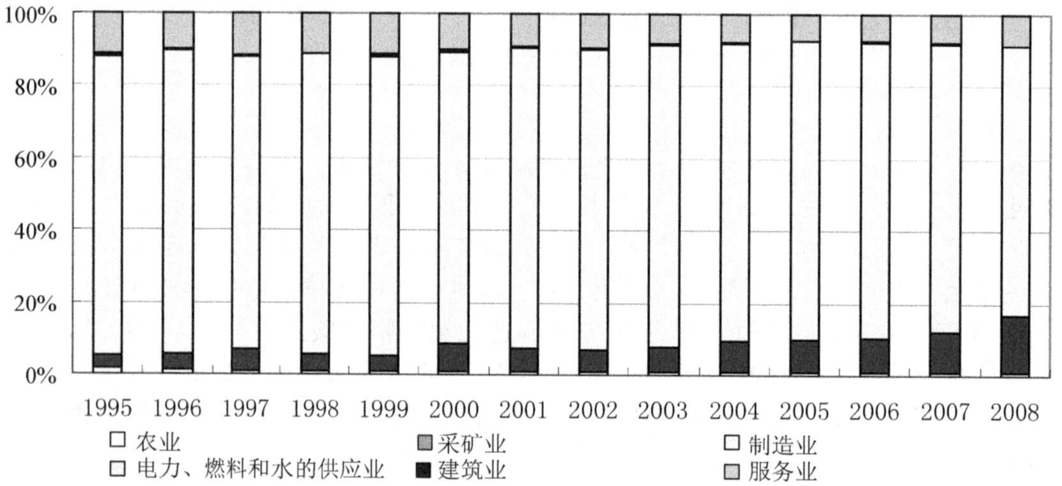

图 5.7 1995—2008 年进口隐含碳各部门构成图

从进口隐含碳来看，与出口隐含碳相类似，在进口隐含碳的部门构成上，制造业占比较大，达 74%~84%，1996 年比重最高达 84. 1%。但制造业进口隐含碳比重自 2004 年开始略有减小之势。采矿业及服务业的占比次之，且采矿业比重有不断扩大的趋势，这可能与我国资源品的贸易进口政策有一定关系。

从进口碳排放量的增长来看，与出口隐含碳不同的是，采矿业的进口隐含碳排放增幅最明显，2008 年该行业进口隐含碳排放量是 1995 年的 17. 5 倍，比重也由 1995 年的 3. 57%上升至 2008 年的 15. 58%。增幅最大的是制造业，2008 年制造业进口隐含碳排放是 1995 年的 3. 62 倍，但比重有所下降，由 1995 年的 82. 79%降至 2008 年的 74. 66%。

5. 各部门贸易的生态成本分析——按碳排放强度划分

各行业的完全碳排放系数亦可理解为各行业的碳排污强度，不同强度部门进出口隐含碳排放见表 5-12、表 5-13，其比重构成如图 5.8、图 5.9、图 5.10、图 5.11 所示。

表 5-12　不同强度部门出口隐含碳排放及其比重

	出口隐含碳排放(万吨)			比重(%)		
年度	重度	中度	轻度	重度	中度	轻度
1995	35074.366	34039.539	44445.713	30.886	29.975	39.139
1996	31150.962	33858.401	42249.231	29.043	31.567	39.390
1997	36161.894	38375.771	44554.423	30.365	32.224	37.412
1998	30049.864	37120.333	38619.045	28.405	35.089	36.506
1999	27588.173	36819.649	35647.856	27.573	36.799	35.628
2000	30765.931	50201.446	36173.463	26.264	42.856	30.880
2001	31431.337	53698.558	38141.639	25.498	43.561	30.941
2002	41517.206	69817.470	45077.349	26.543	44.637	28.820
2003	52277.640	104698.630	55843.735	24.564	49.196	26.240
2004	88387.278	150695.520	75027.217	28.139	47.975	23.886
2005	93120.975	200345.820	77998.047	25.069	53.934	20.997
2006	121515.090	249714.490	103251.950	25.610	52.629	21.761
2007	154632.080	272219.580	113433.470	28.620	50.384	20.995
2008	183354.180	284224.180	115298.720	31.457	48.762	19.781

将表 5-12 的各项数据转换成柱状图表示，如图 5.8、图 5.9 所示。从各类别部门出口隐含碳所占比重来看，重度碳污染部门的比重变化并不明显，基本维持在 25%～30%，1995 年，重度碳污染部门的比重为 30.886%，2008 年该比重为 31.457%。而中度污染部门的碳排放比重总体上呈现上升趋势，且上升幅度较大，1995 年，中度污染部门的碳排放比重为 29.975%，2005 年则最高升至 53.934%，而后略有下降，2008 年比重达 48.762%。轻度污染部门的碳排放比重则不断下降，由 1995 年的 39.139%降至 2008 年的

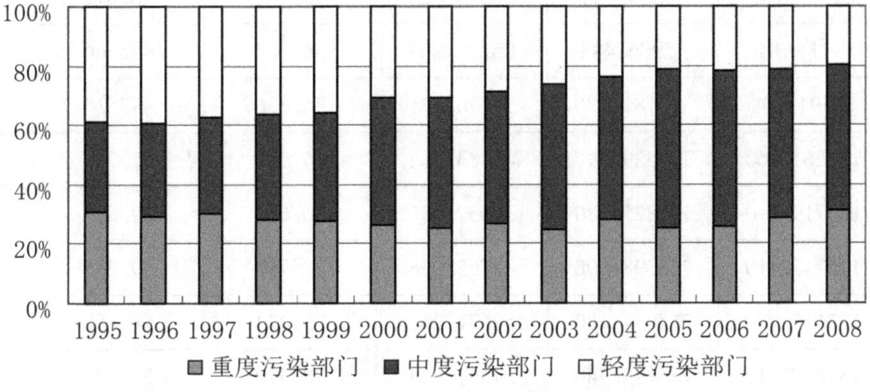

图 5.8　不同污染强度部门出口隐含碳排放比重变化

19.781%。对比行业出口比重变化图5.9，可发现碳排放比重的变化与出口比重的变化存在一定的联系，从出口比重上看，轻度污染部门的出口比重下降明显，而中度污染部门的出口比重呈扩大趋势。

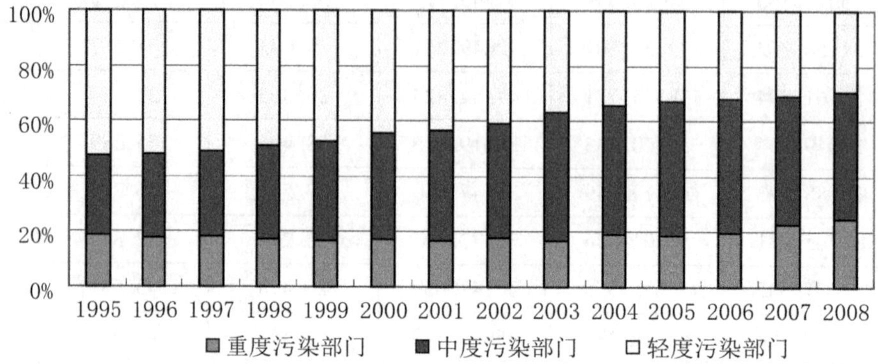

图5.9　不同污染强度部门出口比重变化

表5-13　不同强度部门进口隐含碳排放及其比重

	进口隐含碳排放(万吨)			比重(%)		
年度	重度	中度	轻度	重度	中度	轻度
1995	51579.031	36663.415	27687.023	44.492	31.626	23.883
1996	50950.525	36039.542	25000.850	45.495	32.181	22.324
1997	43520.421	38562.805	24705.737	40.754	36.111	23.135
1998	37427.343	35620.864	20267.309	40.108	38.172	21.719
1999	39594.398	39411.135	19904.075	40.031	39.846	20.124
2000	42891.644	56394.635	21212.853	35.595	46.801	17.604
2001	46497.902	59324.641	20748.080	36.737	46.871	16.392
2002	58471.301	75986.483	25292.287	36.602	47.566	15.832
2003	81591.108	111181.370	31776.621	36.336	49.513	14.151
2004	111261.760	164529.690	42183.562	34.991	51.743	13.266
2005	103719.610	195825.780	39037.786	30.633	57.837	11.530
2006	115743.410	238398.290	47765.096	28.799	59.317	11.885
2007	127115.960	255037.170	52671.261	29.234	58.653	12.113
2008	132359.110	275193.740	57354.928	28.470	59.193	12.337

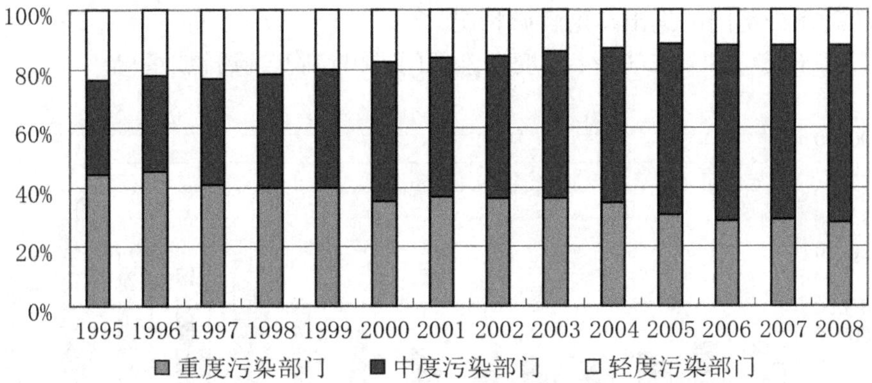

图 5.10　不同污染强度部门进口隐含碳排放比重变化

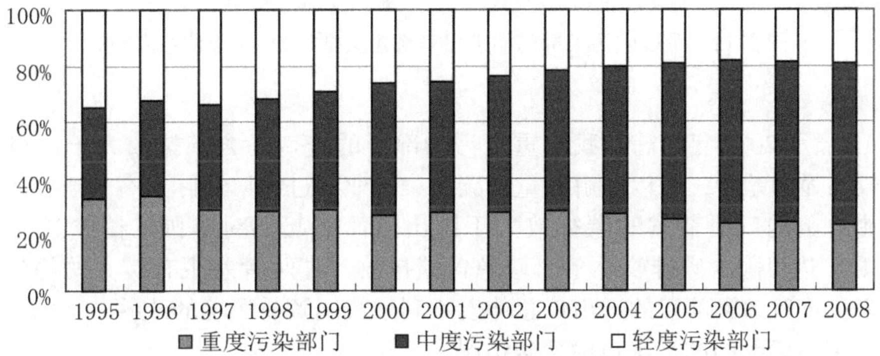

图 5.11　不同污染强度部门进口比重变化

从各类别部门进口隐含碳所占比重来看，中度污染部门的进口隐含碳排放比重不断上升，由 1995 年的 31.626%升至 2008 年的 59.193%；相应进口比重也由 32.68%升至 57.38%。而重度污染部门、轻度污染部门的进口隐含碳比重均呈现下降趋势，1995 年重度污染部门的进口隐含碳比重为 44.492%，2008 年该比重降至 28.470%；轻度污染部门的进口隐含碳亦由 1995 年的 23.883%降至 2008 年的 12.337%。

依据表 5-13 计算得出的各行业 1995—2008 年平均完全碳排放系数，可将 22 个行业依次划分为重度污染、中度污染和轻度污染三大类，见表 5-14。

表 5-14　各行业污染强度分类

强度分类	行　业
重度碳污染部门（平均 c^k > 6.5）	(1)金属冶炼及压延加工业；(2)其他非金属矿物制品业；(3)石油加工；(4)化学工业；(5)金属制品业；(6)电力、燃气、水生产供应；(7)机械设备业
中度碳污染部门（5.5<平均 c^k <6.5）	(1)办公用品、仪表仪器及通讯；(2)采矿业；(3)其他制造业；(4)橡胶、塑料制品业；(5)电气机械及器材制造业；(6)建筑业；(7)造纸、印刷及文教用品制造业；(8)交通运输设备制造业
轻度碳污染部门（平均 c^k < 5.5）	(1)交通运输仓储和计算机软件业；(2)木材加工；(3)纺织、服装业；(4)其他服务业；(5)食品生产、饮料；(6)批发、零售、住宿；(7)农林牧副渔

1）重度碳污染部门的进出口隐含碳情况

图 5.12 给出了 1995—2008 年重度污染部门进出口隐含碳排放情况。

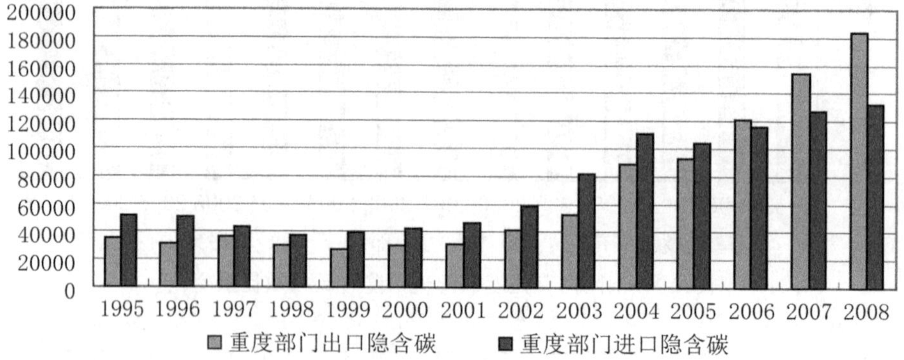

图 5.12 重度碳污染部门的进出口隐含碳排放图 （单位：万吨）

图 5.12 显示 2006 年之前，我国重度污染部门的进口隐含碳排放大于出口隐含碳排放，且有较明显的差距，可以理解为重度碳污染产业的进出口实际上有利于我国的贸易环境，该产业由于进口所节省的碳排放大于因出口而引起的对本国的隐含碳排放。但从 2006 年开始，进口隐含碳排放小于出口隐含碳排放，且两者差距有扩大的趋势。也就是说，近年来，重度污染部门的进出口总体上不利于我国贸易环境的改善。

2）中度碳污染部门的进出口隐含碳情况

图 5.13 显示，1995—2008 年我国中度污染部门进出口隐含碳均呈上升趋势。2005 年之前，除 1998 年外，我国中度污染部门的进口隐含碳排放大于出口隐含碳排放，虽两者差距不甚明显，但总体上中度污染部门的进出口还是有利于我国贸易环境的。但 2005 年后，出口隐含碳排放开始超过进口隐含碳排放，且两者的差距有扩大的趋势，2007 年两者差距最大，即中度污染部门的进出口近几年不利于我国贸易环境的改善。

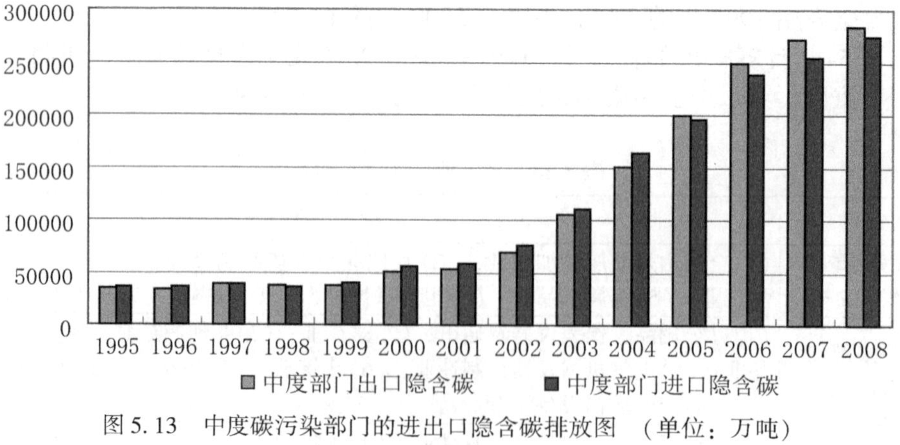

图 5.13 中度碳污染部门的进出口隐含碳排放图 （单位：万吨）

3)轻度碳污染部门的进出口隐含碳情况

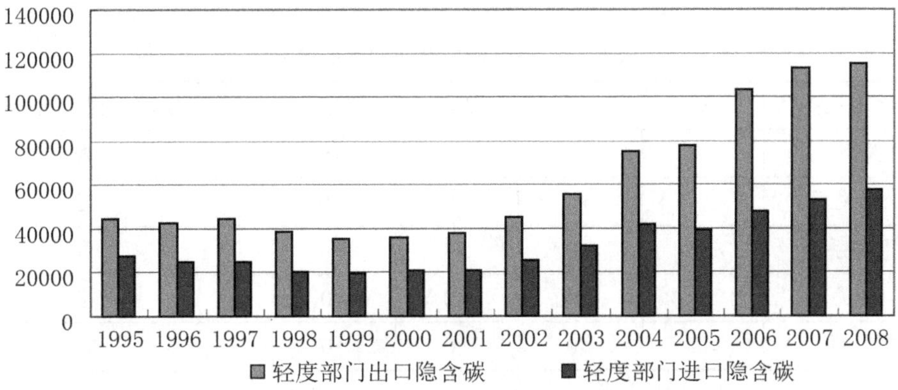

图 5.14 轻度碳污染部门的进出口隐含碳排放图 (单位：万吨)

与其他两个产业不同，我国轻度污染部门的出口隐含碳排放一直高于进口隐含碳排放，且 2002 年之前，进出口隐含碳排量呈缩减态势，2002 年之后，出口隐含碳出现了一定的上升，但进口隐含碳的上升幅度较出口而言并不明显，继而两者的差距亦不断扩大。

通过对不同污染强度部门的进出口隐含碳的分析，近几年，我国重度碳污染部门、中度碳污染部门及轻度碳污染部门的进口减排量小于出口隐含碳排放，总体而言，本国贸易出现了不利于我国贸易环境的影响趋势。

5.4 贸易的生态成本与中国经济增长

经济增长与环境污染变化之间的作用关系，一直是环境经济学家研究的热点，在计算出贸易生态成本后，可以此为指标，考察我国环境质量与经济增长之间的关系，并从行业角度出发，用面板分析法探讨贸易的生态成本与经济增长之间的相互关系，进而验证环境库兹涅茨假说在中国的存在性。

5.4.1 基本计量模型

1. 经济增长与环境关系的基本模型

环境库兹涅茨曲线(Environmental Kuznets Curve，EKC)，反映的是环境质量与经济增长之间的对应关系，在一国经济发展的初期阶段，随着经济的增长，该国污染排放亦会增加，而在经济发展后期，经济的增长会改善该国的生态环境。在环境库兹涅茨曲线模型的构建上主要有两种形式：

(1)二次多项式：$E_t = \beta_0 + \beta_1 y + \beta_2 y^2 + \varepsilon_t$，该式常常反映出环境库兹涅茨曲线的“倒U”形态，表明环境污染与经济增长之间存在一个拐点。

(2)三次多项式：$E_t = \beta_0 + \beta_1 y + \beta_2 y^2 + \beta_3 y^3 + \varepsilon_t$，有学者将“倒 U”形的环境库兹涅茨曲线扩展为“倒 N”形，表明环境污染与经济增长之间存在两个拐点。

其中，E 是环境污染指标，y 代表经济增长指标，t 是时间指标，ε_t 是残差项，环境污染与经济增长之间可能出现五种关系，见表 5-15。

表 5-15 环境库兹涅茨曲线的关系

环境与经济增长关系	β_0	β_1	β_2	β_3	环境库兹涅茨曲线规律
线性关系	–	≠0	=0	=0	否
"倒 U"形关系	–	>0	<0	=0	是
"U"形关系	–	<0	>0	=0	否
"倒 N" 形关系	–	<0	>0	<0	是
"N"形关系	–	>0	<0	>0	否

环境库兹涅茨曲线包括以下 4 个方面的内容：(1)在一国发展的初级阶段，经济的发展将给环境带来一定的负面影响，达到拐点之前，随着经济的增长，该国的污染排放呈现上升趋势，恶化了该国环境；(2)当经济发展到一定程度时，人们将意识到环境资源的稀缺性，该国将努力提高本国的污染治理水平，此时收入水平的提高使该国有更多资金用于环境治理，进而改善本国环境；(3)经济增长与环境污染水平之间存在一种具有长期规律性的曲线关系，且政府的决策，如环境规制的宽松或是严格、某一具有污染性产业的发展政策都将对其环境库兹涅茨曲线的形状及走势产生一定的影响(李达，2007)；(4)虽然环境库兹涅茨曲线假说具有一定的规律性，但这并不代表经济发展到了一定阶段，一国的环境污染状况必然会得到改善，然而如果资源消耗过度或是环境退化较严重，则可能需要长时间的治理，并耗费较大成本才能实现环境的改善，甚至不排除环境恶化至不可逆转的程度。

Grossman 和 Krueger(1991)在分析北美自由贸易区协议的环境效应时，首次验证了环境与收入之间存在"倒 U"形曲线关系。随后许多学者都对环境库兹涅茨曲线的存在性进行了检验，一些学者证实了"倒 U" 形或"倒 N"形环境库兹涅茨曲线是存在的；然而，也有研究结果表明"倒 U"形、"倒 N"形的环境库兹涅茨曲线并不存在。

Bradford 等(2002)进一步采用探索性数据分析法，将 Grossman 和 Krueger 的数据进行了重新验证，结果表明，在以某些污染物为考察指标时，"倒 U"形的环境库兹涅茨曲线是存在的。Rupasingha(2004)构建了一个空间计量模型，并在该模型中添加了空间影响、民族多样性等自变量，进而验证了美国县域人均收入与污染物排放之间的环境库兹涅茨曲线关系。Egli(2005)采用误差修正模型(ECM)对德国的经济增长与环境污染之间的关系进行了分析，研究结果表明，两者之间并不符合环境库兹涅茨曲线假说。Markandya(2006)检验了西欧 12 个国家 150 年 SO_2 排放与人均 GDP 之间的关系，发现在国家层面和总量上存在"倒 U"形的环境库兹涅茨曲线，并就环境规制对环境库兹涅茨曲线的影响作了进一步分析，结果表明，环境污染规制将使环境库兹涅茨曲线拐点的位置发生变化，并在一定程度上影响环境库兹涅茨曲线的形态。Deacon 和 Norman(2006)分别以 14 个国家的烟尘、颗粒及 SO_2 等污染物的浓度为考察指标，结果显示，这几类污染物排放与人均收入之间确实存在环境库兹涅茨曲线关系。Margin Wagner(2008)通过分析，指出人均收入与 CO_2 排放呈单调递增的线性关系，且并不存在拐点，其结论并不支持环境库兹涅茨曲线假定。Paudel 和 Schafer(2009)在考察人均收入与水污染关系时，加入了社会资本这一变量，结果表明，人均收入与水污染之间并不存在环境库兹涅茨曲线关系。

国内学者也对环境与经济增长的关系进行了深入的探究。赵细康(2005)以废水、废气、固体废物、烟尘、工业 COD 及 SO_2等为污染物指标，就 1981—2003 年我国经济增长与污染排放的关系进行了实证分析，结果表明，除 SO_2和烟尘外，其他污染物与人均 GDP 之间并不符合环境库兹涅茨假说。彭水军和包群(2006)运用基于 VAR 模型的广义脉冲响应函数法与方差分解法，分析了 1985—2003 年这六类污染物排放与人均 GDP 之间的关系，实证结果表明，经济增长是影响环境污染的重要因素，且 SO_2排放总量、烟尘排放总量以及固体废弃物排放与人均 GDP 之间呈现“倒 U”形曲线关系。李秀香和潘晓倩(2007)考察了 1990—2005 年我国工业废水、工业废气以及工业固体废物排放量与经济增长之间的关系，指出我国的环境库兹涅茨曲线呈现“N”形波浪式上升趋势。陈红蕾和陈秋峰(2009)构建了一个污染方程与产出方程的联立方程组，分析了工业废水中污染物化学需氧量、工业 SO_2 排放量以及工业固体废弃物排放量与 GDP 的相互关系，认为只有 SO_2 排放量同 GDP 之间存在“倒 U”形的环境库兹涅茨曲线，我国目前仍处于该曲线的左半段，经济的增长还将使污染进一步加剧。

也有学者们采用面板分析法对环境库兹涅茨曲线进行了探讨。宋涛等(2006)采用面板数据模型对 1985—2004 年我国 29 个省的污染排放进行了分析，发现工业三废排放量随收入增加呈现单调上升的趋势，而人均粉尘、人均 SO_2和人均烟尘排放量与人均收入存在“倒 U”形的环境库兹涅茨曲线关系，且各省环境污染指标随收入变化存在地区差异。刘金全等(2009)以工业三废为指标，基于我国 1989—2007 年 29 个省的数据，采用面板分析法对污染排放与经济增长之间的关系进行了实证检验。结果指出，人均废水排放量与人均收入之间符合“倒 U”形环境库兹涅茨假说；而随人均收入的增加，人均固体废物和人均废气排放量则呈现不断上升的趋势。朱平辉等(2010)采用我国 30 个省 1989—2007 年的面板数据，使用空间固定效应模型分析得出工业废气、废水与经济增长为“倒 N”形关系，且处于曲线上升阶段；而工业烟尘、工业固体废物、工业 COD、工业 SO_2、工业烟尘污染排放与经济增长之间呈现“倒 U ”形关系。许广月和宋德勇(2010)运用面板单位根和协整检验方法，基于 1990—2007 年我国省域面板数据，指出人均碳排放与人均 GDP 之间存在“倒 U”形的环境库兹涅茨曲线关系；分区域来看，东部地区与中部地区的人均碳排放与人均 GDP 亦符合“倒 U”的环境库兹涅茨曲线，但西部地区存在人均 GDP 与人均碳排放的“正 U”形关系。

以上分析表明，不同污染物指标的选取对验证环境库兹涅茨假说的存在及其曲线的形态都有重要的影响，经济增长与不同污染物排放之间的曲线关系甚至可能会表现出较大差异。

2. 贸易的生态成本与经济增长面板模型

当前关于环境质量与经济增长变化的研究大多针对生产过程的污染物而言，事实上 Levinson(2000)、Andreoni 和 Levinson(2001)认为“一些污染物随经济发展先升后降的‘倒

U'形曲线不只适用于环境现象，只要是有价值的产品产生没有价值的负面影响，就会有'倒U'形关系出现"，而当前围绕贸易的生态成本与经济增长关系的研究不多见。在此以贸易的生态成本为考察指标，并考虑贸易进口隐含碳排放是对本国起替代作用的，而贸易出口隐含碳排放是本国环境实际所承受的碳排放，故具体采用出口隐含碳排放的数据，基于行业面板数据模型，利用面板单位根和协整检验方法，检验我国贸易的生态成本与经济增长之间的关系是否符合环境库兹涅茨假说。

相比时间序列数据，面板数据是具有三维(个体、时间、指标)信息的数据结构，面板数据结构既有空间维度又有时间维度，不但能分析个体之间的差异，而且能同时研究个体随时间演变的特性，含有横截面、时间和指标三维信息。面板数据模型的一般形式为：

$$y_{it} = \alpha_{it} + x_{it}\beta_{it} + u_{it},\ i = 1,\ 2,\ \cdots,\ N,\ t = 1,\ 2,\ \cdots,\ T \tag{5.8}$$

其中 y_{it} 为因变量，i 对应不同个体，t 对应不同时点，N 表示个体截面成员的个数，T 表示每个截面成员观测时期。解释变量 $x_{it} = (x_{1,\ it},\ x_{2,\ it},\ \cdots,\ x_{k,\ it})$ 为 $k \times 1$ 维向量，k 是经济指标(即解释变量)的个数。参数 α_{it} 表示模型的常数项。β_{it} 表示对应于解释变量向量 x_{it} 的 $k \times 1$ 维系数向量，k 表示解释变量个数。随机误差项 u_{it} 相互独立，且满足零均值、等方差为 σ_u^2 的假设。

在式(5.8)描述的模型中，对于横截面方程，待估参数个数为 $NT(k + 1) + N$，对于时间序列方程，待估参数个数为 $NT(k + 1) + T$，因此模型的自由度 NT 远远小于参数个数，使得模型无法估计。因此需要分别建立以下两类模型：从个体成员角度考虑，建立含有 N 个个体截面方程的Panel Data(面板数据)模型；从时间维度考虑，建立含有 T 个时间截面方程的Panel Data模型。

(1)含有 N 个个体成员方程的Panel Data模型：

$$y_i = \alpha_i + x_i\beta_i + u_i \tag{5.9}$$

其中 y_i (i=1，2，…，N)是 $T \times 1$ 维被解释变量，x_i (i=1，2，…，N)是 $T \times k$ 阶解释变量矩阵，y_i 和 x_i 的各分量是个体成员的经济指标时间序列。α_i 为截距项，β_i 为 $k \times 1$ 维系数向量，u_i 是 $T \times 1$ 维扰动项向量，且满足零均值、方差为 σ_u^2 的假设。

式(5.9)写成矩阵的回归形式为：

$$\begin{pmatrix} y_1 \\ y_2 \\ \vdots \\ y_N \end{pmatrix} = \begin{pmatrix} \alpha_1 \\ \alpha_2 \\ \vdots \\ \alpha_N \end{pmatrix} + \begin{pmatrix} x_1 & 0 & \cdots & 0 \\ 0 & x_2 & \vdots & \vdots \\ \vdots & \vdots & \vdots & 0 \\ 0 & \cdots & 0 & x_N \end{pmatrix} \begin{pmatrix} \beta_1 \\ \beta_2 \\ \vdots \\ \beta_N \end{pmatrix} + \begin{pmatrix} u_1 \\ u_2 \\ \vdots \\ u_N \end{pmatrix} \tag{5.10}$$

式(5.10)含有 N 个截面方程。

(2)含有 T 个时间截面方程的Panel Date模型：

$$y_t = \mu_t + x_t\gamma_t + v_t \tag{5.11}$$

其中 y_t 是 $N \times 1$ 维被解释变量向量，x_t 是 $N \times k$ 维解释变量矩阵，y_t 和 x_t 的各分量是对应某个时间点 t 的各个体成员的经济指标序列。截距项 μ_t 和 $k \times 1$ 维系数向量 γ_t，其取值受不同时期的影响。v_t 是 $N \times 1$ 维扰动项向量，满足均值为零、方差为 σ_u^2 的假设。

式(5.11)写成矩阵的回归形式为：

$$\begin{pmatrix} y_1 \\ y_2 \\ \vdots \\ y_T \end{pmatrix} = \begin{pmatrix} \mu_1 \\ \mu_2 \\ \vdots \\ \mu_T \end{pmatrix} + \begin{pmatrix} x_1 & 0 & \cdots & 0 \\ 0 & x_2 & \vdots & \vdots \\ \vdots & \vdots & \vdots & 0 \\ 0 & \cdots & 0 & x_T \end{pmatrix} \begin{pmatrix} \gamma_1 \\ \gamma_2 \\ \vdots \\ \gamma_T \end{pmatrix} + \begin{pmatrix} v_1 \\ v_2 \\ \vdots \\ v_T \end{pmatrix} \tag{5.12}$$

式(5.12)含有 T 个时间截面方程。

由于含有 N 个个体成员方程的式(5.9)和含有 T 个时间截面方程的式(5.11)两种形式的模型在估计方法上类似，因此以含有 N 个个体成员方程的 Panel Data 模型为例讨论面板数据模型的估计方法。根据截距项向量和系数向量中各分量的不同限制要求，可以将 Panel Data 模型分为三种类型：联合回归模型、变截距模型、变系数模型。

(1)无个体影响的不变系数模型的单方程回归形式：

$$y_i = \alpha + x_i\beta + u_i \text{ , } i=1, 2, \cdots, N \tag{5.13}$$

这种模型假设在个体成员上既无个体影响，也没有结构变化，即对每个个体成员方程，截距项 α 和 $k \times 1$ 维系数向量 β 均相同。对于该模型，将各个体成员的时间序列数据堆积在一起作为样本数据，因此利用普通最小二乘法即可求出参数 α 和 β 的一致有效估计量。

(2)变截距模型的单方程回归形式：

$$y_i = \alpha_i + x_i\beta + u_i \text{ , } i=1, 2, \cdots, N \tag{5.14}$$

在变截距模型中，假设在个体成员上存在个体影响，而没有结构变化，并且个体影响可以用截距项的差别说明，即在该模型中，各个体成员方程的截距项 α_i 不同，但是系数向量 β 相同，因此称之为变截距模型。

根据个体影响的不同形式，变截距模型分为固定影响(Fixed Effects)变截距模型和随机影响(Random Effects)变截距模型。固定影响变截距模型假定个体成员上的个体影响可以由常数项的不同说明，即各个体成员方程中的截距项为跨截面变化的常数。随机影响变截距模型认为，总体中个体的差异服从随机分布，因此将截距项分为常数项和随机变量项两部分，用其中的随机变量项表示模型中被忽略的、反映个体差异的变量的影响。固定影响变截距模型适用于数据中包含的个体成员是所研究总体的所有单位，而随机影响变截距模型适用于个体成员单位随机取自总体，用样本结果对总体进行分析的情况。

(3)变系数模型的单方程回归形式：

$$y_i = \alpha_i + x_i\beta_i + u_i \text{ , } i=1, 2, \cdots, N \tag{5.15}$$

变系数模型假定在个体成员上既存在个体影响，也存在结构变化，既允许个体影响由变化的截距项 α_i 来说明，还允许 $k \times 1$ 维系数向量 β_i 依个体成员的不同而变化，用来说明个体成员之间的结构变化，这种模型也称为“无约束模型”(Unrestricted Model)。与变截距模型一样，根据系数变化的不同形式，变系数模型也分为固定影响变系数模型和随机影响变系数模型。

考虑到面板数据模型具有一定的优越性，利用面板模型可以构造和检验比单独使用横截面数据或者时间序列数据更真实的行为方程，进行更深入的研究。本节在参考环境库兹涅茨曲线基本模型的基础上，采用行业面板分析对环境库兹涅茨曲线关系进行重新估计。并以贸易的生态成本为考察指标，具体采用出口隐含碳排放的数据，并分别构建了三次多项式及二次多项式的估计形式。在计量模型的设定上，有的文献使用水平变量，也有的文献使用半对数形式或者双对数形式，即环境指标或收入指标二者至少其一取对数。本书出于对序列数据取对数后更易平稳的角度考虑，对贸易生态成本和经济发展指标均取对数。参考环境库兹涅茨曲线的“N”形与“倒 U”形模型如下：

模型一：$C_{it} = \alpha_{it} + \lambda_1 y_{it} + \lambda_2 y_{it}^2 + \lambda_3 y_{it}^3 + \varepsilon_{it}$

模型二：$C_{it} = \alpha_{it} + \lambda_1 y_{it} + \lambda_2 y_{it}^2 + \varepsilon_{it}$

为研究的方便，将模型两边取对数，模型变为：

模型一：$\ln C_{it} = \alpha_{it} + \lambda_1 \ln y_{it} + \lambda_2 \ln (y_{it})^2 + \lambda_3 \ln (y_{it})^3 + \varepsilon_{it}$

模型二：$\ln C_{it} = \alpha_{it} + \lambda_1 \ln y_{it} + \lambda_2 \ln (y_{it})^2 + \varepsilon_{it}$

如果三次项的系数不显著，则采用二次多项式的估计形式重新进行估计。如果二次多项式模型的估计项系数仍不显著，下一步考虑采用线性形式的模型。

在环境质量指标的选取上，有的文献使用总的能源消费和污染排放，有的文献使用人均变量，由于人口增长会使人均能耗和污染排放下降，考虑到总的能耗和污染物排放量上升对环境恶化有更大的影响，因此本书采用总量指标。

其中，C_{it} 表示 t 年 i 行业的出口隐含碳排放，共计 22 个行业，数据来源于本书 5.3 节的计算结果，具体见附录表 3；y_{it} 即 t 年 i 行业的增加值，亦来源于本书 5.3 节处理后的数据。

5.4.2 数据描述

1. 面板数据的单位根检验

面板数据分析假定数据在时间维上是平稳的，一旦数据在时间维上非平稳，就有可能出现伪回归，因此需要检验面板数据变量的平稳性，当变量为同阶单整变量时，需要采用协整检验以判断变量间是否存在长期均衡关系，只有变量间存在长期均衡关系时，对模型的估计才能避免伪回归。

面板数据的单位根检验方法可分为两大类。一类为相同根情形下的单位根检验，这类检验方法假设面板数据中的各截面序列有相同的单位根过程，即假设 ρ_i 满足 $\rho_i = \rho$ ，主要的检验方法有 LLC(Levin-Lin-Chu) 检验、Breitung 检验、Hadri 检验等；另一类为不同根情形下的单位根检验，这类检验方法允许面板数据中的各截面序列具有不同的单位根过程，主要的检验方法有 IPS(Im-Pesaran-Skin) 检验、FisherADF 检验和 FisherPP 检验。

1) 相同根情形下的单位根检验

①LLC(Levin-Lin-Chu) 检验

LLC 仍采用 ADF 检验式形式，但使用的却是 Δy_{it} 和 y_{it} 的代理变量。$H_0:\beta = 1$，$H_1:\beta < 1$。具体步骤是给定各截面成员的滞后阶数后，先从 Δy_{it} 和 y_{it-1} 中剔出 y_{it-1} 和外生变量的影响，并进行标准化求出代理变量；然后用代理变量做 ADF 回归：

$\Delta y_{it}^* = \rho y_{it-1}^* + v_{it}$（其中 Δy_{it}^* 和 y_{it-1}^* 分别为 Δy_{it} 和 y_{it-1} 的代理变量）。$t_{(\hat{\rho})}$ 渐进服从 N(0, 1) 分布。

②Breitung 检验

Breitung 检验法与 LLC 检验法类似。原假设为面板数据中各截面序列均有一个单位根，其步骤是先从 Δy_{it} 和 y_{it-1} 中剔出动态项 Δy_{it-j}，然后标准化，再退势，以求得代理变量，最后用代理变量做 ADF 回归。其与 LLC 法的根本区别在于代理变量的形式不相同。

③Hadri 检验

Hadri 检验原假设是面板中的所有序列都不含单位根，计算步骤是首先对面板数据中的各截面序列建立如下回归：

$$y_{it} = \delta + \eta_i t + u_{it} \tag{5.16}$$

然后用各截面回归的残差建立 LM 统计量，统计量的形式有如下两种：当不同个体是同方差的，构建统计量：

$$LM_1 = \frac{1}{N}\left(\sum_{i=1}^{n}\sum_{t}(S_i(t)^2/T^2)/\bar{f}_0\right) \tag{5.17}$$

其中 $S_i(t)$ 为上述回归方程残差项的累计和，即 $S_i(t)=\sum_{t-1}^{T}\hat{u}_{it}$，$\bar{f}_0$ 是零频率残差谱密度估计量 f_{i0} 的平均值即 $\bar{f}_0 = \sum_{i=1}^{N} f_{i0}/N$。

若不同个体是异方差的，构建统计量

$$LM_1 = \frac{1}{N}\left(\sum_{i=1}^{n}\sum_{t}(S_i(t)^2/T^2)/f_{i0}\right) \tag{5.18}$$

最后根据 LM 统计量计算统计量：

$$Z = \frac{\sqrt{N}(LM - \lambda)}{\omega} \tag{5.19}$$

Hadri 证明，在原假设成立的条件下，Z 统计量渐近服从标准正态分布。

2）不同根情形下的单位根检验

①IPS(Im-Pesaran-Shin)检验

IPS 检验克服了 LLC 检验的缺陷，允许面板中不同时间序列的 β_i 不同。IPS 检验式是：

$$y_{it} = c + \alpha t + \beta_i y_{it-1} + \sum_{j=1}^{p}\phi_j \Delta y_{it-j} + u_{it}$$
$$i=1,2,\cdots,N,\ t=1,2,\cdots,T;\ u_{it} \sim \mathrm{N}(0,\sigma^2) \tag{5.20}$$

然后用 N 个 β_i 相应的 $t_{(\beta_i)}$ 计算平均值 $\bar{t}_{(\beta_i)} = \frac{1}{N}\sum_{i=1}^{N} t_{(\beta_i)}$，再用 $\bar{t}_{(\beta_i)}$ 构造面板 IPS 检验用统计量：

$$Z_{\bar{t}} = \frac{[\bar{t} - E(\bar{t})]}{\sqrt{\mathrm{Var}(\bar{t})/N}} \tag{5.21}$$

$Z_{\bar{t}}$ 渐近服从 $N(0,1)$ 分布。在 IPS 检验中，需要设定每个截面成员是否存在截距项或者时间趋势项。

②Fisher ADF 检验和 Fisher PP 检验

Maddala 和 Wu 基于 Fisher(1932)提出 Fisher ADF、Fisher PP 检验统计量，定义如下：

$$-2\sum_{i=1}^{N}\log(p_i)\rightarrow\chi^2(2N) \tag{5.22}$$

其中 p_i 为第 i 组截面成员 ADF 或 PP 检验的 P 值。

渐进正态分布的定义如下：

$$Z=\frac{1}{\sqrt{N}}\sum_{i=1}^{N}\phi^{-1}(p_i)\rightarrow N(0,\ 1) \tag{5.23}$$

其中 ϕ^{-1} 为标准正态分布函数的反函数。

模型单位根检验的结果见表 5-16：

表 5-16　单位根检验结果

检验方法变量	LLC 检验	Breitung 检验	IPS 检验	Fisher ADF 检验	Fisher PP 检验	Hadri 检验
$\ln C_{it}$	3. 88558 (0. 9999)	2. 10529 (0. 9824)	5. 91513 (1. 0000)	55. 5592 (0. 1135)	21. 4517 (0. 9983)	8. 20659 (0. 0000)
$\Delta\ln C_{it}$	−18. 1774 (0. 0000)	−4. 91209 (0. 0000)	−9. 16060 (0. 0000)	−6. 06215 (0. 0000)	−7. 49975 (0. 0000)	
$\ln y_{it}$	0. 68046 (0. 7519)	−1. 42889 (0. 0765)	5. 42349 (1. 0000)	18. 9597 (0. 9996)	19. 9081 (0. 9993)	9. 17976 (0. 0000)
$\Delta\ln y_{it}$	−19. 1514 (0. 0000)	−7. 76881 (0. 0000)	−10. 7409 (0. 0000)	−9. 44358 (0. 0000)	−15. 2617 (0. 0000)	
$\ln(y_{it})^2$	2. 01750 (0. 9782)	−0. 82506 (0. 2047)	6. 51168 (1. 0000)	15. 0694 (1. 0000)	15. 4063 (1. 0000)	12. 3235 (0. 0000)
$\Delta\ln(y_{it})^2$	−17. 2695 (0. 0000)	−8. 36475 (0. 0000)	−10. 6630 (0. 0000)	−9. 38398 (0. 0000)	−15. 2034 (0. 0000)	
$\ln(y_{it})^3$	3. 15340 (0. 9992)	−0. 18536 (0. 4265)	7. 31229 (1. 0000)	12. 5040 (1. 0000)	12. 4291 (1. 0000)	12. 3156 (0. 0000)
$\Delta\ln(y_{it})^3$	−17. 2180 (0. 0000)	−8. 92936 (0. 0000)	−10. 4105 (0. 0000)	−9. 23979 (0. 0000)	−15. 0177 (0. 0000)	

注：括号内为相应统计量对应的 p 值，下同。

表 5-16 的检验结果表明，不论是相同根还是不同根情形，$\ln C_{it}$、$\ln y_{it}$、$\ln(y_{it})^2$ 和 $\ln(y_{it})^3$ 是存在单位根的；而对其一阶差分值进行检验时，五种检验方法的结果表明，拒绝“存在单位根”的原假设，综合判断 $\ln C_{it}$、$\ln y_{it}$、$\ln(y_{it})^2$ 和 $\ln(y_{it})^3$ 是一阶单整的，因此可进一步对其协整性进行检验。

2. 面板数据的协整检验

面板数据的协整检验方法可以分为两大类：一类是建立在 Engle 和 Granger 二步法检验基础上的面板协整检验，具体方法主要有 Pedroni 检验和 Kao 检验；另一类是建立在 Johansen 协整检验基础上的面板协整检验。本书主要采用第一类检验方法分别针对 $\ln C_{it}$ 、$\ln y_{it}$ 、$\ln(y_{it})^2$ 和 $\ln(y_{it})^3$ 进行协整分析，协整检验的结果见表 5-17：

表 5-17 协整检验结果

	检验方法	统计量名称	统计量值	*P* 值
模型一	Pedroni 检验	Panel v	-2.645455	(0.9959)
		Panel rho	1.151810	(0.8753)
		Panel PP	-15.82446	(0.0000)
		Panel ADF	-3.665951	(0.0001)
		Group rho	3.122015	(0.9991)
		Group PP	-9.469269	(0.0000)
		Group ADF	-2.950920	(0.0016)
	Kao 检验	ADF 统计量	-2.270578	0.0116
模型二	Pedroni 检验	Panel v	-2.877388	(0.9980)
		Panel rho	-1.213389	(0.1125)
		Panel PP	-14.63828	(0.0000)
		Panel ADF	5.398642	(0.0000)
		Group rho	0.764405	(0.7777)
		Group PP	-6.344407	(0.0000)
		Group ADF	-2.157073	(0.0155)
	Kao 检验	ADF 统计量	-5.962208	0.0000

由表可知，对模型一的变量而言，Pedroni 检验认为，变量可在 1%的显著性水平下拒绝原假设，Kao 检验认为，可在 5%的显著性水平下拒绝原假设，因此接受变量之间存在协整关系的备选假设；对模型二的变量而言，Pedroni 检验与 Kao 检验均可在 1%的显著性水平下拒绝原假设，同样接受变量之间存在协整关系的备选假设。

5.4.3 实证结果

考虑到个体和时间效应，利用面板混合最小二乘估计方法(PLS)，对模型一及模型二进行检验，结果如表 5-18。

表 5-18 实证分析结果

	模型一		模型二	
解释变量	估计系数	T 统计值	估计系数	T 统计值
$\ln y_{it}$	2. 224470	4. 185105 (0. 0000)	1. 997282	22. 10395 (0. 0000)
$\ln(y_{it})^2$	-0. 171429	-1. 352117 (0. 1773)	-0. 116630	-10. 93683 (0. 0000)
$\ln(y_{it})^3$	0. 003254	0. 433762 (0. 6648)	/	/

注：括号内的数值为相应估计量对应的 p 值。

从模型一的检验结果可以看出，y^2 与 y^3 的系数不显著，因此经济增长与环境污染之间的“N”形假设关系不成立。而通过模型二的结果则显示，y 与 y^2 的系数在 1%的显著性水平上均通过了 t 检验，对出口隐含碳排放的影响显著。因此，接受“倒 U”形的函数，即我国出口隐含碳与经济增长呈现“倒 U”形曲线的关系。在以出口隐含碳为指标的情况下，验证了环境库兹涅茨假说在我国成立。

必须指出的是，环境库兹涅茨理论假说认为，环境污染会随着经济的发展而出现先上升后下降的变化规律。但并不能简单地认为，一国的经济增长到了一定阶段就必然会出现环境污染的下降，故无须特别关注环境污染治理问题，只要尽快度过环境库兹涅茨曲线左半段的污染上升阶段，本国的环境便会随着经济的增长而开始出现改善。

事实上，一方面，要进入环境库兹涅茨曲线右半段的环境污染下降阶段，可能需要经历较长的时间周期，在这一时期如对环境污染治理不加关注，很可能造成未来需要较多的经济投入才能弥补当前环境恶化的损失。另一方面，如果环境过度破坏，甚至可能造成环境恶化不可逆转，或需要长时间和很高的成本才能恢复。因此，即使接受“倒 U”形关系的存在，经济发展的早期阶段同样需要致力于控制污染排放和资源枯竭。有必要采取一定的政策措施，建立环境监管机制，通过相应的制度、法律和技术调整，降低本国治污成本，防止生态退化过度，避免在较后阶段环境污染不可逆的状况出现。

5.5 本章小结

本章在分析我国能源消费及直接生态成本现状的基础上，采用经济合作与发展组织提供的投入产出表，对我国贸易的生态成本进行了估算，并就贸易的生态成本与经济增长之间的关系进行了实证分析，可以得到以下几点结论：

(1)2001 年之前贸易的生态成本未有明显波动，之后贸易生态成本呈现显著增加趋势，这与我国加入 WTO 后贸易进出口额有了较大增长有关，隐含 CO_2 排放变化的趋势与贸易进出口额发生的变化趋势类似。出口中隐含的 CO_2 排放量由 1995 年的 113559. 6 万吨增加到2008年的582877.1万吨。同时，进口CO_2减排量亦由1995年的115929.5万吨增加到2008年的464907.8万吨。我国出口隐含的CO_2、进口隐含的CO_2都有增加的趋势，这表明我国为国外生产而排放的CO_2增加了的同时，国外为我国生产而排放的CO_2也增加了，我国在更大程度上参与国际垂直专业化分工。

(2)从进出口隐含碳净排放量看，1995—2004年，我国CO_2净排放量基本为负值，即由于进口减排量较出口排放量大，贸易对我国CO_2排放表现出抑制作用。2004年后我国CO_2净排放已转为正值，且呈现急剧增加的趋势。我国已成为隐含碳的净出口国，对外贸易中隐含碳大量净出口对我国的能源环境造成了巨大压力。初步估算的结果显示，2008年净CO_2排放量达117969.3万吨，说明我国由于贸易进出口，而在本国排放了117969.3万吨CO_2。这也表明加入WTO后，我国粗放式的对外贸易增长方式，加重了国内日益严峻的环境资源压力，并使自身的可持续发展受到严重挑战。巨额贸易导致的生产性污染加剧了我国环境的恶化，一定程度上"输入了污染"。

(3)通过构建行业面板数据模型，以贸易出口隐含碳排放为考察指标，分析得出，我国贸易出口隐含碳排放与经济增长呈现"倒U"形的环境库兹涅茨曲线。即在经济发展的早期，隐含碳排放将随经济增长而增加；但当经济发展到一定阶段后，随着经济规模的扩大，隐含碳排放会出现下降趋势。

6　影响中国贸易的生态成本因素

本章首先基于贸易的生态成本计算结果，分析了我国贸易生态条件。而后采用对数平均迪氏指数法(LMDI I)将我国贸易生态成本的影响因素分解为规模效应、结构效应及技术效应。并进一步从技术创新及技术引进两个角度，采用计量模型就技术进步对贸易的生态成本影响进行实证分析。

6.1　贸易的生态条件度量

本书以贸易隐含碳排放作为贸易生态成本的衡量指标，而进出口隐含碳排放可用于度量我国贸易生态条件(也有学者称为“贸易环境条件”)，从而对我国出口和进口总量的节能减排效率进行分析。在此设定了三个指标：进口碳减排强度、出口碳排放强度以及贸易生态条件。进出口 CO_2 排放强度用于衡量单位进出口价值所隐含的 CO_2，其公式为：

$$\eta^{EX} = C^{EX}/EX = \sum_{j}^{n} c_j^k EX_j/EX = \sum_{j}^{n} c^k d_j^{EX} \tag{6.1}$$

$$\eta^{IM} = C^{IM}/IM = \sum_{j}^{n} c_j^k IM_j/IM = \sum_{j}^{n} c^k d_j^{IM} \tag{6.2}$$

η^{EX} 为出口 CO_2 排放强度、η^{IM} 即为进口 CO_2 减排强度；计算结果见表 6-1、表 6-2：

表 6-1　历年出口 CO_2 排放强度 η^{EX}　　(单位：吨/万元)

年份	1995	1996	1997	1998	1999	2000	2001
出口排放强度	8. 118	7. 506	6. 927	6. 150	5. 459	5. 065	4. 981
年份	2002	2003	2004	2005	2006	2007	2008
出口排放强度	5. 178	5. 303	5. 791	5. 407	5. 590	5. 261	5. 272

表 6-2　历年进口 CO_2 减排强度 η^{IM}　　(单位：吨/万元)

年份	1995	1996	1997	1998	1999	2000	2001
进口减排强度	8. 848	8. 345	7. 572	6. 752	6. 067	5. 576	5. 412
年份	2002	2003	2004	2005	2006	2007	2008
进口减排强度	5. 656	5. 796	6. 073	5. 542	5. 631	5. 232	5. 137

$d_j^{EX}=EX_j/EX$ 为 j 行业出口量 EX_j 占全部出口 EX 的比重。式(6.1)表明，出口 CO_2 排放强度 η^{EX} 是行业出口 CO_2 排放系数 c^k 的加权平均值，权数就是行业出口占全部出口的比重。要想降低出口 CO_2 排放强度，就需要降低出口 CO_2 排放系数大的行业的出口比重，提高出口 CO_2 排放系数小的行业的出口比重。

$d_j^{IM}=IM_j/IM$ 则为 j 行业出口量 IM_j 占全部出口 IM 的比重。式(6.2)表明，进口 CO_2 减排强度 η^{IM} 是行业进口 CO_2 排放系数 c^k 的加权平均值，权数就是行业进口占全部进口的比重。要想提高进口 CO_2 减排强度，就需要提高进口 CO_2 减排系数大的行业的进口比重，降低 CO_2 排放系数小的行业的进口比重。

贸易生态条件即为出口 CO_2 排放强度与进口 CO_2 减排强度之比，即：

$$\mu=\eta^{EX}/\eta^{IM} \tag{6.3}$$

如果贸易生态条件大于1，说明我国单位价值的出口所隐含的 CO_2 排放量大于单位价值的进口所隐含的 CO_2 排放量。计算结果见表6-3：

表6-3　贸易生态条件 μ

年份	1995	1996	1997	1998	1999	2000	2001
贸易生态条件	0.918	0.899	0.915	0.911	0.900	0.908	0.920
年份	2002	2003	2004	2005	2006	2007	2008
贸易生态条件	0.915	0.915	0.954	0.976	0.993	1.006	1.026

为了更清晰地表示，将其绘制成折线图，如图6.1所示。

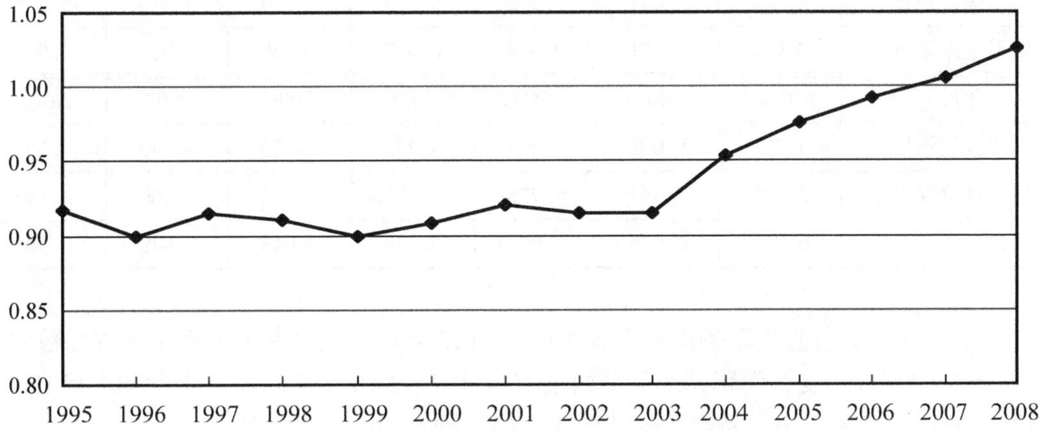

图6.1　历年贸易生态条件变化图

由图6.1可知，2007—2008年贸易生态条件指标大于1，说明2007年之后我国的贸易生态环境恶化了，在以 CO_2 为考核指标的情况下，自由贸易对我国贸易生态环境有负面影响。但2007年之前贸易生态条件指标均小于1，由此也可说明，自由贸易本身并不一定就会对一国环境产生负面影响。

由公式6.1、6.2可知，技术进步及贸易产品进出口结构的变化这两个因素会对出口CO_2排放强度和进口CO_2减排强度产生影响。一是生产过程中采取的低碳技术可降低各行业的CO_2排放，表现为完全CO_2排放系数下降。二是贸易产品进出口结构的变化，即产品进出口权重的改变。出口CO_2排放强度下降、进口CO_2减排强度上升，都有利于本国贸易生态条件的改善。

表6-1及表6-2中列出的1995—2008年各年的出口CO_2排放强度和进口CO_2减排强度，其变化似乎不太规则，时大时小。故无法直接根据其变化来判断是哪一种因素在起作用，下面分别从技术及结构两个方面进行分解，从而直观地分析贸易生态条件。

(1)技术变化对贸易生态条件的影响。假定1995年以后贸易产品的结构维持1995年的贸易产品结构不变，而各行业产品CO_2排放系数按实际数据计算，则出口CO_2排放强度和进口CO_2减排强度的变化就全部来自实际的技术变化因素。用公式表示如下：

$$\eta_t^{EX} = \sum_{j=1}^{n} c_{jt}^{k} d_j^{EX1995}, \eta_t^{IM} = \sum_{j=1}^{n} c_{jt}^{k} d_j^{IM1995}, \quad t = 1995, 1996, \cdots, 2008 \tag{6.4}$$

式(6.4)中各变量中下标t表示年份，c_{jt}^{k}表示t年j行业的完全CO_2排放系数，d_j^{EX1995}表示1995年j行业出口产品的比重，d_j^{IM1995}表示1995年j行业进口产品的比重，计算结果见表6-4。

表6-4 技术变化对贸易生态条件的影响

年份	1995	1996	1997	1998	1999	2000	2001
出口排放强度	8.118	7.599	6.935	6.198	5.501	4.909	4.856
进口排放强度	8.848	8.247	7.551	6.727	5.980	5.410	5.236
贸易生态条件	0.918	0.921	0.918	0.921	0.920	0.907	0.927
年份	2002	2003	2004	2005	2006	2007	2008
出口排放强度	4.991	5.091	5.384	4.773	4.972	4.649	4.599
进口排放强度	5.376	5.447	5.738	5.086	5.243	4.900	4.868
贸易生态条件	0.928	0.935	0.938	0.938	0.948	0.949	0.945

(2)结构变化对贸易生态条件的影响。假定1995年以后的产品CO_2完全排放系数维持1995年的排放系数不变，而贸易产品结构按实际计算，则出口CO_2排放强度和进口CO_2减排强度的变化就全部是由贸易产品的结构变化导致的，用公式表示如下：

$$\eta_t^{EX} = \sum_{j=1}^{n} c_j^{k1995} d_{jt}^{EX}, \eta_t^{IM} = \sum_{j=1}^{n} c^{k1995} d_{jt}^{IM}, \quad t = 1995, 1996, \cdots, 2008 \tag{6.5}$$

式(6.5)中各变量的下标t表示年份，c_j^{k1995}表示1995年j行业完全CO_2排放系数，d_{jt}^{EX}、d_{jt}^{IM}分别表示t年的出口、进口产品结构，计算结果见表6-5。

表 6-5 结构变化对贸易生态条件的影响

年份	1995	1996	1997	1998	1999	2000	2001
出口排放强度	8.118	8.030	8.096	8.058	8.055	8.198	8.182
进口排放强度	8.848	8.978	8.896	8.909	9.017	9.055	9.070
贸易生态条件	0.918	0.894	0.910	0.905	0.893	0.905	0.902
年份	2002	2003	2004	2005	2006	2007	2008
出口排放强度	8.240	8.270	8.509	8.561	8.653	8.774	8.924
进口排放强度	9.160	9.247	9.211	9.240	9.158	9.150	9.164
贸易生态条件	0.900	0.894	0.924	0.927	0.945	0.959	0.974

表 6-4、表 6-5 列出了分别考虑技术进步、贸易产品结构变动影响出口 CO_2 排放强度、进口 CO_2 减排强度变化的检验结果。技术变化的结果使出口 CO_2 排放强度和进口 CO_2 减排强度在 1995—2001 年出现下降，2002 年之后开始反弹，2005 年之后又再次下降。

在结构变化对贸易生态条件的影响方面，出口 CO_2 排放强度总体上呈现上升趋势，除 1996 年较 1995 年有所下降外，出口 CO_2 排放强度已由从 1996 年的 8.03 上升到 2008 年的 8.924，这说明出口产品的结构在恶化，单位出口的污染在上升。1995—2005 年进口 CO_2 减排强度亦呈上升趋势，从 1995 年的 8.848 逐年上升到 2005 年的 9.240，说明进口产品的结构在趋好，虽好转有限，但总体还是有利于 CO_2 减排；但 2006 年之后进口减排强度又开始下降，这不利于我国贸易环境的优化。

6.2 贸易的生态成本分解

在 6.1 节中就技术变化、结构变化对我国贸易生态条件的影响作了分析。本节将进一步对贸易的生态成本影响进行分解，将影响因素分解为规模效应、结构效应、技术效应。同时，考虑到贸易进口隐含碳排放是对本国起替代作用的，而贸易出口中的隐含碳排放是本国环境实际承受的碳排放，故具体采用贸易出口隐含碳排放的数据进行分解。

6.2.1 分解方法

本书采用的分解方法为指数分解分析法，该方法常用于对影响因素的分析中，其理论背景是比较静态分析，即把所分析对象的变动分解成几个基本因素的变动，在其他条件不变的情况下，比较某一因素的变化导致的分析对象的变化，从而清晰地追溯到分析对象变动的根源及各基本因素对分析对象变动的影响程度(张华初，2008)。常见的指数分解分析法有以下大几类：

(1) 拉氏指数分解分析法(Laspeyres Index Method，LMI)。拉氏指数法主要包括 Laspeyres、Paasche、Marshall-Edgeworth 以及改进的拉氏指数等系列方法。拉氏指数分析方法在计算某一变量的影响时将其他变量的值固定在基期，其实质是以预期展望的思想计算变量的影响，比较符合人类思维方式，其应用最早也最广泛，早期因素分解研究大多基于拉氏指数分析方法。但由于拉氏指数分解分析法会出现分解不完全，即所有的分解方法都遗留了一个残差项，那么在分析对象变化的很大一部分都表现在残差项中无法解释，故近年来该方法已经很少单独使用。

(2)对数平均迪氏指数法(LMDI)。1997 年 Ang 和 Choi 在算术平均迪氏指数法(Arithmetic Mean Divisia Index Method，AMDI)的基础上提出了一个没有残差项的完全分解方法，该方法被称为对数平均迪氏指数法(Log-Mean Divisia Index Method，LMDI)。他们对常规的算术平均迪氏指数法进行了调整，将原来的算术平均权重转化成对数平均权重，并将权重标准化，以保证所有权重的和为 1，对数平均迪氏指数法解决了残差问题。对数平均迪氏指数法又可分为对数平均迪氏指数法 I(LMDI I)、对数平均迪氏指数法 II(LMDI II)，LMDI I 的计算公式与 LMDI II 相似，区别在于计算对数平均值即权重系数时采用的数据不同，LMDI I 采用的是部门级数据，而 LMDI II 采用的是各部门所占的比重，故后者不具有连续可加性，但两种方法都是完全分解方法。并且，两种方法都采用对数运算形式，而对数变化是唯一对称和具有可加性的变化指数。

具体而言，LMDI I 方法具有以下优势：(1)LMDI I 能够给出较合理的因素分解，结果不包括不能解释的残差项，使模型更有说服力；(2)利用乘法分解的结果有如下加法特性：$\ln(D_{tot}) = \ln(D_{X_1}) + \ln(D_{X_2}) + \cdots + \ln(D_{X_n})$；(3)加法分解和乘法分解之间存在一个简单的对应关系，对于所有的 k，有 $\Delta V_{tot}/\ln(D_{tot}) = \Delta V_{X_k}/\ln(D_{X_k})$，这样两种方法得到的结果能够相互转化，而不必选择其中之一；(4)LMDI I 方法中，分部门效应加总与总效应保持一致，即不同的分部门效应总和与各个部门作用于总体水平上获得的总效应相一致，这一点在多层次分析中十分有用，比如，总体的产业活动能够分为次产业活动。LMDI I 计算公式如下：

设 V 为由能源表达的总量，在一个时间跨度内有 n 个因素对 V 的变化起作用，每一个 n 对应一个变量，即有 n 个变量，x_1，x_2，…，x_n。下标 i 表示总量指标的次级分类，用于进行结构变化的分析。在次级分类的水平上，存在关系：$V_i = x_1, x_2, \cdots, x_n$。一般地，指数分解定义为：

$$V = \sum_i V_i = \sum_i x_1, x_2, \cdots, x_n \tag{6.6}$$

0 时期总量的变化为：$V^0 = \sum_i x_1^0, x_2^0, \cdots, x_n^0$，$T$ 时期变化为：$V^T = \sum_i x_1^T, x_2^T, \cdots, x_n^T$。利用乘法分解，将变化率分解为：

$$D_{tot} = V^T/V^0 = D_{X_1} D_{X_2} \cdots D_{X_n} \tag{6.7}$$

利用加法分解，将差分分解为：

$$\Delta V = V^T - V^0 = \Delta V_{X_1} + \Delta V_{X_2} + \cdots + \Delta V_{X_n} \tag{6.8}$$

下标 tot 表示总的变化，式(6.7)右边表示每个因素的效应。在对数平均迪氏指数方法中，式(6.6)及式(6.7)右边对应的第 k 个因素的效应为：

$$D_{X_k} = \exp\left[\frac{L(V_i^T, V_i^0)}{L(V^T, V^0)}\ln\left[\frac{X_{k,i}^T}{X_{k,i}^0}\right]\right] = \exp\left[\frac{(V_i^T - V_i^0)/(\ln V_i^T - \ln V_i^0)}{(V^T - V^0)/(\ln V^T - \ln V^0)}\ln\left[\frac{X_{k,i}^T}{X_{k,i}^0}\right]\right] \tag{6.9}$$

$$\Delta V_{X_k} = \sum_i L(V_i^T, V_i^0)\ln\left[\frac{X_{k,i}^T}{X_{k,i}^0}\right] = \sum_i \frac{(V_i^T - V_i^0)}{\ln V^T - \ln V^0}\ln\left[\frac{X_{k,i}^T}{X_{k,i}^0}\right] \tag{6.10}$$

其中，$L(a, b) = (a - b)/(\ln a - \ln b)$ 。

当前，不少学者采用指数分解分析对我国的污染排放或能源消费展开了研究，如师博(2007)、李国璋和王双(2008)、缪富民(2008)、陈红敏(2009)、徐盈之和张全振(2011)等。但现有的研究主要是针对整个经济的能源消费，或是生产过程中的污染排放变化，而对出口贸易中隐含的碳排放的影响因素的独立分解分析还比较少，特别是对导致出口隐含碳排放变化的影响因素的分析不足。故本书主要针对出口贸易中隐含碳的变化，利用对数平均迪氏指数 I(LMDI I)方法将 1995—2008 年我国出口隐含碳的出口变化分解为规模效应、技术效应和结构效应的作用。

6.2.2 贸易的生态成本总量分解

根据本书 5.3 节的分析，j 行业出口隐含碳排放为 j 行业的出口总额乘以 j 行业的完全碳排放系数，即 $EXC_j = c_j^k \times EX_j$ ，可将其改写为：

$$EXC_j = c_j^k \times EX_j = c_j^k \times d_j^{EX} \times EX \tag{6.11}$$

且有 $EXC = \sum_{j}^{n} EXC_j = \sum_{j=1}^{n} c_j^k d_j^{EX} \times EX$ ，其中 $d_j^{EX} = EX_j/EX$ 。

式(6.11)将 j 行业出口隐含碳表示成完全碳排放强度、出口结构和出口规模影响的综合，j 行业从第 $t1$ 年到 $t2$ 年的出口隐含碳排放变化为：

$$\Delta EXC_j^t = EXC_j^{t2} - EXC_j^{t1} = c_j^{k(t2)} d_j^{EX(t2)} EX^{t2} - c_j^{k(t1)} d_j^{EX(t1)} EX^{t1} \tag{6.12}$$

利用对数平均迪氏指数法(LMDI I)进行分解，则有：

$$\Delta EXC_j^t = EXC_j^{t2} - EXC_j^{t1} = tc_j^{ef} + sd_j^{ef} + exq_j^{ef} \tag{6.13}$$

其中

$$tc_j^{ef} = L(EXC_j^{t2}, EXC_j^{t1}) \ln(c_j^{k(t2)}/c_j^{k(t1)})$$
$$sd_j^{ef} = L(EXC_j^{t2}, EXC_j^{t1}) \ln(d_j^{EX(t2)}/d_j^{EX(t1)})$$
$$exq_j^{ef} = L(EXC_j^{t2}, EXC_j^{t1}) \ln(EX^{(t2)}/EX^{(t1)})$$

其中 $L(EXC_j^{t2}, EXC_j^{t1}) = (EXC_j^{t2} - EXC_j^{t1})/\ln(EXC_j^{t2}/EXC_j^{t1})$ ，下同。tc_j^{et} 、sd_j^{ef} 、exq_j^{ef} 分别表示 j 行业 $t1$ 年度至 $t2$ 年度的完全碳排放强度变化、出口结构变化和总的出口规模变化对 j 行业出口隐含碳变化的影响，即技术效应、结构效应和规模效应对 j 行业出口隐含碳排放变化的贡献。

由于 $EXC = \sum_{j=1}^{n} EXC_j = \sum_{j=1}^{n} c_j^k d_j^{EX} \times EX$，因此，出口隐含碳的总量可分解为：

$$\begin{cases} \Delta EXC^t = \sum_{j=1}^{n} EXC_j^{t2} - \sum_{j=1}^{n} EXC_j^{t1} = TC^{eft} + SD^{eft} + EXQ^{eft} \\ TC_t^{ef} = \sum_{j=1}^{n} tc_j^{ef} = \sum_{j=1}^{n} L(EXC_j^{t2}, EXC_j^{t1}) \ln(c_j^{k(t2)}/d_j^{k(t1)}) \\ SD_t^{ef} = \sum_{j=1}^{n} sd_j^{ef} = \sum_{j=1}^{n} L(EXC_j^{t2}, EXC_j^{t1}) \ln(d_j^{EX(t2)}/d_j^{EX(t1)}) \\ EXQ_t^{ef} = \sum_{j=1}^{n} exq_j^{ef} = \sum_{j=1}^{n} L(EXC_j^{t2}, EXC_j^{t1}) \ln(EX^{(t2)}/EX^{(t1)}) \end{cases} \tag{6.14}$$

历年出口隐含碳的分解效应计算结果见表 6-6，将其绘制成折线图，如图 6. 2 所示。

表 6-6 生态成本的规模、结构、技术效应分解 （单位：万吨）

年度	规模效应	结构效应	技术效应
1996	2345. 5544	−1282. 6730	−7363. 9060
1997	20880. 8870	1203. 6059	−10251. 0000
1998	69. 1111	−826. 9365	−12545. 0200
1999	6519. 0054	−94. 3046	−12158. 2600
2000	25125. 7760	2203. 9983	−10244. 6100
2001	8139. 0751	−29. 4971	−1978. 8840
2002	27709. 4610	1690. 8391	3740. 1910
2003	51886. 9380	1326. 2418	3194. 7972
2004	78179. 0800	7720. 4864	15390. 4490
2005	80596. 4350	663. 7691	−23905. 3800
2006	88958. 6590	4010. 8776	10047. 1460
2007	96459. 8910	2600. 9673	−33257. 2600
2008	41403. 8690	4349. 1686	−3161. 0860

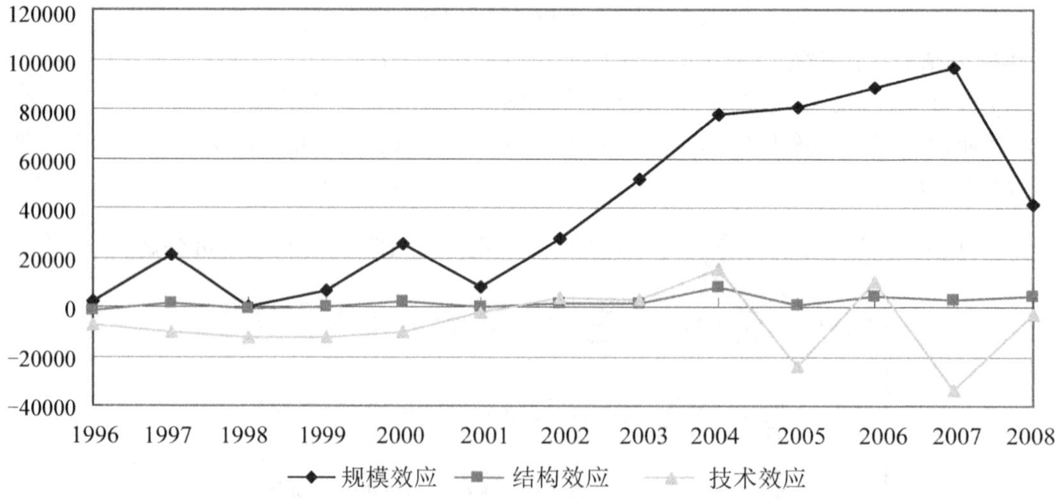

图 6. 2 生态成本的规模、结构、技术效应分解

1. 规模效应

从图 6.2 可以看出，出口隐含 CO_2排放始终维持正的规模效应，反映出我国的出口规模在不断扩大。相较结构效应及技术效应，出口规模的扩大是贸易出口隐含 CO_2排放增加的最重要因素。

从变化趋势看，2001 年之前，规模效应变化并无明显规律，相应期间本国出口总额变化相对较小。2001 年后规模效应总体保持上升趋势，说明我国出口总量的增长幅度也在上升，且 2001—2004 年度上升幅度较大；之后上升幅度有所减缓。而 2007—2008 年度规模效应有相对明显的下降，CO_2 排放的规模效应由 96459.8910 万吨下降到了 41403.8690 万吨。这与 2008 年我国贸易市场环境发生了一定变化不无关联。2008 年，美国次贷危机不断加深，并在 9 月份演变为“百年一遇”的国际金融危机，随着国际金融危机的影响不断加深和蔓延，当年 11 月份，我国对外贸易形势发生逆转，出口出现了 2001 年以来的首次下降。2008 年出口总额 14306.9 亿元，2007 年为 12177.8 亿元，从出口规模上看有所上升，但从上升幅度上看并不大。2007 年出口总额较 2006 年上升幅度为 25.7%，2008 年较 2007 年上升幅度则为 17.5%，因此也就造成了 2007—2008 年度规模效应的下降，但出口总额的上升仍使得该年度规模效应为正值。

2. 结构效应

由表 6-6 和图 6.2 可以看出，相对于规模效应，结构效应总体上显得较小，最大的是 2004 年的 7720.4864 万吨，占同期规模效应 78179.0800 万吨的 9.9%；最小值是 1996 年的 −1282.6730 万吨，绝对值占同期规模效应 2345.5544 万吨的 54.7%。

从结构效应的作用方向来看，仅有 1996 年、1998 年、1999 年、2001 年 4 个年份的结构效应起到了减少碳排放的作用，但幅度在不断下降，也就是说，这 4 个年份出口产品结构中，高能耗或能源密集型产品所占比重得到一定程度下降，但下降幅度不尽如人意。而其他年份，结构效应起到了增加碳排放的作用，说明这期间出口产品结构中，高能耗产品的比重有一定程度上升。因此，未来我们需要朝低污染的方向改善贸易出口结构，降低重度碳污染行业的出口比重，使结构效应朝负的方向发展，从而有效减少贸易出口隐含碳排放。

3. 技术效应

从图 6.2 看，技术效应基本为负，说明技术进步确实对 CO_2起到了减排作用，但在不同年份表现程度差异较大。1996—2001 年度技术效应均为负值，总量虽小，但相较规模效应、结构效应而言，所占比例较大。2002—2004 年度技术效应转为正值，导致出口隐含碳排放的增加，这可能是我国当时处于加入 WTO 的初期，在商品生产中未能对减排技术进行有效重视。2005 年之后，技术效应出现了一定的波动，在 2005 年、2007 年有相对明显的减排作用；2006 年技术效应又为正值，表明有技术退步的迹象。2008 年技术效应虽为负值，但绝对值较小，仅引起 CO_2排放量略微下降，并未能有效减少 CO_2排放。

整体而言，技术效应提升的幅度很小，这反映出我国 CO_2减排技术提升很慢，导致技术效应不明显。

6.2.3 各行业贸易的生态成本分解

根据上述推导亦可得出各行业出口隐含碳的分解分析：

$$
\begin{cases}
\Delta EXC^j = \sum_{t=1995}^{2008} EXC_j^{t2} - \sum_{t=1995}^{2008} EXC_j^{t1} = TC^{eft} + SD^{eft} + EXQ^{eft} \\
TC_j^{ef} = \sum_{t=1995}^{2008} tc_j^{ef} = \sum_{t=1995}^{2008} L(EXC_j^{t2},\ EXC_j^{t1}) \ln(c_j^{k(t2)}/d_j^{k(t1)}) \\
SD_j^{ef} = \sum_{t=1995}^{2008} sd_j^{ef} = \sum_{t=1995}^{2008} L(EXC_j^{t2},\ EXC_j^{t1}) \ln(d_j^{EX(t2)}/d_j^{EX(t1)}) \\
EXQ_j^{ef} = \sum_{t=1995}^{2008} exq_j^{ef} = \sum_{t=1995}^{2008} L(EXC_j^{t2},\ EXC_j^{t1}) \ln(EX^{(t2)}/EX^{(t1)})
\end{cases}
\tag{6.15}
$$

考虑到若计算出1995—2008年各行业历年加总的分解分析结果，反而不能更为准确地把握各行业影响因素的变化特征，故在此以2007—2008年为代表对分解结果进行分析，见表6-7。

表6-7　各行业贸易生态成本的分解(2007—2008年)　　(单位：万吨)

行业	规模效应	结构效应	技术效应
农林牧副渔	128.7191	−200.9650	−176.6040
采矿业	295.2466	677.4878	112.4060
食品生产、饮料	343.9203	−237.1462	−127.5980
纺织、服装业	4745.6728	−4301.7140	−2053.3910
木材加工	773.2518	−263.5465	−41.5510
造纸、印刷及文教用品制造业	268.5410	−144.2395	30.3300
石油加工	654.2015	2667.3306	−47.1049
化学工业	2191.5786	4056.8538	−610.3998
橡胶、塑料制品业	1074.5548	−536.8202	44.2619
其他非金属矿物制品业	1020.9541	544.5700	1052.8202
金属冶炼及压延加工业	3991.7430	6645.8691	−274.1989
金属制品业	1362.0142	−1568.1140	−128.6562
机械设备业	3188.8435	4244.1953	−280.4170
电气机械及器材制造业	3565.6842	506.6508	−152.9614
办公用品、仪表仪器及通讯	13155.7350	−10070.1200	−460.9201
交通运输设备制造业	1705.9999	2064.6151	−83.5302
其他制造业	414.2597	−189.5388	−56.8659
电力、燃气、水生产供应	27.7926	−6.8350	−10.9381
建筑业	47.7945	−263.4583	−0.5216
批发、零售、住宿	583.1923	172.5472	−229.8858
交通运输仓储和计算机软件业	1162.6588	343.9920	162.3706
其他服务业	701.5111	207.5538	172.2698

1. 规模效应

我国出口隐含碳排放的规模效应从 1996 年的 2345.5544 万吨增加到 2008 年的 41403.8690 万吨，其主要原因是我国的出口规模不断扩大，尤其是完全碳排放系数偏高的行业所造成的规模效应迅速扩大。2007—2008 年度年规模效应列前的行业主要有“办公用品、仪表仪器及通讯”为 13155.7350 万吨，“纺织、服装业”为 4745.6728 万吨，“金属冶炼及压延加工业”为 3991.7430 万吨，“电气机械及器材制造业”为 3565.6842 万吨，“机械设备业”为 3188.8435 万吨。将各行业规模效应变化绘制成趋势图，如图 6.3 所示。

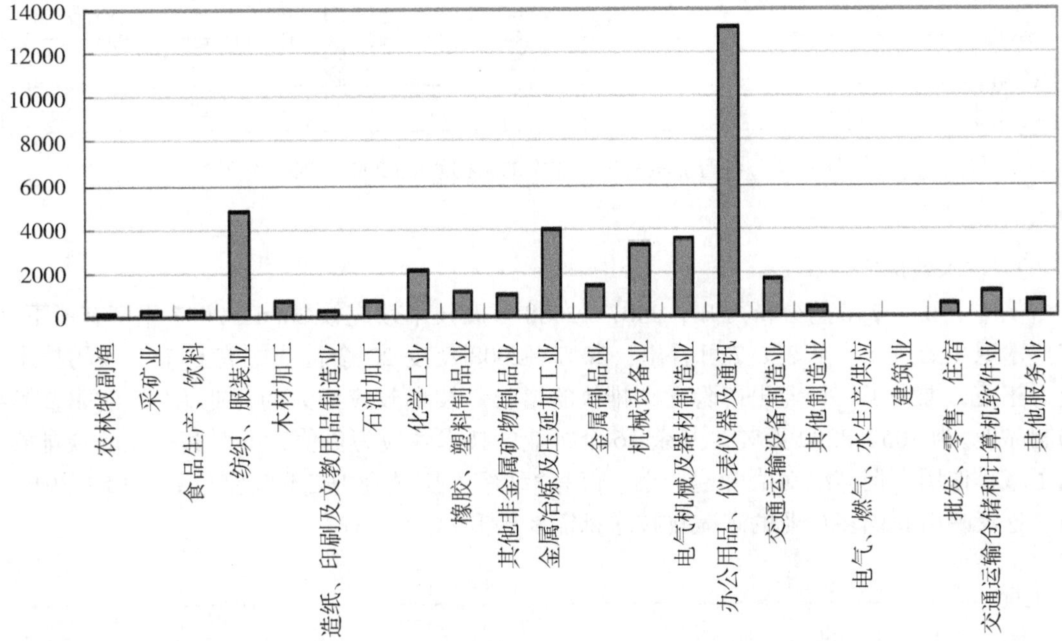

图 6.3　各行业贸易生态成本的规模效应(2007—2008 年)

2. 结构效应

从各行业的碳排放结构效应来看，2007—2008 年度在研究的 22 个行业中，由于结构调整而导致碳排放增加的有 11 个，其结构效应共计 22131.6700 万吨，结构效应较大的行业主要有“金属冶炼及压延加工业”为 6645.8691 万吨，“机械设备业”为 4244.1953 万吨，“化学工业”为 4056.8538 万吨，“石油加工”为 2667.3306 万吨，“交通运输设备制造业”为 2064.6151 万吨。通过结构调整而减排的行业有 11 个，其结构效应共计-17782.5000 万吨，且各行业减排额大多相对较小，仅有“办公用品、仪表仪器及通讯”行业结构效应对碳排放的减排作用较大，为-10070.1200 万吨。从前面的分析亦可看出，相较规模效应、技术效应，历年结构效应变化不明显，出口结构未能有效抑制本国出口碳排放的增长，如图 6.4 所示。

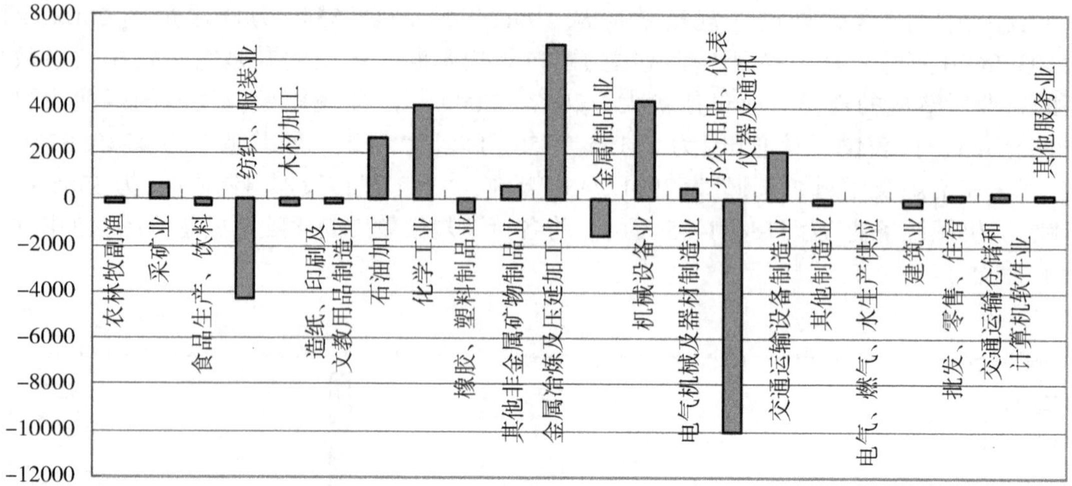

图 6.4　各行业贸易生态成本的结构效应(2007—2008 年)

3. 技术效应

从本书 6.2.2 节的分析可知，2007—2008 年度技术效应较 2006—2007 年度有所下降，有技术退步的迹象。从表 6-7 可看出，2007—2008 年度 22 个行业中有 6 个行业的技术效应为正值，推动了其行业出口隐含碳排放的增长。技术效应最大的行业为“其他非金属矿物制品业”为 1052.8202 万吨。其余 16 个行业的技术效应为负值，即对其行业的碳排放起到了减排作用，但其绝对值普遍较小，仅有“纺织、服装业”技术效应达到-2053.3910 万吨。这反映出我国多行业的碳减排技术都需要提升。

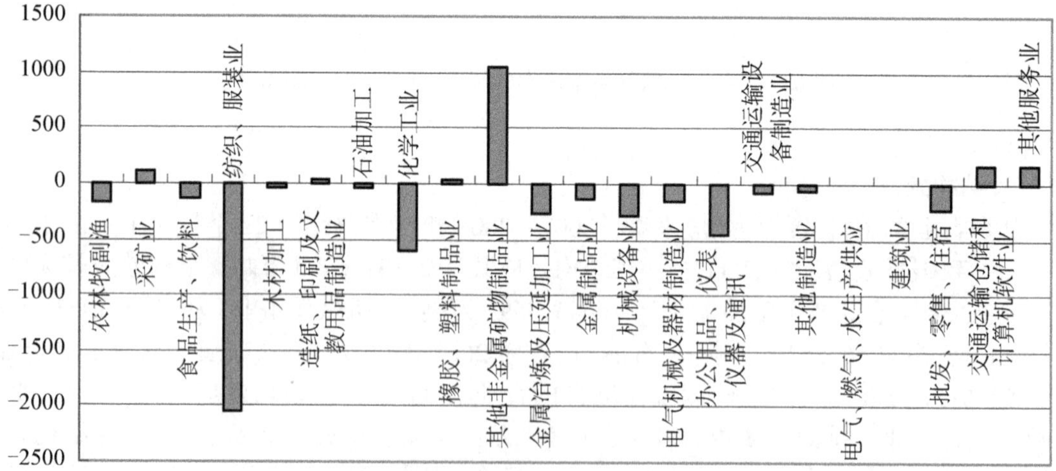

图 6.5　各行业贸易生态成本的技术效应(2007—2008 年)

6.3 技术效应对贸易的生态成本影响

技术效应的分析结果表明，目前本国贸易生态成本的技术效应有待提高，技术水平的提高有利于降低本国贸易的生态成本。一国的技术水平主要可以从两个方面衡量，一是该国的科技创新能力，二是该国对先进技术国家的技术引进。

6.3.1 我国科技创新及技术引进情况

1. 科技创新情况

科技创新是技术进步的一个重要来源，一般表现为产品创新和生产过程创新。对于技术创新的研究，大多数文献都用研发 R&D 投入、从事研发活动的科研人员数、研发人员全时当量、研发活动的产出等指标来描述。研发与发展投入，通常用 R&D(Research and Development)来表示，是一国科技知识存量的重要来源和对科技投入水平的基本反映，其规模、机构及其变动是衡量一国科技竞争力的重要指标。联合国教科文组织(UNESCO)和经济合作与发展组织都将 R&D 定义为：为了增加包括人、文化和社会知识在内的知识总量，并且利用这些知识总量去创造新的应用而进行的系统的、创造性的活动。

研究开发投入是制约一国科技竞争力的重要因素。20 世纪 90 年代以来，我国的科技水平获得了较大的发展，全社会科研投入总量持续增长，科技投入强度已位居发展中国家前列。我国科学研究与试验发展(R&D)经费支出 2009 年达到 5791.90 亿元，排在美国、日本和德国之后，位居世界第四。

长期以来，我国处于短缺经济的压力之下，技术创新的投入规模偏小且强度也偏低。20 世纪 80 年代以后，随着经济实力的增强，整体经济从短缺走向总量平衡，存在结构性余缺，我国的技术创新经费投入逐年增加。就 R&D 支出总量来看，近年来我国 R&D 经费投入总量呈逐年增加态势(见表 6-8)。1995 年我国 R&D 经费总支出为 348.69 亿元，占全年 GDP 的 0.57%；1996 年我国的 R&D 经费 404.48 亿元人民币，比上年增加 16%；1999 年为 678.91 亿元人民币，比上年增加 23.2%，进入 21 世纪后，随着我国加入 WTO，贸易大发展时期的到来，我国 R&D 经费投入总量突破千亿元大关并继续保持高速度的增长，到 2009 年，R&D 经费总支出达到 5791.90 亿元，比上年增长 25.5%，占全年 GDP 的比例达 1.70%。1999—2007 年 R&D 的增长速度一直保持在 20%以上，尤其是 2000 年，全国 R&D 经费支出为 895.70 亿元，比上年增长 31.9%，是迄今增长幅度最大的一年，2004 年的增长也较为明显，增长率达到近 27.7%。

从表 6-8 可以看出，在 2007 年，我国基础研究、应用研究和发展研究三类活动中，基础研究经费支出为 174.50 亿元，比上年增长 12%；应用研究经费支出为 492.90 亿元，比上年增长 0.8%；发展研究经费支出为 3042.80 亿元，比上年增长 29%。三者占 R&D 经费总额的比重分别为 4.70%，13.29%和 82.01%，与 2006 年相比变化较大，主要是发展研究经费支出有较大幅度增加。

表 6-8 （1995—2009 年）我国 R&D 经费支出总量 （单位：亿元）

年份	R&D 经费支出	R&D 经费支出（按活动类型分）分项						占 GDP 比重（%）	按人均人口支出（元）
		基础研究支出	比重（%）	应用研究支出	比重（%）	发展研究支出	比重		
1995	348.69	18.06	5.18	92.02	26.39	238.60	68.43	0.57	28.80
1996	404.48	20.24	5.00	99.12	24.51	285.12	70.49	0.57	33.10
1997	509.16	27.44	5.39	132.46	26.02	349.26	68.60	0.61	38.90
1998	551.12	28.95	5.25	124.62	22.61	397.54	72.13	0.65	44.20
1999	678.91	33.90	4.99	151.55	22.32	493.46	72.68	0.76	54.00
2000	895.70	46.73	5.22	151.90	16.96	697.03	77.82	0.90	70.80
2001	1042.49	55.60	5.33	184.85	17.73	802.03	76.93	0.95	81.70
2002	1287.64	73.77	5.73	246.68	19.16	967.20	75.12	1.07	100.20
2003	1539.63	87.65	5.69	311.45	20.23	1140.52	74.08	1.13	119.10
2004	1966.33	117.18	5.96	400.49	20.37	1448.67	73.67	1.23	151.30
2005	2450.00	131.20	5.36	433.50	17.69	1885.30	76.95	1.32	187.40
2006	3003.10	155.80	5.19	489.00	16.28	2358.40	78.53	1.39	228.50
2007	3710.20	174.50	4.70	492.90	13.29	3042.80	82.01	1.40	280.80
2008	4616.00	220.80	4.78	575.20	12.46	3820.00	82.76	1.47	347.60
2009	5791.90	264.80	4.67	724.90	12.52	4802.20	82.91	1.70	433.90

数据来源：中国统计年鉴。

2009 年，我国基础研究经费绝对数量有增长，但比重下降。基础研究的经费为 264.80 亿元，比 2005 年翻了一番，占 R&D 总经费的比例为 4.67%，比“十五”末的 5.36%下降了 0.69 个百分点。且基础研究经费来源仍主要依靠政府投入；企业对基础研究投入不足 5 亿元，占企业 R&D 经费的比例只有 1‰。研发经费支出中，基础研究和应用研究支出占比仍严重偏低，与发达国家相比差距明显，表明我国科技发展根基不够坚实，原始创新能力不足①。2009 年，我国基础研究经费与应用研究经费之和占 R&D 总经费的 17.19%，发展研究经费占 82.91%，两者之比已达 1∶5。而发达国家的这一比例一般维持在 1∶1 的水平②。因此，未来我们还应加大对基础研究与应用研究的经费支出。

技术创新从使用技术向改进技术阶段转变，往往发生在研究开发经费投入强度为 1%左右的时候；而技术创新阶段从改进技术向创造技术阶段转变时，研发强度约在 2%。值得注

① 统计局：2009 年我国研发经费投入位居世界第四。2010-12-2。

② 科技统计报告 444 期。

意的是，尽管我国技术创新研发经费的绝对值在逐年快速增加，但相对于经济实力的快速增长而言，研发强度在2000年之前一直处于一个较低水平，直至2002年，我国的R&D经费投入强度才超过了1%。2009年，我国R&D经费占全国GDP达到1.7%，但仍处于以使用技术为特征的技术创新阶段，而美、日等发达国家R&D投入强度早已超过2%，进入创造技术阶段。本书用研发强度，即单位产出的R&D投入来代表本国科技创新指标。

2. 技术引进情况

一国技术进步的另一重要来源即从其他国家和地区引进先进技术。在此分别从几个方面就本国技术引进的现状进行分析。

首先，从技术引进方式来看，专有技术、技术咨询与技术服务是我国当前技术进口的主要方式。2010年，专有技术许可合同成交额94.1亿美元，虽同比下降了1.6%，仍占技术引进总金额的36.7%，是我国技术引进的最主要方式。技术咨询、技术服务合同金额74.7亿美元，同比增长13.2%，占合同总金额的29.20%，列第二位。上述两项技术引进金额占技术引进总金额的六成，见表6-9。

表6-9　2010年引进方式统计表　　（单位：万美元）

技术引进方式	数量	金额	技术费	金额占比(%)	金额同比(%)
总计	11253	2563556.63	2184667.32	100.00	18.84
专利技术	494	190128.30	189586.40	7.40	4.40
专有技术	2639	941133.90	913897.80	36.70	-1.60
技术咨询、技术服务	6809	747461.10	633845.80	29.20	13.20
计算机软件	745	229583.00	227647.50	9.00	111.00
商标许可	100	42225.20	42225.20	1.70	196.80
合资生产、合作生产	135	82229.80	81908.90	3.20	32.90
成套设备、关键设备、生产线	140	271622.70	39923.50	10.60	81.00
其他方式	191	59172.70	55632.30	2.30	151.20

数据来源：2010全国技术进口简报。

其次，从技术引进来源地来看，我国技术引进表现出国别地区多元化的特征。从改革开放初期的十几个国家扩大到现在的60多个国家和地区，从项目和金额数量上看，技术来源地主要集中在G7等发达国家，不过也包括了一些发展中国家。2010年，我国技术引进的来源国家和地区达71个，欧盟、日本和美国等发达国家与地区仍是我国技术引进的主要来源地。2010年，我国与欧盟签订技术引进合同3058份，合同金额78.2亿美元，同比增长21.6%，占技术引进合同总金额的30.50%，是我国技术引进的最大来源地。同期，自美国和日本技术引进金额分别为57.5亿美元和45.6亿美元，金额占比为22.40%和17.80%，分列第二、三位。此外，自韩国技术引进金额21亿美元，列第四位(见表6-10)。

表 6-10 2010 年技术引进前十位国家和地区 （单位：万美元）

序号	国别地区	合同数量	合同金额	技术费	金额占比(%)	金额同比(%)
	总计	11253	2563556.63	2184667.32	100.00	18.84
1	欧盟	3058	781714.70	638062.90	30.50	21.60
2	美国	2010	574933.50	560474.10	22.40	-1.90
3	日本	2473	455983.70	412654.10	17.80	21.80
4	韩国	769	209547.90	204764.30	8.20	-16.00
5	俄罗斯	31	174831.10	31261.10	6.80	2309.50
6	中国香港	1212	112351.20	98771.40	4.40	10.50
7	东盟	447	50959.40	45808.00	2.00	85.00
8	瑞士	160	47726.70	40917.70	1.90	55.70
9	英属维尔京	80	43711.60	43711.60	1.70	20.00
10	新加坡	356	39188.60	34048.60	1.50	107.00

数据来源：2010 全国技术进口简报。

再次，从技术引进企业的性质来看，外资和国有企业是我国技术引进的主体，集体和民营企业技术引进增长迅速，且各类型企业技术引进量均有所上升。2005 年，国有企业技术引进金额首次超过外资企业，成为技术引进的重要增长力量。2010 年，外商投资企业引进技术金额为 153.7 亿美元，同比增长 16.60%，占全国技术引进总金额的 59.90%。国有企业技术引进总额 62.7 亿美元，同比增长 13.20%，占全国技术引进总金额的 24.50%。同期，民营企业技术引进金额为 21.4 亿美元，占全国技术引进总金额的 8.30%，同比增长 55.60%(见表 6-11)。

表 6-11 2010 年技术引进按企业性质统计表 （单位：万美元）

企业性质	合同数量	合同金额	技术费	金额占比(%)	金额同比(%)
总计	11253	2563556.63	2184667.32	100.00	18.84
国有企业	2070	627267.00	324649.80	24.50	13.20
集体企业	105	26737.30	7178.90	1.00	575.00
外商投资企业	6452	1536516.00	1502511.10	59.90	16.60
民营企业	1638	213764.30	195859.80	8.30	55.60
其他	988	159272.00	154467.80	6.20	10.30

数据来源：2010 全国技术进口简报。

最后，从引进行业来看，通信设备、计算机及其他电子设备制造业，交通运输设备制造业，电力和热力的生产和供应业是技术引进的重点行业。2010 年，通信设备、计算机及其他电子设备制造业是技术引进金额最大的行业，该行业共引进技术 1061 项，合同金额 58.4 亿美元，同比增长 25.0%，占全国技术引进合同总金额的 22.8%。同期，交通运输设备制造业技术引进金额 38.4 亿美元，同比增长 0.4%，金额占比 15.0%，电力、热力的生产和供应业技术引进金额 22.7 亿美元，金额占比为 8.9%，上述两行业分列第二、三位(见表 6-12)。

表 6-12 2010 年技术引进前十位行业统计表 （单位：万美元）

序号	行业	数量	金额	技术费	金额占比(%)	金额同比(%)
	总计	11253	2563556.6	2184667.3	100.0	18.8
1	通信设备、计算机及其他电子设备制造业	1061	584066.5	575615.7	22.8	25.0
2	交通运输设备制造业	2104	383652.6	379683.5	15.0	0.4
3	电力、热力的生产和供应业	113	227425.4	43003.6	8.9	213.6
4	化学原料及化学制品制造业	475	142850.3	115591.5	5.6	25.3
5	专用设备制造业	591	123249.8	120674.1	4.8	64.2
6	房地产业	1363	100036.5	99926.8	3.9	59.8
7	计算机服务业	310	91841.2	91841.2	3.6	-16.1
8	通用设备制造业	519	83920.7	74719.9	3.3	66.4
9	工艺品及其他制造业	507	83251.6	83251.6	3.3	494.9
10	废弃资源和废旧材料回收加工业	49	54234.4	52587.1	2.1	-73.6

数据来源：2010 全国技术进口简报。

6.3.2 基本计量模型

一国技术进步对该国环境质量的影响主要体现在两个方面。一是环境污染治理技术上。更“清洁”的能源使用、更具效率的污染治理设备的推广以及更“清洁”的生产技术的实施，都能有效帮助生产厂商提高治污水平，减少污染物的排放。二是厂商生产技术水平的提升。生产技术水平的提升能够帮助厂商提高能源的利用效率，使能源得到循环、节约利用，使单位产出的能耗降低，进而可以提高环境质量。

故在此借鉴 James B. Ang(2009)的基本模型，建立开放经济条件下，技术效应对贸易生态成本的影响因素模型：

$$C_t = h[g, TO_t] \tag{6.16}$$

式中 C_t 为人均碳排放；g 为反映本国技术进步的函数，TO_t 则代表本国贸易的开放程度。一国技术进步主要从技术创新和技术转移两个方面来衡量。在此用 g 代表本国的技术水平，因此本国的技术进步可以看成本国研发投入及技术引进的函数：

$$g=f[(r/y)_t,\ DTF_t] \tag{6.17}$$

其中，r/y 代表本国科技创新能力，可用本国单位 GDP 的 R&D 投入来表示；DTF_t 代表本国从先进国家的技术引进，可用与先进国家的技术效率差距来度量。

依据新古典主义内生增长理论，规模报酬不变的经济总产出的生产函数为 $y_t=A_tf(K_t,\ L_t)$，其中，K_t 为资本存量，L_t 为劳动投入，A_t 为全要素生产率 TFP。且有 $A_t=TFP=y_t/f(K_t,\ L_t)$，代表一国的技术效率水平，在此用两国的全要素生产率代表两国的技术效率差距。

则有

$$DTF=\frac{A_t^l-A_t}{A_t}=\frac{TFP_t^l-TFP_t}{TFP_t} \tag{6.18}$$

其中 A_t 为本国全要素生产率，代表本国技术水平；A_t^l 为国外全要素生产率，代表国外最高技术水平，在此用美国的全要素生产率来代表。

式(6.18)表明落后国家发现本国技术与国外先进技术存在差距的情况下，可以通过引进国外先进技术，促进国内生产率的提高。

由于科技创新与技术引进不能立即产生经济效应，所以对两个变量取滞后一期。综合以上两个方面，建立本国技术水平的函数如下：

$$g=f[(r/y)_{t-1},\ DTF_{t-1}] \tag{6.19}$$

结合式(6.16)与式(6.17)，可以建立人均碳排放影响因素模型，并将两边取对数，形成模型如下：

$$\ln C_t=\alpha+\beta_1\ln TO_t+\beta_2\ln(r/y)_{t-1}+\beta_3\ln DTF_{t-1} \tag{6.20}$$

根据理论意义，各变量系数的符号阐述如下：β_1 代表贸易开放程度对贸易出口隐含碳的影响，贸易开放程度越高，出口贸易额越大，无疑本国贸易出口隐含碳排放会越多，因此其值为正。而科技进步有利于提高能源利用率，降低碳排放量，所以 β_2 和 β_3 均为负值。

6.3.3 数据描述

1. 数据来源

C_t 表示人均贸易隐含碳排放，用本书 5.3 节计算得出的出口隐含碳(见附录表 3)除以历年人口数得出，其中历年人口数来源于《中国统计年鉴》。r/y 代表本国科技创新能力，r 用统计年鉴中的 R&D 数据表示，y 则用 GDP 数据表示，该指标可由表 6-8 获得。贸易开放度(TO)用一国对外贸易额对该国国内生产总值的比值来表示。

2. 关于 DTF 的计算

本模型中较为复杂的是 DTF 的计算，在此做重点分析。在计算 DTF 之前，首先要计算本国的 TFP 及美国的 TFP。全要素生产率的测算公式为 $TFP=y_t/(K_t^{\pi}L_t^{1-\pi})$，计算 TFP 所需要的数据是产出(Y)、资本投入(K)、劳动投入(L)的时间序列数据。下面对本书所使用的数据作一个简单的说明。

1)产出数据

一般而言，衡量国民经济整体产出使用按可比价格计算的国内生产总值或国民生产总值。本书采用国内生产总值作为衡量经济增长的基本指标，基础数据取自各年《中国统计年鉴》，采用 GDP 指数进行调整，得到以 1978 年不变价格计算的时间序列值①。

2)资本投入指标估算

资本存量的估算在经济统计分析中是一个难点和重点问题，但它在宏观经济研究中却是一个非常有用的变量，例如投资函数、全要素生产率和经济增长等方面的研究都离不开资本存量的测算。

关于资本存量的估算，国内外已有大量的研究文献，但目前大家通用的方法是 1951 年 Goldsmith 开创性地运用了的永续盘存法(PIM)。它的核心假设是采用相对效率几何下降的模式，此时的折旧率为常数，生产性资本存量的基本估计公式可以表达为：

$$K_t = K_{t-1}(1 - \delta_t) + I_t \tag{6.21}$$

由于理论上的相对简化，所以几何相对效率模式广泛地应用在资本存量的估算中，在这种模式之下折旧率和重置率是相同的。这个公式主要涉及以下 4 个变量：一是基期资本存量 K 的确定；二是每年的投资额 I 的确定；三是投资品价格指数的确定，以便折算到不变价格；四是效率模式的假设以及经济折旧率 δ 的确定。

在关于资本存量的估算研究中，主要有总量层次的资本存量估算、地区和行业层面的估算。一般来说，行业层面的估算要求细致，而资料又时常难以得到，因而是非常困难的。总量和地区的估算也是重要的内容。贺菊煌(1992)，Jefferson 等(1992)、邹至庄(1993)、王小鲁和樊纲(2000)、张军和章元(2003)、李治国和唐国兴(2003)、何枫等(2003)，这些学者虽然估计了全社会的资本存量，但他们运用的估算公式却不是基于相对效率下降的模式，因而也不能称为 PIM 的计算方法。而吴方卫(1999)、黄勇峰和任若恩(2002)、Young(2003)、孙琳琳和任若恩(2005)、王益煊和吴优(2003)、白重恩等(2007)则基于 PIM 的方法对我国的资本存量给予了估算，在分省资本存量估算中，张军等(2004)、郝枫(2006)则运用了 PIM 法进行估算。由于估算的目的和应用的方向不同，还必须对资本存量测量的概念给出必要的说明，孙琳琳和任若恩(2005)指出，生产性资本存量与资本存量财富不是一个相同的概念，生产性资本存量是测量资本服务的起点，应该是生产分析中使用的概念，它用相对效率作为权重。而资本存量财富只是国民账户中的一项，只有在资本品相对效率几何下降时，两者才能相同。因为这些研究都是以生产分析为研究的目的，因而测量生产性资本存量就应该估计资本品的相对效率模式，但很多研究忽视了这一点，只是估计了折旧的数目，而且这些折旧都是建立在历史价格的基础上，同 PIM 中的折旧有很大的不同。

单豪杰(2008)以符合 PIM 的方法，对生产性资本存量的基本估计公式所使用的四个变量的估算作了充分合理的论证，并对这些指标作了估算。徐杰等(2010)也对 1986—2007 年我国的资本存量进行了估计，其计算结果与单豪杰(2008)的计算结果接近。本书将借鉴两者论证和估算方法及结果，得到适算全要素生产率所需要的资本存量数据。

由于基期的确定越早对后期的影响就越小，所以我们从 1978 年开始，估算全国实际资本存量的方法是：先按照全国的固定资产投资隐含平减指数(P)将历年的名义固定资本

① 为了消除可变价影响，在计算 *TFP* 过程中，所有的数据都转为以 1978 年为不变价的数据。

形成额(I)统一折算成1978年不变价格的数值，然后根据所设定的折旧率和基期资本存量，运用PIM的基本公式 $K_t = K_{t-1}(1-\delta_t) + I_t$ 对历年资本存量进行估算，因此文中的资本存量数值均按照1978年不变价格来计算，估算的基本数据和结果见表6-13。

表 6-13　历年资本存量计算结果(1995—2008年)

年份	1995	1996	1997	1998	1999	2000	2001
K(亿元)	32064.9	32246.1	36724.7	41538.5	46497.0	51844.5	59809.3
年份	2002	2003	2004	2005	2006	2007	2008
K(亿元)	66831.8	75685.0	80798.4	93422.4	107870.2	123871.7	138314.8

考虑到徐杰(2010)的计算结果与采用单豪杰(2008)方法的计算结果接近，其中1995—2007年的数据采用徐杰计算的结果，2008年的资本存量 K 的计算则按上述方法重新计算。其中，单豪杰提供的平减指数是基于1952年的，需要将其换算成为1978年的平减指数。

3)劳动力投入指标

劳动力投入是指生产过程中实际投入的劳动量，用标准劳动强度的劳动时间来衡量，严格来说，应该不仅要考虑劳动的时间，还要考虑劳动的效率，但考虑到数据的可获得性和准确性，本书采用历年年末从业人数作为历年劳动投入量指标。在相关的研究中，我国劳动力投入和资本投入的产出弹性通常取0.7、0.3(James B. Ang，2009)，本书也参考这一取值。

根据公式 $TFP = y_t/(K_t^{\pi} L_t^{1-\pi})$，$\pi = 0.3$，进而计算出本国的 TFP 数据。

其中，美国的经济数据主要来源于美国经济分析局，人口数据来源于美国劳工部。

在分别计算出我国和美国的 TFP 数据后，采用公式 $DTF = \frac{A_t^l - A_t}{A_t} = \frac{TFP_t^l - TFP_t}{TFP_t}$，即可计算出中美技术差距 DTF。

6.3.4 实证结果

本章将采用最小二乘法OLS对基本计量模型进行估计，得出回归结果见表6-14。

表 6-14　回归结果

Variable	Coefficient	Std. Error	t-Statistic	Prob.
$RD(-1)$	-0.905822	0.145537	-6.223991	0.0001
$DTF(-1)$	-2.218180	0.262833	-8.439497	0.0000
TO	4.470110	0.142127	31.45159	0.0000

研究结果表明，贸易开放度对本国贸易碳排放起着推动作用。目前，我国仍是典型的

出口导向型经济，出口仍是拉动我国经济增长的“三驾马车”之一，对外贸易在我国经济中占有举足轻重的地位。加入 WTO 后，我国贸易开放度逐年上升，2007 年最高达到69.9%，但是，我国只是贸易大国，而非贸易强国，担当“世界加工厂”的特征比较明显。我国在享受国际贸易拉动经济发展的同时，也增加了大量的碳排放(赵欣、龙如银，2010)。同时，技术创新及技术转移对碳排放的影响均起到抑制作用，说明技术创新及技术引进有利于减少本国碳排放，两者 1%的增加能分别带来 0.1%和 2.22%的贸易碳排放的降低。因此，我们应着力提高本国技术水平，加大科技创新的投入，并着力引进国外的先进技术。

6.4 本章小结

6.4.1 主要结论

从贸易生态条件看，2007—2008 年的贸易生态条件大于 1，说明 2007 年之后我国的贸易生态条件恶化了，自由贸易对我国生态环境有负面影响。但 2007 年之前，我国的贸易生态条件均小于 1，表明在此之前贸易有利于我国环境。因此，贸易本身并不会对我国环境造成威胁，2007 年后造成环境恶化的原因并非贸易本身，而是贸易进出口活动中不合理的贸易结构及贸易产品的生产技术低下，通过贸易对环境产生间接威胁。

贸易的生态成本分解分析表明，出口隐含 CO_2排放始终维持正的规模效应，反映出我国的出口规模在不断扩大。相较结构效应及技术效应，出口规模的扩大是贸易出口隐含CO_2排放增加的最重要因素。相对于规模效应，结构效应总体上显得较小，最大的是 2004 年的 7720.4864 万吨，占同期规模效应 78179.0800 万吨的 9.9%；最小值是 1996 年的 −1282.6730 万吨，绝对值占同期规模效应 2345.5544 万吨的 54.7%。技术效应基本为负，说明技术进步确实对 CO_2起到了减排作用，但在不同年份表现程度差异较大。1996—2001 年度技术效应均为负值，总量虽小，但相较规模效应、结构效应而言，所占比例还较大；2002—2004 年度技术效应转为正值，导致出口隐含碳排放的增加，这可能是我国当时处于加入 WTO 的初期，在商品生产中未能对减排技术进行有效重视；2005 年之后技术效应出现了一定的波动，在 2005 年、2007 年有相对明显的减排作用；2006 年技术效应又为正值，表明有技术退步的迹象；2008 年技术效应虽为负值，但绝对值较小，仅引起 CO_2排放量略微下降，并未能有效减少 CO_2排放。整体而言，技术效应提升的幅度很小，这反映出我国 CO_2减排技术提升很慢，导致技术效应不明显。

6.4.2 对策建议

我国在发展对外贸易的过程中，必须考虑到对本国生态环境的影响，为了进一步降低本国贸易的生态成本，结合上述结论，提出如下建议：

(1)优化贸易进出口结构。发展对外贸易不能以破坏自然资源和环境为前提，以牺牲环境为代价，应彻底摒弃以不断扩张出口规模、追求贸易顺差为导向的外贸发展策略，从而在改善我国贸易结构及环境质量的同时，还能有效缓解与其他国家发生的与环境有关的贸易摩擦。更加有效地调整贸易的进出口结构，以抑制“高耗能、高污染、资源性”产品的出口，鼓励资本特别是技术密集型产品的出口为原则，鼓励以服务贸易为主的轻度碳污染产业的出口，严格限制重度碳污染产业的出口，降低贸易的生态成本，缓解资源和环境方面的压力。

具体来说，第5章部门划分的结果表明，重度碳污染部门在具备高污染特性的同时还多为资源型产业，因此，需要严格限制重度碳污染部门的出口。而“办公用品、仪器仪表及通讯”属于资本和技术密集型产业，具有较高的附加值，应积极鼓励扩大出口规模。“木材加工”“纺织、服装业”“食品生产、饮料”为劳动密集型产业，从扩大就业的角度考虑，也应当积极鼓励出口。同时，“电气机械及器材制造业”“机械设备业”“交通运输设备制造业”具备有资本和技术密集特征，应适当鼓励扩大出口规模。需要指出的是，本书划分的产业是以碳排放强度为标准，在调整产业结构的时候还必须考虑到产业对环境的其他污染。如“造纸、印刷及文教用品制造业”虽然处于中度碳污染产业中，但考虑到该行业对环境污染性较大，应对其出口予以限制。

相对应，在进口贸易方面，要加大对本国而言是重度碳污染产业的产品进口，并大力引进国际先进技术与设备，尤其是环保技术与设备的进口，促进国内企业生产技术更新与改造，充分发挥贸易的技术效应对环境的积极影响。同时，继续增加环境资源密集产品的进口，如原油及其制品等，发挥进口贸易的替代排污和替代能耗效应，减轻国内日益突出的资源供需矛盾和环境的恶化。

(2)着力提升CO_2减排技术水平。积极引进节能技术，开展国际节能合作，通过自主研发和国外引进、消化、吸收，提升本国CO_2减排技术水平。过去我国CO_2的排放未能得到应有的重视，在“十一五”及以前的规划中，我国的减排主要以SO_2及化学需氧量为指标，并未对CO_2的排放写明要求，这也造成一些企业未能积极有效地提高减碳水平。但随着国内外就碳排放对环境影响的关注，近年我国对CO_2排放的关注度逐渐上升，降低CO_2排放强度的具体指标也已写入“十二五”发展规划纲要，相信有了更明确的目标后，我国的碳排放减排技术水平将会得到很大的提高。

严格我国的相关法律制度，根据碳污染程度制定相应产业扶持政策，促使企业尤其是重度碳污染企业主动积极地采用先进的环保技术和环保设备减少生产经营过程中的碳排放。建议设立环境保护专项基金，用于相关行业环境设施建设、企业技术改造和清洁生产技术投资。对于技术陈旧、工艺落后的生产设备，实施加速固定资产折旧等措施；并积极推行新购设备目录制度、制定相应工艺标准，从而促使企业提高环境技术水平(陈红蕾，2009)。

(3)积极完善贸易与环境协调发展的政策体系。借鉴国际上成功的环境管理经验和措施，把我国的贸易政策与环境政策结合起来，尽快完善我国外贸领域环境管理的规章制度，建立和完善与贸易有关的环保政策体系和与环保有关的外贸政策体系，制定自然资源可持续利用和保护方面的政策，并使之与国际贸易同行的政策接轨，通过法律与经济手段，使环境污染的制造者转变为改善环境的承担者。

首先，将环境因素纳入具体的进出口商品政策，扩大出口关税征收范围，加征高污染产品的出口环节环境税，并运用出口退税结构性调整等措施，逐渐减少“两高一资”产品的出口比重，以缓解资源和环境方面的压力。

其次，在制定进口政策法规时，应规定不能进口对我国环境有害的商品和技术，引进先进的生产技术和管理方法，注重对我国资源的有效配置和补充。在制定引进外资的政策法规时，应认真贯彻国家的产业政策，不准引进危害环境和破坏资源的产业和技术。在项目审批和管理上应严格执行环境保护的规定，对注重环境保护的企业采用一定的倾斜政策，对不符合产业政策和环保政策要求的企业采用一票否决制，以防止污染企业进入国内。

再次，完善我国的环境标志制度。当前我国的环境标志制度还处于起步阶段，实施环境标志制度的产品种类少、类别低，且多为自愿申请认证，这不利于我国环境标志体系的推广，也妨碍国际统一标准的实施。为此，应加大推广力度，对市场中已经实施环境标志制度的产品进行强制性认证，从而与国际标准接轨。我国的环境标志评审机构也应加强与国际标准化机构之间的合作，使本国的测试程序和测试机构的权威性得到国际认可，以避免出口产品环境标志在进口国不被承认或受到质疑的现象。

最后，全面推行 ISO14000 环境标准体系认证。ISO14000 标准体系是国际标准化组织制定的一整套环境标准，其目的是支持环境保护与经济社会需求的平衡。应积极通过立法程序将该国际标准转化为国家标准，并在全国范围内推广使用，按照其标准对本国企业及产品开展认证工作，适应国际市场对产品环境标准的要求。这一方面有利于本国产业及产品顺利进入国际市场，另一方面也有助于防止国外污染严重的生产项目、设备设施向我国转移，从而避免污染转嫁(曲如晓，2009)。

附　　录

表 1　国内投入完全 CO_2 排放系数 $\{c_j^d\}$

行业 \ 年份	1995	1996	1997	1998	1999	2000	2001
农林牧副渔	2. 911	2. 791	2. 570	2. 341	2. 136	2. 029	2. 065
采矿业	8. 890	7. 525	7. 298	6. 642	5. 714	4. 985	4. 927
食品生产、饮料	4. 010	3. 718	3. 254	2. 981	2. 674	2. 289	2. 289
纺织、服装业	5. 076	4. 880	4. 303	3. 863	3. 381	2. 706	2. 912
木材加工	7. 070	5. 702	5. 137	4. 673	4. 180	3. 411	3. 337
造纸、印刷及文教用品制造业	7. 203	6. 322	5. 548	5. 010	4. 411	4. 307	4. 029
石油加工	11. 800	8. 239	10. 330	9. 597	8. 723	6. 006	7. 270
化学工业	11. 860	11. 620	9. 678	8. 519	7. 247	5. 996	6. 198
橡胶、塑料制品业	6. 951	6. 890	5. 980	5. 317	4. 619	3. 957	4. 116
其他非金属矿物制品业	10. 500	12. 160	10. 770	10. 520	9. 254	7. 540	7. 540
金属冶炼及压延加工业	15. 570	14. 090	13. 660	12. 030	10. 870	9. 319	8. 507
金属制品业	9. 189	8. 658	8. 215	7. 295	6. 614	5. 883	5. 471
机械设备业	7. 640	7. 308	6. 759	6. 028	5. 380	4. 683	4. 474
电气机械及器材制造业	6. 090	5. 333	4. 937	4. 355	3. 870	4. 348	4. 223
办公用品、仪表仪器及通讯	6. 354	5. 869	5. 431	4. 823	4. 331	3. 345	3. 131
交通运输设备制造业	6. 803	6. 251	5. 886	5. 163	4. 590	3. 909	3. 769
其他制造业	6. 001	7. 252	6. 865	5. 669	5. 358	4. 404	4. 623
电力、燃气、水生产供应	11. 240	8. 392	8. 240	6. 722	6. 047	5. 635	5. 291
建筑业	6. 860	6. 921	6. 375	5. 993	5. 326	4. 374	4. 290
批发、零售、住宿	3. 561	3. 226	3. 011	2. 744	2. 537	2. 350	2. 179
交通运输仓储和计算机软件业	6. 044	5. 201	5. 634	5. 334	5. 085	4. 533	4. 208
其他服务业	6. 089	5. 700	4. 996	4. 417	4. 040	3. 747	3. 029

续表

行业＼年份	2002	2003	2004	2005	2006	2007	2008
农林牧副渔	2.105	2.134	2.253	1.612	1.746	1.633	1.442
采矿业	5.225	5.514	5.291	3.909	3.741	3.559	3.686
食品生产、饮料	2.292	2.284	2.402	1.992	2.092	1.946	1.888
纺织、服装业	2.998	3.122	3.361	2.752	3.079	2.901	2.795
木材加工	3.352	3.510	3.752	2.780	3.166	2.905	2.898
造纸、印刷及文教用品制造业	4.100	4.296	4.620	3.503	4.077	3.729	3.779
石油加工	7.486	7.424	8.093	5.349	5.793	5.335	5.286
化学工业	6.364	6.585	6.710	4.679	5.681	5.253	5.131
橡胶、塑料制品业	4.153	4.329	4.562	4.081	4.110	3.808	3.825
其他非金属矿物制品业	7.639	7.951	9.375	10.150	8.017	7.091	7.725
金属冶炼及压延加工业	8.841	8.504	9.125	7.613	6.788	6.443	6.392
金属制品业	5.688	5.715	6.055	4.911	4.849	4.551	4.507
机械设备业	4.579	4.539	4.818	3.997	4.079	3.824	3.793
电气机械及器材制造业	4.362	4.393	4.687	3.678	3.676	3.455	3.445
办公用品、仪表仪器及通讯	3.223	3.260	3.466	3.464	3.415	3.213	3.208
交通运输设备制造业	3.791	3.745	4.004	3.688	3.668	3.424	3.412
其他制造业	4.656	5.132	4.992	2.889	4.171	3.714	3.674
电力、燃气、水生产供应	5.465	5.952	6.018	4.706	4.879	4.545	4.391
建筑业	4.394	4.453	4.986	3.691	3.586	3.330	3.330
批发、零售、住宿	2.212	2.280	2.418	1.833	1.879	1.745	1.682
交通运输仓储和计算机软件业	4.279	4.470	4.706	3.278	4.012	3.849	3.901
其他服务业	3.040	3.116	3.244	2.658	2.627	2.420	2.484

表 2　国外投入完全 CO_2 排放系数 $\{c_j^m\}$

行业＼年份	1995	1996	1997	1998	1999	2000	2001
农林牧副渔	0.628	0.592	0.525	0.467	0.407	0.329	0.329
采矿业	1.071	0.981	0.910	0.811	0.716	0.592	0.585
食品生产、饮料	0.760	0.713	0.639	0.570	0.502	0.421	0.418
纺织、服装业	1.459	1.387	1.228	1.093	0.955	0.786	0.806

续表

行业＼年份	1995	1996	1997	1998	1999	2000	2001
木材加工	1.448	1.317	1.193	1.066	0.936	0.894	0.887
造纸、印刷及文教用品制造业	1.447	1.340	1.197	1.066	0.937	1.427	1.376
石油加工	1.961	1.743	1.637	1.472	1.281	1.393	1.380
化学工业	1.844	1.732	1.539	1.367	1.189	1.144	1.155
橡胶、塑料制品业	1.943	1.853	1.619	1.435	1.244	1.331	1.354
其他非金属矿物制品业	1.308	1.204	1.109	0.991	0.873	0.882	0.873
金属冶炼及压延加工业	1.765	1.601	1.517	1.349	1.200	1.379	1.330
金属制品业	1.959	1.791	1.688	1.497	1.334	1.363	1.304
机械设备业	2.063	1.900	1.765	1.567	1.393	1.296	1.251
电气机械及器材制造业	1.760	1.624	1.499	1.330	1.182	1.596	1.553
办公用品、仪表仪器及通讯	2.051	1.893	1.747	1.550	1.377	2.307	2.237
交通运输设备制造业	1.730	1.598	1.482	1.314	1.167	1.199	1.163
其他制造业	1.533	1.432	1.295	1.150	1.014	1.136	1.140
电力、燃气、水生产供应	1.028	0.927	0.873	0.781	0.690	0.709	0.705
建筑业	1.429	1.316	1.225	1.094	0.970	1.038	1.017
批发、零售、住宿	0.741	0.685	0.629	0.560	0.496	0.552	0.542
交通运输仓储和计算机软件业	0.850	0.758	0.724	0.648	0.574	0.669	0.664
其他服务业	0.898	0.834	0.760	0.677	0.597	0.604	0.593

行业＼年份	2002	2003	2004	2005	2006	2007	2008
农林牧副渔	0.339	0.346	0.359	0.405	0.444	0.414	0.408
采矿业	0.605	0.615	0.637	0.863	0.903	0.845	0.844
食品生产、饮料	0.430	0.439	0.458	0.529	0.574	0.535	0.526
纺织、服装业	0.830	0.854	0.895	0.952	1.050	0.980	0.964
木材加工	0.912	0.932	0.975	0.936	1.013	0.945	0.936
造纸、印刷及文教用品制造业	1.409	1.456	1.540	1.153	1.274	1.184	1.176
石油加工	1.448	1.505	1.491	1.275	1.294	1.218	1.231
化学工业	1.190	1.221	1.259	1.400	1.546	1.440	1.427
橡胶、塑料制品业	1.393	1.432	1.477	1.165	1.229	1.148	1.146
其他非金属矿物制品业	0.902	0.919	0.955	0.925	0.975	0.912	0.910

续表

行业 \ 年份	2002	2003	2004	2005	2006	2007	2008
金属冶炼及压延加工业	1.382	1.387	1.441	1.770	1.787	1.678	1.689
金属制品业	1.352	1.350	1.414	1.600	1.602	1.505	1.507
机械设备业	1.294	1.296	1.360	1.643	1.684	1.579	1.574
电气机械及器材制造业	1.604	1.616	1.697	2.060	2.117	1.984	1.977
办公用品、仪表仪器及通讯	2.310	2.330	2.465	2.926	2.988	2.802	2.792
交通运输设备制造业	1.199	1.202	1.262	1.548	1.596	1.494	1.488
其他制造业	1.173	1.205	1.252	1.191	1.266	1.183	1.174
电力、燃气、水生产供应	0.730	0.744	0.769	0.955	1.008	0.943	0.939
建筑业	1.053	1.065	1.113	1.140	1.184	1.108	1.104
批发、零售、住宿	0.559	0.569	0.595	0.572	0.606	0.566	0.562
交通运输仓储和计算机软件业	0.688	0.699	0.725	0.955	1.000	0.936	0.933
其他服务业	0.611	0.622	0.650	0.765	0.817	0.763	0.758

表 3　历年各行业出口隐含 CO_2 排放(*EXC*)　　（单位：万吨）

行业 \ 年份	1995	1996	1997	1998	1999	2000	2001
农林牧副渔	1420.31	1318.33	1486.12	1281.07	1038.92	1085.43	1038.57
采矿业	4041.12	4003.66	4119.70	2673.49	1824.55	2485.44	2711.84
食品生产、饮料	3794.07	3572.36	2961.09	2508.04	2241.22	2228.84	2427.68
纺织、服装业	28340.00	26709.00	28377.40	24404.30	21699.50	20768.70	22571.90
木材加工	2419.90	2049.93	2191.45	2006.82	2168.55	2325.1	2499.54
造纸、印刷及文教用品制造业	836.61	684.55	767.74	709.54	599.00	917.21	922.15
石油加工	2040.70	1561.59	2735.85	2055.77	1958.55	2347.54	2754.77
化学工业	10072.80	9804.86	9063.52	8287.64	7316.30	7178.56	8103.36
橡胶、塑料制品业	3323.85	3368.72	3790.40	3622.68	3202.43	3630.79	3920.30
其他非金属矿物制品业	2998.31	3397.83	5210.05	3559.70	3332.16	3294.59	3448.74
金属冶炼及压延加工业	11477.90	8497.02	9996.52	7628.87	6691.37	8379.11	6992.37
金属制品业	4377.18	3809.73	4874.04	4550.59	4259.96	4719.42	4577.96
机械设备业	3694.12	3886.88	3920.68	3676.37	3708.10	4523.92	5215.62
电气机械及器材制造业	6668.24	6310.53	7312.28	7249.10	7907.74	12267.00	12751.90

续表

年份 行业	1995	1996	1997	1998	1999	2000	2001
办公用品、仪表仪器及通讯	13921. 10	14643. 20	16519. 10	17014. 00	17713. 60	24563. 00	27108. 50
交通运输设备制造业	3054. 08	2853. 50	3340. 19	3599. 47	3284. 69	4119. 80	3986. 02
其他制造业	1945. 92	1861. 53	2292. 33	2252. 07	2192. 72	1978. 12	2035. 53
电力、燃气、水生产供应	413. 38	193. 06	361. 25	290. 93	321. 73	322. 80	338. 51
建筑业	248. 57	132. 71	233. 99	0. 00051	94. 95	240. 09	262. 32
批发、零售、住宿	3594. 70	3642. 54	4020. 14	3555. 18	3577. 02	3180. 21	3258. 66
交通运输仓储和计算机软件业	1598. 03	1539. 75	1947. 91	1785. 63	1851. 43	3120. 41	3194. 04
其他服务业	3278. 67	3417. 37	3570. 29	3077. 97	3071. 23	3464. 74	3151. 29
总量	113560	107259	119092	105789	100056	117141	123272

年份 行业	2002	2003	2004	2005	2006	2007	2008
农林牧副渔	1241. 94	1665. 41	1488. 36	1465. 44	1676. 81	1871. 26	1622. 41
采矿业	2731. 76	3315. 28	3717. 12	4253. 18	3973. 53	3481. 92	4567. 06
食品生产、饮料	2648. 97	3070. 28	3786. 18	3825. 91	4598. 64	4669. 83	4649. 01
纺织、服装业	26261. 60	34832. 40	43341. 70	45868. 30	61170. 30	65102. 20	63492. 80
木材加工	3246. 19	2097. 23	6485. 21	6666. 69	9354. 68	10243. 60	10711. 80
造纸、印刷及文教用品制造业	1097. 28	1518. 83	1971. 49	2019. 29	3041. 90	3561. 41	3716. 04
石油加工	3030. 81	4677. 62	7047. 26	5575. 34	6208. 37	7326. 46	10600. 90
化学工业	9400. 55	12602. 10	16505. 50	16420. 20	22491. 20	26961. 50	32599. 60
橡胶、塑料制品业	4734. 26	6291. 20	8604. 69	10359. 60	13042. 30	14269. 00	14850. 90
其他非金属矿物制品业	7363. 23	5873. 97	15471. 40	12430. 30	12469. 70	12563. 90	15182. 30
金属冶炼及压延加工业	8329. 71	11087. 80	22449. 30	27149. 60	36702. 10	49063. 60	59427. 00
金属制品业	5597. 43	7544. 39	11662. 40	12679. 30	17754. 30	18620. 40	18285. 60
机械设备业	7469. 29	10093. 00	14902. 70	18522. 10	25538. 50	39724. 60	46877. 20
电气机械及器材制造业	15034. 00	20335. 30	27855. 70	31721. 60	40088. 50	46374. 50	50293. 90
办公用品、仪表仪器及通讯	39075. 80	62942. 70	94653. 10	135446. 00	166799. 00	176924. 00	179549. 00
交通运输设备制造业	4481. 18	6721. 65	9319. 58	12613. 80	16675. 20	21318. 20	25005. 30
其他制造业	2363. 78	3113. 74	4004. 32	3275. 14	5184. 41	5528. 86	5696. 71

续表

年份 行业	2002	2003	2004	2005	2006	2007	2008
电力、燃气、水生产供应	326.18	398.79	348.73	344.08	350.95	371.55	381.56
建筑业	299.44	460.02	569.55	657.36	909.16	761.61	545.43
批发、零售、住宿	3974.08	4810.24	6808.89	5205.49	6474.21	7641.05	8166.90
交通运输仓储和算机软件业	3899.30	4780.15	6720.59	8649.22	12326.60	14931.90	16600.90
其他服务业	3805.23	4588.04	6396.25	6316.95	7650.71	8973.62	10055.00
总量	156412	212820	314110	371465	474482	540285	582877

表 4　历年各行业进口隐含 CO_2 排放（*IMC*）　　（单位：万吨）

年份 行业	1995	1996	1997	1998	1999	2000	2001
农林牧副渔	1992.61	1435.19	1018.41	925.41	828.24	1031.10	1090.12
采矿业	4137.18	4750.75	6155.68	4143.60	4453.54	9291.81	8242.83
食品生产、饮料	1109.12	1237.61	1112.79	882.08	774.20	907.10	945.89
纺织、服装业	10211.90	10269.30	9243.07	7042.90	5896.31	5762.98	6169.05
木材加工	1181.57	955.05	1076.07	986.43	1264.13	1381.81	1302.15
造纸、印刷及文教用品制造业	2409.03	2699.66	2758.87	2515.60	2564.03	3267.41	3011.37
石油加工	3054.56	2757.88	4667.55	3138.90	3387.68	3398.27	4007.27
化学工业	11876.00	11562.90	9488.97	9021.80	10940.20	10579.00	11560.10
橡胶、塑料制品业	6668.31	7453.11	7148.86	6455.30	6199.91	7082.20	7814.53
其他非金属矿物制品业	976.25	1171.11	1072.58	1132.3	1102.56	1253.84	1326.85
金属冶炼及压延加工业	11610.20	11011.30	9983.60	8484.50	8540.20	9858.91	10571.40
金属制品业	3834.82	3679.21	3669.01	3477.70	4074.19	5546.72	4956.43
机械设备业	20193.70	20766.10	14637.00	12172.00	11537.90	12204.90	14029.00
电气机械及器材制造业	5052.70	4718.90	4998.21	4566.60	4852.39	7880.85	8411.65
办公用品、仪表仪器及通讯	13105.40	11851.50	12381.10	14077.00	16595.00	24137.10	26376.90
交通运输设备制造业	3814.10	3491.45	3361.14	2992.00	2797.62	2666.83	4072.85
其他制造业	887.71	556.58	1175.12	871.01	1250.89	1304.98	661.47
电力、燃气、水生产供应	33.44	2.06	1.71	0.25	11.64	50.00	46.87
建筑业	588.94	517.62	583.84	0.01	697.73	763.42	733.05
批发、零售、住宿	1850.23	1524.86	1749.85	1517.60	1629.40	1805.90	1839.16

续表

年份 行业	1995	1996	1997	1998	1999	2000	2001
交通运输仓储和计算机软件业	558.16	437.41	575.36	517.25	572.31	609.24	619.81
其他服务业	10783.40	9141.41	9930.19	8395.60	8939.49	9714.72	8781.91
总量	115929	111991	106789	93316	98910	120499	126571

年份 行业	2002	2003	2004	2005	2006	2007	2008
农林牧副渔	1136.83	2061.51	3282.05	2393.51	2605.15	3545.63	4816.30
采矿业	9557.63	15462.20	27543.30	31408.90	39166.10	48043.10	72439.30
食品生产、饮料	1051.88	1213.48	1543.25	1594.73	1859.42	2006.34	2250.29
纺织、服装业	6604.27	7820.91	10085.50	8969.79	10790.60	9854.39	8708.28
木材加工	1574.20	2378.93	2315.44	1951.68	2427.75	2678.45	2487.08
造纸、印刷及文教用品制造业	3349.47	4086.01	5236.22	4200.15	5082.71	5461.81	6061.68
石油加工	4467.06	6530.51	10281.70	7916.51	11707.30	11318.30	16430.40
化学工业	15136.10	20423.50	27997.60	25208.60	32427.00	35122.20	35370.30
橡胶、塑料制品业	9072.79	11733.20	16334.70	16727.70	19728.00	20828.20	21186.10
其他非金属矿物制品业	1524.28	1949.92	2872.18	3138.17	2903.58	2802.99	2957.06
金属冶炼及压延加工业	13495.00	20837.80	24688.90	24542.40	18478.00	19303.00	19880.20
金属制品业	5960.46	8017.52	12453.40	13178.80	16896.30	21612.30	18741.50
机械设备业	17825.10	23747.70	32871.30	29614.50	33200.30	36857.80	38892.70
电气机械及器材制造业	10915.90	14585.40	20651.80	21540.70	25979.80	28065.50	27786.90
办公用品、仪表仪器及通讯	36820.70	56390.50	83848.50	111251.00	132848.00	135974.00	129830.00
交通运输设备制造业	4738.31	7128.57	8457.45	8513.76	12497.50	13177.60	13661.60
其他制造业	829.78	1220.81	1689.22	1389.78	2322.80	2650.47	2857.28
电力、燃气、水生产供应	63.34	84.13	96.68	120.55	130.93	99.33	86.90
建筑业	701.90	574.69	768.54	793.91	773.06	836.42	1370.56
批发、零售、住宿	949.62	1162.34	1603.28	1471.68	1784.08	2040.29	2211.82
交通运输仓储和计算机软件业	4886.63	6057.79	8299.40	7439.21	10334.00	12129.70	13678.00
其他服务业	9088.84	11081.70	15054.60	15217.20	17964.10	20416.50	23203.20
总量	159750	224549	317975	338583	401907	434824	464908

表 5　本书中国统计年鉴、OECD 投入产出的行业分类

	本书确定的 22 个行业		中国统计年鉴行业分类		OECD 投入产出行业分类	海关统计分类
1	农林牧副渔	1	农林牧副渔	1	C01T05 Agriculture, hunting, forestry and fishing	6—15 章
2	采矿业	2 3 4 5 6 7	煤炭开采和洗选业 石油和天然气开采业 黑色金属矿采选业 有色金属矿采选业 非金属矿采选业 其他采矿业	2	C10T14 Mining and quarrying	25—26 章; 2701—2703; 2709; 2711; 2714
3	食品生产、饮料	8 9 10 11	农副食品加工业 食品制造业 饮料制造业 烟草制品业	3	C15T16 Food products, beverages and tobacco	1—5 章;16—24 章
4	纺织、服装业	12 13 14	纺织业 纺织服装、鞋、帽制造业 皮革、毛皮、羽毛(绒)及其制品业	4	C17T19 Textiles, textile products, leather and footwear	41—43 章; 50—67 章;
5	木材加工	15 16	木材加工及木、竹、藤、棕、草制品业 家具制造业	5	C20 Wood and products of wood and cork	44—46 章; 9401—9403;
6	造纸、印刷及文教用品制造业	17 18 19	造纸及纸制品业 印刷业和记录媒介的复制 文教体育用品制造业	6	C21T22 Pulp, paper, paper products, printing and publishing	47—49 章
7	石油加工	20	石油加工、炼焦及核燃料加工业	7	C23 Coke, refined petroleum products and nuclear fuel	2704; 2706—2708; 2710—2713;2715;
8	化学工业	21 22 23	化学原料及化学制品制造业 医药制造业 化学纤维制造业	8 9	C24 Chemicals and chemical products C33 Medical, precision and optical instruments	28—38 章;
9	橡胶、塑料制品业	24 25	橡胶制品业 塑料制品业	10	C25 Rubber and plastics products	39—40 章;
10	其他非金属矿物制品业	26	非金属矿物制品业	11	C26 Other non-metallic mineral products	68—78 章; 9003—9004;

续表

	本书确定的22个行业		中国统计年鉴行业分类		OECD投入产出行业分类	海关统计分类
11	金属冶炼及压延加工业	27 28	黑色金属冶炼及压延加工业 有色金属冶炼及压延加工业	12	C27 Basic metals	72—73章
12	金属制品业	29	金属制品业	13	C28 Fabricated metal products except machinery and equipment	74—83章
13	机械设备业	30 31	通用设备制造业 专用设备制造业	14	C29 Machinery and equipment n.e.c	8401—8414;8416—8422; 8424—8449; 8451—8468;8474—8485;9018—9022;
14	电气机械及器材制造业	32	电气机械及器材制造业	15	C31 Electrical machinery and apparatus n.e.c	8415; 8450; 8501—8516; 8530—8539; 8544—8548;9405
15	办公用品、仪表仪器及通讯	33 34	通信设备、计算机及其他电子设备制造业 仪器仪表及文化、办公用机械制造业	16 17 18	C64 Post and telecommunications C30 Office, accounting and computing machinery C32 Radio, television and communication equipment	8432; 8469—8473; 8517—8529;8540—8543; 9001—9002; 9005—9017;9023—9033;91
16	交通运输设备制造业	35	交通运输设备制造业	19 20	C34 Motor vehicles, trailers and semi-trailers C35 Other transport equipment	86—89章
17	其他制造业	36 37	工艺品及其他制造业 废弃资源和废旧材料回收加工业	21	C36T37 Manufacturing n.e.c; recycling	71章;93章;96章;97章
18	电力、燃气、水生产供应	38 39 40	电力、热力的生产和供应业 燃气生产和供应业 水的生产和供应业	22	C40T41 Electricity, gas and water supply	2705—2716
19	建筑业	41	建筑业	23	C45 Construction	99章

续表

	本书确定的22个行业		中国统计年鉴行业分类		OECD 投入产出行业分类	海关统计分类
20	批发、零售、住宿	42 43	批发和零售贸易业 住宿和餐饮业	24 25	C50T52 Wholesale and retail trade; repairs C55 Hotels and restaurants	
21	交通运输仓储和计算机软件业	44 45 46	交通运输及仓储业 邮政业 信息传输、计算机服务和软件业	26 27	C60T63 Transport and storage C72 Computer and related activities	
22	其他服务业	47 48 49 50 51 52 53 54 55 56 57	金融保险业 房地产业 租赁和商业服务业 科学研究事业 综合技术服务业 其他社会服务业 教育事业 卫生、社会保障和社会福利事业 文化、体育和娱乐业 公共管理和社会组织 旅游业	28 29 30 31 32 33 34 35 36 37	C65T67 Finance and insurance C70 Real estate activities C71 Renting of machinery and equipment C73 Research and development C74 Other Business Activities C75 Public admin. and defence; compulsory social security C90T93 Other community, social and personal services C80 Education C85 Health and social work C95 Private households with employed persons	

参考文献

[1]Ang B W, Choi K H. Decomposition of Aggregate Eenergy and Gas Emission Intensities for Industry: a Refined Divisia Index Method[J]. The Energy Journal, 1997, 18(3).

[2]Ang B W, Liu F L. A New Energy Decomposition Method: Perfect in Decomposition and Consistent in Aggregation[J]. Energy, 2001, 26(6).

[3]Ang B W.Decomposition Analysis for Policymaking in energy: which is the preferred method? [J].Energy Policy, 2004(32).

[4]Antweiler W, B Copeland, S Taylor.Is Free Trade Good for the Environment? [J]. American Economic Review, 2001(4).

[5]Antweiler W. The Pollution Terms of Trade[J]. Economic Systems Research, 1996, 8(4).

[6]Arik Levinson, M Scott Taylor. Unmasking the Pollution Haven Effect[J]. NBER Working Paper, 2004(10629).

[7]Arik Levinson. Technology, International Trade, and pollution from US Manufacturing[J]. American Economic Review, 2009(99).

[8]Athukorala, Prema-chandra, Yamashita, Nobuaki. Production Fragmentation and Trade Integration: East Asia in a Global Context[J]. North American Journal of Economics and Finance, 2006(17).

[9]Ayres R U, L Ayres. Industrial Ecology: Towards Closing the Materials Cycle[M]. Edward Elgar Publishing, 1996.

[10]Barrett S. Strategic Environmental Policy and International Trade[J]. Journal of Public Economics, 1994.

[11]Baumol W J, Oates W E. The Theory of Environmental Policy[M]. 2nd ed. Cambridge. Cambridge University Press, 1988.

[12]Beghin J, Roland-Holst D, van der Mensbrugghe D. Survey of the Trade and Environment Nexus: Global Dimensions[J].OECD Economic Studies, 1994.

[13]Beghin J, Roland-Holst D, van der Mensbrugghe D. Trade Liberalization and the Environment in the Pacific Basin: Coordinated Approaches to Mexican Trade and Environment Policy[J]. American Journal of Agricultural Economics, 1995, 77(3).

[14]Beghin J, Bowland B, Dessus S, Roland-Holst D, van der Mensbrugghe D. Trade Integration, Environmental Degradation and Public Health in Chile: Assessing the Linkages [J]. Environment and Development Economics, 2002(7).

[15]Bernard A B, Eaton J, Jensen J B, Kortum S. Plants and Productivity in International trade

[J].American Economic Review, 2003(4).

[16]Behrens K, Lamorgese A R, Ottaviano G I P, et al. Changes in Transport and Non-transports Costs: Local vs. Global Impacts in a Spatial Network[J]. Bank of Italy Working Paper, 2007(628).

[17]Bergstrand J H. The Generalized Gravity Equation, Monopolistic Competition, and the Factor Proportions Theory in International Trade[J].Review of Economics and Statistics, 1989.

[18]Bergstrand J H, Peter E, Mario L. Gravity Redux: Structure Estimation of Gravity Equations with Asymmetric Bilateral Trade Costs [EB/OL]. http://www.nd.edu/~ jbergstr/ Working _Papers/ Gravity Redux,2007.

[19]Bhagwati J. The Case for Free Trade[J].Scientific American,1993.

[20]Bradford D F, Schlieckert R, Shore S H. The Environmental Kuznets Curve:Exploring a Fresh Specification[J]. NBER Working Paper,2002(8001).

[21]Burniaux J M, Martin J P, Nicotetti G, et al. GREEN-A Multi-Sector, Multi-Region Dynamic General Equilibrium Model for Quantifying the Costs of Curbing CO_2 Emissions: A Technical Manual. in: DECD Economics Department Working Paper[M]. Paris: OECD, 1992.

[22]Cairncross F. The Death of Distance: 2.0 How the Communications Revolution will Change our lives[M]. London: Texere, 2001.

[23]Carraro C, Sinincalo. Environmental Innovation Policy and International Competition[J]. Environmental and Resource Economics ,1992, 2(2).

[24]Carolyn L. Evans. The Economic Significance of National Border Effects [J]. American Economic Review, 2003.

[25]Chichilnisky G. North-South Trade and the Global Environment[J].American Economic Review,1994.

[26]Chichilnisky G. Property Rights and the Dynamics of Renewable Resources in North-South Trade [C]. Trade, Innovation, Environment, C. Carraro. Boston: Kluwer Academic Publisher, 1994.

[27]Conrad K. Taxes and Subsidies for Pollution-Intensive Industries as Trade Policy [J]. Journal Environmental Economics and Management, 1993(25).

[28]Cropper M, C Griffithsths. The Interaction of Populations, Growth and Environmental Quality[J]. American Economic Review, 1994(84).

[29]Crozet M, F Trionfetti. Trade Costs and the Home Market Effect[EB]. CEPII Working Paper, 2007(5), http: /www.cepii.fr/anglaisgraph/workpap/fdf/2007/wp- 05.pdf.

[30]Copeland B R, M S Taylor. Trade and transboundary pollution[J]. American Economic Review,1995,85(4).

[31]Copeland B R, M S Taylor. North-South Trade and the Environment[J]. Quarterly Journal of Economics, 1994, 109(3).

[32]Copeland B R, M S Taylor. The Trade-induced Degradation Hypothesis[J]. Resource and Energy Economics, 1997(19).

[33]Cole M A, Rayner J. The Uruguay Round and Air Pollution: Estimating the Composition, Scale and Technique Effects of Trade Liberalization[J].Journal of International Trade and Economic Development,2000,9(3).

[34]Cole M, Rayner A, Bates J. Trade Liberalization and the Environment: The Case of the Uruguay Round[J]. World Economy,1998, 21(3).

[35]David J, Christopher M. Meissner, Dennis Novy. Globalization and the costs of international trade from 1870 to the present[EB]. http://www.voxeu.org/index.php.2008.

[36]Daly Herman. The Perils of Free Trade[J]. Scientific American, 1993(263).

[37]Daniel C. Esty, Andre Dua.Sustaining the Asia Pacific Miracle: Environmental Protection and Economic Integration: Institute for International Economic[J]. United States Council for International Business,1997(12).

[38]Dasgupta, Mody,Roy, et al.Environmental Regulation and Development: a Cross-country Empirical Analysis[J].The World Bank, Policy Research Department Working Paper.

[39]Deacon Robert T, Norman Catherine S. Does the Environmental Curve Describe How Individual Countries Behave[J].Land Economics, 2006,2(82).

[40]Dean J M. Does Trade Liberalization Harm the Environment? A New Test[J].Canadian Journal of Economics,2002,35(4).

[41]Dean Judith M. Trade and the Environment: A Survey of the Literature, in Low,Patrick, ed., International Trade and the Environment [J]. World Bank Discussion Papers, Washington,D.C.,World Bank, 1992.

[42]Dean Judith M. Trade Growth, Production Fragmentation, and China's Environment[J]. Working Paper, 2007.

[43]Deardorff V Alan. Fragmentation across Cones, RISE Discussion Paper, 1998(427).

[44]Dessus Sebastien, Maurizio Bussolo. Is There a Trade-off between Trade Liberalization and Pollution Abatement? A Computable General Equilibrium AssessmentApplied to Costa Rica [J]. Journal of Policy Modeling, 1998, 20(1).

[45]Don P Clark,Serafino Marchese, Simonetta Zarrilli. Do Dirty Industries Conduct Offshore Assembly In Developing Countries? [J]. Intefnational Economic Journal ,2000, 14(3).

[46]Ederington J, Minier J. Is Environmental Policy a Secondary Trade Barrier? An Empirical Analysis[J].Canadian Journal of Economics,2004, 36(1).

[47]Egli H. Are Cross-Country Studies of the Environmental Kuznets Curve Misleading? New Evidence from Time Series Data for Germany, FEEM Working Paper, 2002,25.

[48]Eliste P, P G Fredriksson. Does Open Trade Result in a Race to the Bottom? Cross Country Evidence.World Bank, 1998.

[49]Fangya Xu, Chris Milner.The Pollution Content inChina's Trade[J]. Working paper, 2008.

[50]Gene M Grossman, Alan B Krneger. Economic Growth and the Enviroment[J].The Quartely

Journal of Economics,1995,02.

[51]Geraci V J, Prewo W. Bilateral Trade Flows and Transport Costs[J]. Review of Economics and Statistics, 1977, 59(1).

[52]Glen P Peters, Edgar G Hertwich. Pollution Embodied in Trade: The Norwegian Case[J]. Global Environmental Change, 2006.

[53]Gustavo Anriquez. Trade and the Environment: An Economic Literature Survey [M]. University of Maryland at College Park,2002.

[54]Grossman G M, Krueger A B. Environmental Impacts of A North American Free Trade Agreement[C].The U.S. Mexico Free Trade Agreement, Peter Garber, ed., MIT Press, 1994.

[55]Grubel H G. Some Effects of Environmental Controls on International trade: the Heckscher-Ohlin Model. Studies in International Environmental Economics[M]. Edited by I. Walter. New York: Wiley-Interscience, 1975.

[56]Hanson G, Xiang Chong. The Home Market Effect and Bilateral Trade Patterns [J]. American Economic Review, 2004, 94(4).

[57]Hettige H, Lucas B, Wheeler D. The Toxic Intensity of Industrial Production: Global Patterns, Trends and Trade Policy[J].American Economic Review,1992,82.

[58]Head K, T Mayer. The Empirics of Agglomeration Trade[J]. CEPR Working Paper, also in Henderson J, J-F. Thisse(eds), Handbook of Urban and Regional Economics Amsterdam: North Holland, 2004.

[59]Hopenhayn, Hugo. Entry, Exit and Firm Dynamics in Long Run Equilibrium [J]. Econometrica, 1992, 60(4).

[60]Hummels D. Toward a Geography of Trade Costs[M].Working Paper,Purdue of University, 2001.

[61]James B Ang. CO_2 emissions, research and teclnology transfer in China [J]. Ecological Economics,2009,68.

[62]Jenkins R. Industrialization, Trade and Pollution inLatin America: A Review of the Issues [C].Paper for Delivery at the 1998 Meeting of the Latin American Studies Association, 1998.

[63]Jean-Marie Grether, Nicole A. Mathys, Measuring the Pollution Terms of Trade with Technique Effects[J]. Journal of Development Economics, 2003.

[64]Jones, Henryk Kierzkowski. A framework for fragmentation [J].// Sven Arndt, H Kierzkowski, eds. Fragmentation: New Production Patterns in the World Economy, 2001.

[65]Kandera A, Lindmark M. Foreign Trade and Declining Pollution inSweden: a Decomposition Analysis of Long-term Structural and Technological Effects[J]. Energy Policy,2006(34).

[66]Kennedy P. Equilibrium Pollution Taxes in Open Economies with Imperfect Competition[J]. Journal Environmental Economics and Management, 1994, 27.

[67]Krugman P. Natural Oligopolies and International Trade [C].// H. Kiezkowski (ed.),

Monopolistic Competition and International Trade, Oxford : Clarendon Press, 1984.

[68] Krugman P. Scale Economies, Product Differentiation and the Pattern of Trade [J]. American Economic Review, 1980, 70(5).

[69] Koo A Y C. New York: Wiley-Interscience, Environmental repercussion and trade theory [J]. The Review of Economic Statistics, 1979, 56(2).

[70] Kuwamori H. The Role of Distance in Determining International Transport Costs: Evidence from Philippine Import Data[R]. IDE Discussion Papers, 2006, 60.

[71] Lall S, Weiss J. People's Republic of China's Competitive Threat to Latin America: An Analysis for 1990-2002[R]. ADB Institute Discussion Paper, 2004(14).

[72] Lee H, Roland-Holst D. The Environment and Welfare Implications of Tradeand Tax Policy [J]. Journal of Development Economics, 1997, 52(1).

[73] Levinson A. The Ups and Downs of the Environmental Kuznets Curve[R]. UCF/Center Conference on Environment, 2000.

[74] Limao N, Venables A J. Infrastructure, Geographical Disadvantage, Transport Costs and Trade[R]. World Bank Economic Review, 2001, 15(3).

[75] Low P, Yeats A. Do "dirty" Industries Migrate? [J].// Patrick Low (ed.), International Trade and Environment, World Bank Discussion Paper No. 159, Washington, DC: World Bank, 1992.

[76] Lucas R, Wheeler D, Hettige H. Economic Development, Environmental Regulation and the International Migration of Toxic Industrial Pollution: 1960-1988 [R]. Working Paper, 1992.

[77] Machado G, Schaeffer R, Worrell E. Energy and Carbon Embodied in the International Trade of Brazil: An Input-output Approach[J]. Ecological Economics, 2001(39).

[78] Markusen James R, Venables Anthony J. The Theory of Endowment, Intra-industry and Multinational Trade[J]. Journal of International Economics, 2000(5).

[79] Mani M, D Wheeler. In Search of Pollution Havens? Dirty Industry in the World Economy, 1960-1995[J]. Journal of Environment and Development, 1998, 7(3).

[80] Markandya Anil, Golub Alexander, Pedroso-Galinato Suzette. Empirical Analysis of National Income and SO_2 Emissions in Selected European Countries[J]. Environmental & Resource Economics, 2006, 35.

[81] McCallum J. National Borders Matter: Canada-U. S. Regional Trade Patterns [J]. American Economic Review, 1995, 85(3).

[82] Messerlin Patrick. Measuring the Cost of Protection in Europe[J]. Washington DC: Institute Int. Econ, 2001.

[83] Melitz M J. The Impact of Trade on intra-industry Reallocations and Aggregate Industry Productivity[J]. Econometrica, 2003, 71(6).

[84] Mongelli L, Tassielle G, Notarnicola B. Global Warming Agreements, International Trade and Energy/Carbon Embodiments: An Input-output Approach to the Italian Case [J].

Energy Policy, 2006,34.

[85]Mukhopadhyay Kakali. Impact on the Environment of Thailandps Trade with OECD Countries[J].Asia Pacific Trade and Investment Review,2006,2(1).

[86]Mukhopadhyay K, Chakraborty D. Environmental impacts of trade in India [J]. The International Trade Journal, 2005,19(2).

[87]Muradian R, M O' Connor, Martinez-Alier J. Embodied Pollution in Trade: Estimating the Environmental Load Displacement' of Industrialised Countries[J]. Ecological Economics, 2002(41).

[88]Morawetz D. Why the Emperor's New Clothes Are Not Made in Colombia[M]. Oxford University Press, Oxford, 1981.

[89]Novy D. Is the Iceberg Melting Less Quickly: International Trade Costs after World War II [R].Working Paper,University of Warwick,2006.

[90]Novy D. Gravity Redux: Measuring International Trade Costs with Panel Data[R]. Working Paper,Warwick University, 2008.

[91]Obstfeld M, Rogoff K. The Six Major Puzzles in International Macroeconomics: Is There a Common Case? [C].NBER Macroeconomics Annual,2000(15).

[92]Paudel, Krishna P, Schafer, Mark J. The Environmental Kuznets Curve under a New Framework: The Role of Social Capital in Water Pollution[J].Environ Resource Econ, 2009(42).

[93]Perroni C, Wigle R. International Trade and Environmental Quality: How Important Are the Linkages? [J].Canadian Journal of Economics, 1994, 27(3).

[94]Porter M, Linde C. Toward a New Conception of the Environment-competitiveness Relationship[J]. Journal of Economic Perspectives, 1995, 9(4).

[95]Rose Andrew K, Eric van Wincoop. National Money as a Barrier to Trade: the Real Case for Curreny Union[J].American Economic Review, 2001, 91(2).

[96] Pavcnik Nina. Trade Liberalization, Exit and Productivity Improvements: Evidence from Chilean Plants[J].The Review of Economic Studies, 2002,69(1).

[97]Pritchett Lant. Measuring Outward Orientation in Developing Countries. Can it BE Done? [R]. World Bank, 1996.

[98] Runge C Ford. Free Trade, Protected Environment: Balancing Trade Liberalization and Environmental Interests[C]. Council on Foreign Relations Press,New York, 1994.

[99]Rupasingha Anil, Goetz Stephan J, Debertin David L, Pagoulatos Angelos. The Environmental Kuznets Curve for US Counties: A Spatial Econometric Analysis with Extensions[J]. Papers Reg. Sci.,2004,83.

[100] Shui B, Harriss R C. The Role of CO2 Embodiment in US-China Trade[J]. Energy Policy, 2006(34).

[101]Smarzynska Beata K, Wei. Pollution Heavens and Foreign Direct Investment: Dirty Secret or Popular Myth? [J]. NBER Working Paper,2001(8465).

[102]Stevens R B. Environmental Regulation and International Competitiveness[J]. Yale Law Journal,1993,102(8).

[103]Stevens K C,Harmonization.Trade and Environment[J].International Environment Affairs, 1993, 5(1).

[104] Selden Thomas M, Song Daqing. Environmental Quality and Development: Is There a Kuznets Curve for Air Pollution Emissions? [J].Journal of Environmental Economics and Management,1994, 2(27).

[105]Schaeffer R, Sa' A L. The Embodiment of Carbon Associated with Brazilian Imports and Exports[J].Energy Conversion and Management, 1996, 37(6-8).

[106]Trefler D. The Long and Short of the Canada-U.S. Free Trade Agreement[J]. 2004, 94 (4).

[107]Yeaple Stephen R. A simple Model of Firm Heterogeneity, International Trade, and Wages [J]. Journal of International Economics, 2005, 65(1).

[108]Yi Kei-Mu. Can Vertical Specialization Explain the Growth of World Trade? [J].Journal of Political Economy, 2003, III(1).

[109]Young A. The Razor's Edge:Distributions and Incremental Reform in the People's Republic of China[J].Quarterly Journal of Economics,2000(115).

[110]Wheeler D. Racing to the Bottom? Foreign Investment and Air Pollution in Developing Countries[J]. Journal Environment and Development, 2001,10(3).

[111]Zhang Z X. Why Did the Energy Intensity Fall in China's Industry Sector in the 1990s? The Relative Importance of Structural Change and Intensity Change[J]. Energy Economics, 2003(25).

[112]布莱恩·科普兰,斯科特·泰勒尔著.彭立志译.贸易与环境——理论及实证[M].上海人民出版社,2009.

[113]白重恩,谢长泰,钱颖.中国的资本回报率[J].比较,2007(28).

[114]陈迎.从内涵能源的角度寻求环境利益与贸易利益之间的平衡[J].气候变化研究快讯,2007(12).

[115]陈红敏. 我国对外贸易的能源环境影响[D].复旦大学,2009.

[116]陈耀,冯超.贸易成本、本地关联与产业集群迁移[J].中国工业经济,2008(3).

[117]陈红蕾,陈秋峰.经济增长、对外贸易与环境污染:联立方程的估计[J].产业经济研究,2009,3(40).

[118]陈红蕾.自由贸易的环境效应研究[D]. 暨南大学,2010.

[119]陈瑾. 国际产业集群升级模式的实践与启示[J].企业经济,2010(12).

[120]迟诚.我国贸易与环境问题研究[D]. 南开大学,2010.

[121]方虹,彭博,冯哲,吴俊洁.国际贸易中双边贸易成本的测度研究——基于改进的引力模型[J].财贸经济,2010(5).

[122]高铁梅.计量经济分析方法与建模[M].北京:清华大学出版社,2009.

[123]黄勇峰,任若恩,等.中国制造业资本存量永续盘存法估计[J].经济学(季刊),2002

(2).
[124]郝枫.中国省区资本存量估算:1952—2004[J].数据分析,2006(6).
[125]何其祥.投入产出分析[M].北京:科学出版社,1999.
[126]贺菊煌.我国资产的估算[J].数量经济技术经济研究,1992(8).
[127]何枫,陈荣,何林.我国资本存量的估算及其相关分析[J].经济学家,2003,5.
[128]胡涵钧.新编国际贸易[M].上海:复旦大学出版社,2000.
[129]江小涓.产业结构优化升级:新阶段和新任务[J].财贸经济,2005(4).
[130]刘燕鹏.中国进出口产品完全占用耕地资源研究[J].资源科学,2001,23(2).
[131]刘红梅.技术性贸易壁垒及其影响的量化研究综述[J].当代经济,2009(10).
[132]李达.经济增长与环境质量——基于长三角的实证研究[D].复旦大学,2007.
[133]李坤望,黄玖立,施炳展.中国与主要贸易伙伴的双边贸易自由度——基于新经济地理学的一个衡量[J].世界经济文汇,2006(4).
[134]李坤望,孙玮.我国进出口贸易中的能源含量分析[J].世界经济研究,2008(2):3-7.
[135]李国柱.外商直接投资与环境污染的因果关系检验[J].国际贸易问题,2007(6).
[136]李国璋,王双.中国能源强度变动的区域因素分解分析——基于LMDI分解方法[J].财经研究,2008(8).
[137]李治国,唐国兴.资本形成路径与资本存量调整模型[J].经济研究,2003,2.
[138]李秀香,潘晓倩.影响我国环境库兹涅茨曲线的外贸与环境政策分析[J].当代财经,2007(11).
[139]李小平.国际贸易中隐含的CO_2测算——基于垂直专业化分工的环境投入产出模型分析[J].财贸经济,2010(5).
[140]刘金全,郑挺国,宋涛.中国环境污染与经济增长之间的相关性研究——基于线性和非线性计量模型的实证分析[J].中国软科学,2009(2).
[141]刘林奇.我国对外贸易与环境问题关系研究[D].华中科技大学,2009.
[142]刘志彪、吴福象.全球化经济中的生产非一体化——基于江苏投入产出表的实证研究[J].中国工业经济,2005(7).
[143]柳剑平,张兴泉.产业内贸易、调整成本与中美贸易摩擦[J].经济评论,2009(4).
[144]陆菁.环境规制与国际贸易的实证研究[D].浙江大学,2007.
[145]卢峰.产品内分工:一个分析的框架,北京大学中国经济研究中心讨论稿系列,NO.C2004005,2004.
[146]马涛,陈家宽.中国工业产品国际贸易的污染足迹分析[J].中国环境科学,2005(4).
[147]聂红隆.开放经济条件下贸易保护对技术进步的影响[D].江西财经大学,2009.
[148]裴长洪,中国贸易政策调整与出口结构变化分析:2006—2008[J].经济研究,2009(4).
[149]彭水军,包群.中国经济增长与环境污染——基于广义脉冲响应函数法的实证研究[J].中国工业经济,2006(5).
[150]钱学锋,梁琦.测度中国与G7的双边贸易成本[J].数量经济与技术经济研究,2008(2).
[151]齐晔,李惠民,徐明.中国进出口贸易中的隐含碳估算[J]中国人口·资源与环境,2008

(3).
[152]钱学锋,梁琦.测度中国与G7的双边贸易成本[J].数量经济与技术经济研究,2008(2).
[153]齐晔,李惠民,徐明.中国进出口贸易中的隐含能估算[J].中国人口·资源与环境,2008(3).
[154]齐志新,陈文颖.结构调整还是技术进步[J].上海经济研究,2006(6).
[155]曲如晓,马建平.中国工业制品出口贸易与环境目标的相容性评估——基于环境效应分解模型[J].经济理论与经济管理, 2009(4).
[156]曲如晓.贸易与环境:理论与政策研究[M].北京:人民出版社,2009.
[157]曲如晓.环境外部性与国际贸易福利效应[J].国际经贸探索,2002(1).
[158]单豪杰.中国资本存量K的再估算:1952—2006年[J].数量经济技术经济研究,2008(10).
[159]沈利生. 我国对外贸易结构变化不利于节能降耗[J].管理世界,2007(10).
[160]沈利生,唐志.对外贸易对我国污染排放的影响——以二氧化硫排放为例[J].管理世界,2008(6).
[161]盛斌.中国对外贸易政策的政治经济分析[M].上海:三联出版社,2002.
[162]师博.中国能源强度变动的主导效应分析——一项基于指数分解模型的实证研究[J].山西财经大学学报,2007,29(12).
[163]施炳展.中国与主要贸易伙伴国的贸易成本测定——基于改进的引力模型[J].国际贸易问题,2008(11).
[164]施炳展,李坤望.中国制造业国际分工地位研究——基于产业内贸易形态的跨国比较[J].世界经济研究,2008(10).
[165]史明珠、王建华. 对中国垂直专业化贸易影响因素的实证研究[J].对外经济贸易大学学报,2006(5).
[166]宋春峰,耿献辉.环境保护与贸易自由化的冲突及解决[J].商业研究,2003(12).
[167]宋涛,郑挺国,佟连军,赵妍.基于面板数据模型的中国省区环境分析[J].中国软科学,2006(10).
[168]宋涛,郑挺国,佟连军.基于面板协整的环境库茨涅兹曲线的检验与分析[J].中国环境科学,2007,27(4).
[169]涂远芬.中国贸易成本及其效应的经验分析[D].江西财经大学,2010.
[170]王小鲁,樊纲.中国经济增长的可持续性[M].北京:经济科学出版社,2000.
[171]王文中,程永明.地球暖化与温室气体的排放——中日贸易中的CO_2排放问题[J].生态经济,2006(7).
[172]王益煊,吴优.中国国有经济固定资本存量的初步测算[J].统计研究,2003,5.
[173]吴巧生,成金华.中国工业化中的能源消耗强度变动及因素分析——基于分解模型的实证分析[J]. 财经研究,2006, 32(61).
[174]吴方卫.我国农业资本存量的估计[J].农业技术经济,1999(6).
[175]肖德,张颖.环境保护与贸易自由化[J].国际贸易问题,1997(5).

[176]向铁梅,黄静波.国民经济行业分类与国际标准产业分类中制造业大类分类的比较分析[J].对外经贸实务,2008(8).
[177]许统生,涂远芬.中国贸易成本的数量、效应及其决定因素[J].当代财经,2010(3).
[178]许统生,陈瑾,薛智韵. 中国制造业贸易成本的测度[J]. 中国工业经济,2007(7).
[179]许德友,梁琦.中国对外双边贸易成本的测度与分析: 1981—2007 年[J]. 数量经济技术经济研究,2010(1).
[180]徐慧.中国进出口贸易的环境成本转移——基于投入产出模型的分析[J].世界经济研究,2010(1):51-56.
[181]徐盈之,张全振.中国制造业能源消耗的分解效应:基于 LMDI 模型的研究[J].东南大学学报(哲学社会科学版),2011(7).
[182]尹显萍,李茹君.我国工业制成品对外贸易对环境的影响[J].国际贸易问题,2008(2).
[183]张友国.中国贸易增长的能源环境代价[J].数量经济技术经济研究,2009(1).
[184]朱海霞.基于引力模型的中美农产品贸易边境效应模型研究[D].上海交通大学,2008.
[185]周静,赖明勇.我国入世后工业品贸易中污染流的变化分析[J].国际贸易问题. 2008(7).
[186]周志田,杨多贵.虚拟能——解析中国能源消费非常规增长的新视角[[J].地球科学进展,2006(21).
[187]赵细康,等.环境库兹涅茨曲线及在中国的检验[J].南开经济研究,2005(3).
[188]赵细康.环境保护与产业国际竞争力:理论与实证分析[M].北京:中国社会科学出版社,2003.
[189]赵晓丽,洪东悦. 中国对外贸易对能源消费的影响:基于结构因素分解法的分析[J].财贸经济,2009(9).
[190]钟娟,佘群芝.基于污染的中美贸易实证研究[J].财贸研究,2008(5).
[191]张华初.中国就业结构演变的 SDA 分析[J].中国人口科学,2008(2).
[192]张军,章元.再论中国资本存量的估计方法[J].经济研究,2003(7).
[193]张军等.中国省际物质资本存量估算:1952—2000[J].经济研究,2004(10).